W0401376

Rufus Beck

Elke Leger

Kinder lieben Märchen ...

und entdecken Werte

Rufus Beck
Elke Leger

Kinder lieben Märchen …

und entdecken Werte

www.knaur-ratgeber.de

Inhalt

Froschkönig, Aschenputtel & Co. Märchentexte zum Vorlesen

Vorwort

Ein Buch, das Kindern Werte vermitteln will – das klingt zunächst einmal recht spießig, eng, konservativ, altmodisch und auch besserwisserisch.
Aber mal ehrlich: Im Familienverband spielen Werte eine große Rolle, auch wenn sie meist undefiniert und unausgesprochen bleiben. Wir verlangen von unseren Kindern Disziplin, Pünktlichkeit, Respekt etc. Und warum? Klar, weil es das Zusammenleben erleichtert! Allerdings sollten wir unseren Kindern auch erklären, warum Werte so wichtig sind; dass sie so etwas wie Regeln, Spielregeln, sind, die eine Familie funktionieren lassen, aber darüber hinaus auch eine größere und tiefere Bedeutung und Wertigkeit haben. Sie sind uns, wie das Wort schon sagt, teuer und wertvoll. Werte sind das, was wir als Richtlinie – und als Navigationskoordinaten – wählen auf dem Weg zu dem, was uns lebens- und erstrebenswert erscheint. Die Werte, von denen dieses Buch handelt, haben nichts mit Normen, Gesetzen und Geboten zu tun, die von Schule, Staat oder Kirche verordnet werden. Die Werte, um die es hier geht, entstehen und verändern sich in der Praxis, durch Erfahrung und Begreifen.

Ohne meine Kinder wäre dieses Buch nicht möglich gewesen: Zum einen hätte mich das Thema wahrscheinlich gar nicht interessiert, vor allem aber hätte ich einfach nicht die nötige Erfahrung gehabt, um etwas zum Thema Werte zu sagen.
Ich habe meinen Kinder unendlich viel zu verdanken, denn sie geben mir die Möglichkeit, mit ihnen die Welt neu zu er-fahren, zu hinter-fragen, zu erleben. Auf was hätte ich alles verzichten müssen, wäre ich kinderlos geblieben! Natürlich hätte ich die Sonntagsbesuche im Zoo, die Zirkusveranstaltungen und manchen Kinderanimationsfilm verpasst, aber auch Spielenachmit-

tage mit *Monopoly*, *Activity* oder *Stadt-Land-Fluss* wären an mir vorbeigegangen. Und das Wichtigste: Ich hätte meine eigene Kindheit nicht noch einmal durch die Augen meiner Kids erleben können. Sandburgen bauen, Fahrrad und Rollschuh fahren lernen, der erste Schultag, die gemeinsamen Urlaube und natürlich die besonderen Familienfeste: Geburtstage, Weihnachten, Ostern. Ich hätte keinen Streit unter Kindern geschlichtet und niemanden trösten dürfen, ich wäre ja nur für mich verantwortlich gewesen. Mit anderen Worten: Ich hätte gar nicht gewusst, was es bedeutet, eine Familie zu gründen, Kinder zu erziehen, für sie da zu sein und eine lebenslange Verantwortung zu übernehmen. Mir wäre nicht klar gewesen, was es bedeutet, diese Aufgabe mit meiner Frau teilen zu *dürfen* und so die Last, die es ja zuweilen ist, ein »Familienunternehmen« am Laufen zu halten, auf mehrere Schultern zu verteilen.
Natürlich, man muss sich absprechen, Konsens über die Erziehungsmethoden suchen, Kompromisse eingehen, viel organisieren und auch viel streiten! O ja, in der Familie lernt und übt man im besten Sinne des Wortes Streit-Kultur!
Trotzdem: Es ist einfach unheimlich schön und aufregend, der erste Zuschauer, lebenslange Beobachter und Begleiter im Leben der eigenen Kinder zu sein.
Natürlich ist das Hohelied, das ich hier von der Familie singe, nicht immer von Harmonie gekennzeichnet, das Miteinander nicht immer ein reines Zuckerschlecken.

Als Vater habe auch ich bei null angefangen und wusste nicht, ob ich den Herausforderungen gewachsen sein würde, mit Kindern zu leben, sie zu führen und zu empfindsamen, bewussten, autarken Persönlichkeiten zu erziehen.
Egal, wie viele Ratschläge von Freunden, Verwandten und von Ratgeberbüchern kommen, am Ende heißt es doch: »Es gibt nichts Gutes, außer man tut es.« Jeder muss die Aufgabe, »Eltern« zu sein, auf Lebenszeit selbst erfahren.
Dazu eine kleine Anekdote aus meinem Leben: Als meine Frau

und ich unser erstes Kind bekamen, hatte ich die Vorstellung, dass meine Kinder mich nicht »Papa«, sondern mit meinem Vornamen rufen sollten. Meine Frau brachte mich mit einer Bemerkung wieder zur Besinnung: »Deine Kinder sind die einzigen Menschen auf der Welt, die dich ›Papa‹ rufen werden. Darauf willst du verzichten?«

Dieses Buch soll keine Tipps im Umgang mit Kindern geben, kein klassischer Ratgeber sein. Benutzen Sie es als eine Art Gebrauchsanweisung, eine Spielanleitung, wie man Werte leicht und sinnlich vermitteln kann. Es soll Sie vor allem anregen, mit Ihren Kindern ins Gespräch zu kommen, und zwar auf Augenhöhe.
Märchen vermitteln anhand der archaischen Geschichten, die ursprünglich mündlich weitergereicht wurden, in spielerischer und fantasievoller Form das, worauf es im Leben ankommt – auf die Werte, die unser Zusammenleben erleichtern und eben wertvoll machen.

Ich würde mir wünschen, dass Sie mit Hilfe der Märchen in diesem Buch gemeinsam Ihre persönlichen Werte entdecken und festlegen. Lesen Sie Ihrem Kind Märchen vor, oder hören Sie gemeinsam die CDs mit meiner Interpretation der Geschichten. Die Fragen, die Sie am Ende jedes Kapitels finden, sollen um Himmels willen nicht eine nach der anderen abgearbeitet werden; sie sind vielmehr als Möglichkeit gedacht, wie Sie mit Ihrem Kind ins Gespräch kommen können, und zwar so, dass Ihr Kind nicht immer nur mit Ja oder Nein antwortet. Sie wollen ja, dass es sich Gedanken macht und selbst Begründungen für die Ihnen wichtig erscheinenden Werte findet.

Seien Sie neugierig und offen dafür, was Ihr Kind selbst denkt. Alles darf erst einmal ausgesprochen werden, vermeiden Sie bitte jede Zurechtweisung und Besserwisserei. Wenn Sie anderer Meinung sind, erklären Sie Ihre Gründe und Absichten. Sie zollen Ihrem Kind großen Respekt, wenn Sie an seiner Meinung interessiert sind. Das ist es, was ich unter Kommunikation auf Augenhöhe verstehe.

Dieses Buch umfasst 18 Märchen von den Brüdern Grimm und Hans Christian Andersen. Märchen – ein Wort, das von dem mittelhochdeutschen *maere* abstammt und »Kunde, Bericht« bedeutet – sind Gleichnisse für das, was uns im Innersten zusammenhält. Sie sind ein Spiegel unseres Unterbewusstseins und verdeutlichen, was im Leben wichtig, wesentlich und von Bedeutung ist. Man kann die Märchen in drei Kategorien unterteilen: Komödien, Tragödien und Lehrstücke.

Die Märchen schöpfen aus dem Fundus der großen Gegenspieler Glück und Unglück, Liebe und Hass, Wahrheit und Lüge, Freundschaft und Feindschaft, Treue und Verrat, Klugheit und Dummheit, Gier und Bescheidenheit, Geiz und Großzügigkeit.
Die Bildsprache und die Handlungen der Geschichten sind oft sehr drastisch. Wenn man sich die Märchen genau vor Augen führt, so sind manche äußerst grausam. Es gibt die bösen, die guten und die naiven Charaktere. Immer wieder tauchen bei den bösen Figuren die Hexe, die Stiefmutter oder der Stiefvater sowie die Schwiegermutter und auf der guten Seite der König oder die Königin und der Prinz oder die Prinzessin auf.
Stören Sie sich nicht an den für uns heute überholt erscheinenden Gesellschaftsbildern der Märchen; dahinter verbergen sich Urwünsche und Ängste.
Für ein Kind ist es ein Alptraum, einen Elternteil zu verlieren. Mit genau dieser tiefen Furcht spielen viele Erzählungen. An die Stelle der geliebten biologischen Mutter tritt die Ersatzmutter, die Stief- oder Schwiegermutter, deren Willkür und Macht die Kinder wehrlos ausgeliefert sind.
Doch Märchen bieten immer eine Erlösung, ein Happy End, und das bedeutet Trost für die Kinder. Das Böse wird vernichtet, das Gute siegt.

Es gibt natürlich auch herrliche Komödien wie *Der Hase und der Igel* oder *Hans im Glück,* und wir lachen über die Naivität oder die Cleverness unseres Helden.

Märchen sind wie eine Achterbahnfahrt, Horror und Lust halten sich die Waage. Ich erinnere mich, dass ich als Kind bei manchen Filmen durch die vorgehaltene Hand geblinzelt habe, weil dann der Schreck nicht so heftig war – aber wegschauen wollte ich auch nicht. Neugierig war ich schon!
Kinder sind unterschiedlich, manche können von einer Geschichte gar nicht genug kriegen, andere fürchten sich und wollen nicht mehr weiterhören oder träumen vielleicht schlecht. Erzwingen Sie nichts, aber haben Sie bitte nicht schon vorher die Schere im Kopf und entscheiden für Ihren Nachwuchs, was gut oder schlecht ist. Das müssen Sie und Ihr Kind ja erst einmal gemeinsam herausfinden.

Vielleicht erscheint es Ihnen lächerlich, dass die Helden und Guten fast immer Monarchen sind. Auch das hat eine archaische Bedeutung. Der Monarch wird eigentlich durch die Erbfolge bestimmt und nicht durch eine Wahl. Der Machtanspruch des Monarchen stützt sich auf seine »übernatürliche«, gottgewollte Bestimmung. Es kann eben nur einer König sein im Land. Wenn ein Prinz oder ein König ein Mädchen um seine Hand bittet und zur Frau nimmt, bedeutet das im Umkehrschluss, dass sie von dem einzigartigen, unvergleichlichen Helden erlöst und emporgehoben wird. Kinder haben ein feines Gespür für den tieferen Sinn eines Märchens.

Jedes Märchen ist einem Kapitel zugeordnet, und da oft mehrere unterschiedliche Werte in jeder einzelnen Geschichte angesprochen werden, sind diese als Überschrift den Inhaltsangaben vorangestellt. Dazu habe ich persönliche Anmerkungen gemacht (in *Kursiv*-Schrift). Sie zeigen, wie ich versucht habe, meinen Kindern Werte zu vermitteln.

Ich wünsche Ihnen vor allem viel Spaß dabei, diese wunderbaren, fabelhaften Märchen zu entdecken – und genießen Sie die Zeit mit Ihren Kindern!

Rufus Beck
München, im März 2007

Wie Hans sein Glück findet …
18 Märchen
in der Interpretation

Aus dem großen Märchenschatz der Gebrüder Grimm und von Hans Christian Andersen haben wir die Märchen ausgesucht, die sich besonders gut zur Vermittlung von Werten eignen. Im folgenden Kapitel erfahren Sie aus der persönlichen Perspektive von Rufus Beck und aus psychologisch-pädagogischer Sicht, warum diese alten Texte heute aktueller denn je sind, und erhalten Anregungen für Gespräche und Fragen an die Kinder.

Vom Fischer und seiner Frau

CD 1, Track 1
Märchentext Seite 144

Darum geht es in dem Märchen: Suche nach Anerkennung, Bescheidenheit – Gier, Genügsamkeit – Maßlosigkeit, blinder Gehorsam – Zivilcourage, Dankbarkeit – Undank.

Ein Fischer fängt einen Butt, der sprechen kann. Der Butt bittet den Fischer um sein Leben, er solle ihn doch frei lassen, da er ein verwunschener Prinz sei. Der Fischer wirft den Butt wieder ins Wasser und erzählt seiner Frau von dem wundersamen Ereignis. Die Ehefrau schimpft den Fischer wegen seiner Naivität: Er hätte doch den Butt bitten können, ihm einen Wunsch zu gewähren – ein kleines Häuschen wäre genau das Richtige. Also macht sich der Fischer auf, ruft den Butt und teilt ihm den Wunsch seiner Frau mit. »Geh nur hin«, erwidert der Butt, »sie hat es schon.«
Kaum ist der Wunsch in Erfüllung gegangen, ist die Fischersfrau auch schon wieder unzufrieden mit dem Ergebnis.
Das größere Häuschen soll ein Schloss werden – kaum hat sie das Schloss, will sie erst zum König und schließlich sogar zum Kaiser ernannt werden. Jeder erfüllte Wunsch weckt eine noch größere Begierde in ihr: Papst will sie sein. Und schließlich verlangt sie von dem Butt: Sie will werden wie der liebe Gott.
Alle Wünsche werden von dem Butt immer wieder brav erfüllt, doch nach dem letzten Wunsch sitzen der Fischer und seine Frau wieder vor ihrer alten Fischerhütte, und alles ist so wie am ersten Tag.

Alles, und zwar sofort

Das Märchen spricht etwas sehr Aktuelles an: die ewige Unzufriedenheit. Wir sind umgeben von Waren, und die Medien suggerieren: Wir brauchen noch mehr, viel mehr, um glücklich zu sein. Die Wirtschaft basiert auf Wachstum. Ich kaufe mir ein Auto, und in einem Jahr kaufe ich ein neues – obwohl ich das nicht wirklich brauche, ich komme ja auch mit dem alten Auto dorthin, wo ich hinmuss, trockenen Fußes und relativ schnell. Gegen diese Logik setzt die Wirtschaft die Suggestion: Es wird dir besser gehen, wenn du dieses oder jenes kaufst.

»Ich bin doch nicht blöd ...« Die Frau des Fischers wäre das perfekte Opfer unserer Konsumwelt. Alles will sie haben, und der Butt liefert es sogar gratis. Nichts muss sie tun, als zu wünschen. Und weil das Wünschen und Bekommen wie am Schnürchen klappt, werden aus den Wünschen Bestellungen. Immer prächtiger soll das Leben werden, immer mehr Macht fordert die Frau. Wie setzt man jemandem Grenzen, der im Rausch des Reichtums und der Macht alle Kontrolle verloren hat? Der Fischer, dieser einfache Mann, ist überfordert. Hätte er doch nur einmal nein gesagt! Nie mehr hätte er in die schäbige Hütte zurückkehren müssen. Doch er macht sich zum Gehilfen der Gier und trägt so zum Verlust der ganzen Herrlichkeit bei.

Ständig in einer Warteschleife, ständig auf der Suche nach etwas noch Besserem ... Bei Kindern sieht das oft so aus: »Mama, ich hätte gerne dieses neue Spiel« – und schwups ist es schon im Sommer gekauft, obwohl das Kind es doch erst zu Weihnachten haben sollte. Einem Kind nimmt das die Freude. Kinder wünschen sich ja ständig etwas Neues, sei es Spielzeug, Musik-CDs, Süßigkeiten oder auch neue Kleidung. Geben Eltern den Wünschen zu schnell nach, bringen sie die Kinder auch um die Vorfreude.
Man muss sich disziplinieren in Bezug auf seine Wünsche. Wenn ich alles sofort bekomme, kann ich nichts mehr ersehnen.

Sich zu bescheiden bedeutet nicht, auf alle heißersehnten Herzenswünsche zu verzichten, sondern sich erst einmal über das zu freuen, was man hier und heute hat. Mit sich zufrieden sein heißt, den momentanen Zustand zuzulassen, sich auszuhalten, bei sich zu sein.

Verzicht macht unabhängig

Ich kenne eine Familie, die mit ihren Kindern eine Vereinbarung getroffen hat: Während der Fastenzeit verzichten die Kinder freiwillig auf Süßigkeiten und alle Leckereien. Diese werden in einem großen Glasgefäß verschlossen, und erst am Ende der Fastenzeit wird das Gefäß wieder geöffnet. Dann können die Kinder alle Süßigkeiten essen.
Dieses Ritual erfordert viel Selbstbeherrschung und Disziplin. Dadurch lernen die Kinder, ihre unmittelbaren Wünsche aufzuschieben: Ich entbehre etwas, ich verzichte darauf und gebe mich mit dem zufrieden, was ich im Moment habe.
Durch den Verzicht gewinne ich Kontrolle über mich selbst. Ich bin nicht abhängig davon, alles sofort haben zu müssen. Ich kann mich von außen betrachten, ich kann mich nach etwas sehnen. Ich lerne, dass es ein schönes Gefühl sein kann, nicht immer alles gleich haben zu müssen.

Statussymbole und uncoole Klamotten

Kinder wachsen auf mit den Verlockungen des Konsums, ohne zu wissen, wie sie damit umgehen sollen. Unbescheidenheit ist nichts Böses, sondern im Grunde misslungenes Selbstmanagement.
Oft üben die Gleichaltrigen massiven Druck aus: Derjenige, der das falsche Label an Jeans oder Rucksack trägt, hat es oft schwer in der Gemeinschaft der Freunde. Wer könnte es einem Kind verübeln, wenn es da nicht bescheiden sein kann und so lange jammert und nörgelt, bis die Objekte der Begierde gekauft sind. Da müssen Eltern abwägen. Ist das Kind wirklich auf Statussymbole angewiesen, um von den Freunden akzeptiert zu werden?

Kinder und Konsum

Kinder lieben Werbung, vor allem im Fernsehen. Zwischen den Zeichentrick- und Actionserien kämpfen die Hersteller mit ihren Spots hart um Marktanteile für Süßigkeiten, Spielzeug, CDs und Bekleidung. Ihre Marketingstrategien sind sehr erfolgreich: Untersuchungen belegen, dass die Kaufwünsche der Kinder von der Werbung geprägt sind.
Kinder und Heranwachsende sind deshalb für die Wirtschaft interessant, weil sie über beachtliche finanzielle Mittel verfügen. Rechnet man Taschengeld, Sparguthaben und Geldgeschenke zusammen, verfügen die Sechs- bis 13-Jährigen laut *KidsVerbraucherAnalyse* (KidsVA 2006) jährlich über fast 5,9 Milliarden Euro – eine enorme Summe, die jährlich steigt: Im Jahr 2006 ist das Geldvermögen pro Kind erstmals auf über 1000 Euro angewachsen.
Kinder gelten mittlerweile als echte Konsum- und Markenprofis. Laut Ergebnissen einer repräsentativen Befragung von rund 6000 Grundschülern aus sechs Bundesländern, die vom Kriminologischen Forschungsinstitut in Niedersachsen 2006 herausgegeben wurde, hat beinahe jeder vierte Grundschüler einen Fernseher in seinem Zimmer. In den neuen Bundesländern ist die Quote höher als im Westen.
Laut KidsVA 2006 sind Marken für Kinder besonders dann wichtig, wenn es um ihr Outfit geht. Großer Wert auf Produktnamen wird gelegt bei: Sportschuhen (58 Prozent), Taschen/Schulranzen (54 Prozent) und Bekleidung (50 Prozent). Auch das richtige Handy (41 Prozent) gehört dazu.

Eigene Maßstäbe entwickeln

Wer den anderen nicht mitspielen lässt, nur weil der uncoole Klamotten trägt, zeigt damit seine eigene innere Unsicherheit. Und wer andererseits meint, durch Statussymbole als Mensch aufgewertet zu werden, sitzt auf dem falschen Dampfer – wie

die Eltern, die diesem Spiel irritiert bis fassungslos zusehen und doch kaufen und kaufen, weil sie Angst haben, dass ihr Kind sonst zum Außenseiter wird.
Nur wenige Eltern sind gelassen genug, um zu sagen: »Wir haben unsere eigenen Maßstäbe!« Doch wenn es mehr und immer mehr würden, die sich dem »Kauf das« verweigern, wenn bewusste Entscheidung den Verzicht begründete, dann müsste kein Kind mehr unglücklich sein, weil es weniger hat als die anderen.

Ich selbst habe notgedrungen lernen müssen, mich zu bescheiden. Meine Mutter hat mir ab und zu ein Päckchen mit Leckereien ins Internat geschickt. Das war etwas Besonderes für mich. Ich musste die Kostbarkeiten selber verwalten. Natürlich hätte ich alles an einem Tag wegessen können, aber dann hätte ich mich selbst um den Genuss gebracht. Das nächste Päckchen meiner Mutter kam eben erst in ein paar Wochen.

Wünsche erfüllen, aber mit Augenmaß

In der Familie muss es ein »Nein« geben, wenn die Begehrlichkeiten zu groß werden – den eigenen Wünschen gegenüber ebenso wie denen der Kinder. Das Beispiel des Fischers führt uns klar vor Augen, was passiert, wenn man kein Maß kennt. Natürlich ist ein Herzenswunsch es wert, erfüllt zu werden. Die Dauer und Beharrlichkeit, mit der sich ein Kind für etwas begeistert, signalisiert einen solchen echten Wunsch. Die anderen Wünsche aber, die wie ein Strohfeuer aufflackern, wieder verlöschen und durch neue Wünsche ersetzt werden, verlangen nicht nach Erfüllung. Das Wünschen selbst ist dabei Spaß genug.

Hätte die Fischersfrau auch nur ein wenig dafür tun müssen, um in den Genuss der Herrlichkeiten zu kommen – sie hätte sicherlich gemerkt, wann es genug ist mit der Wünscherei.

Fragen an die Kinder:

- Wieso sitzen der Fischer und seine Frau wieder vor der Hütte?
- Die Frau hat so viel geschenkt bekommen – warum war sie dann immer unzufrieden?
- Warum wollte die Frau so sein wie Gott?
- Ist der Fischer am Ende böse auf seine Frau oder erleichtert?
- Was würdest du dir denn von dem Butt wünschen?
- Hast du es schon einmal erlebt, dass du etwas geschenkt bekommen hast und trotzdem nicht froh warst?

- Warum möchten manche Menschen wohl immer mehr haben?
- Was braucht man zum Leben?
- Was ist denn wichtig im Leben?

Die Bremer Stadtmusikanten

CD 1, Track 2
Märchentext Seite 152

Darum geht es in dem Märchen: **Zuversicht, Optimismus, Teamwork, Mut, Angst vor dem Altwerden.**

Ein Esel ist alt geworden und merkt, dass sein Herr ihn loswerden will. Um dem grausamen Hungertod zu entgehen, macht er sich auf den Weg nach Bremen, um dort Stadtmusikant zu werden.

Unterwegs trifft er nacheinander einen Hund, eine Katze und einen Hahn. Ihnen geht es ganz ähnlich: Sie sind alt und gebrechlich. Und weil sie dem Menschen nicht mehr nützlich sind, sollen sie getötet werden. Deshalb schließen sie sich dem Esel an.

Am Abend kommen die vier zu einem Räuberhaus im Wald. Die Tiere beschließen, die Hausbewohner zu verjagen: Sie stellen sich aufeinander und beginnen, furchterregend zu musizieren. Dann stürzen sie durchs Fenster ins Zimmer. Voller Panik fliehen die Räuber.

Nach Mitternacht traut sich einer der Räuber zurück ins Haus. Doch die Tiere richten den Räuber mit Krallen, Hufen und Zähnen übel zu. Der Räuber flieht, die Tiere aber bleiben in dem Häuschen wohnen.

Dieses Märchen ist eine Geschichte über das Altwerden.
Das Schicksal der vier Tiere kann man gut mit unserer modernen Gesellschaft vergleichen, in der man mit 55 in den Vorruhestand geschickt wird, weil man nichts mehr »nützt« und nicht mehr »gebraucht« wird. Altersweisheit, Erfahrung, der lebenslange Einsatz im Beruf spielen kaum noch eine Rolle.
Den Tieren im Märchen wird ja auch kein Gnadenbrot mehr gewährt. Doch die vier lassen sich nicht wie Lämmer zur Schlachtbank führen, sie bilden eine Interessengemeinschaft, denn Alter spielt sich im Kopf ab, und die Hoffnung stirbt zuletzt! Überleben können die vier nur, indem sie sich verbünden und jeder Einzelne seine individuellen Stärken einbringt.

Ein unschlagbares Team

Die Geschichte der Bremer Stadtmusikanten ist aber auch ein lustiges Märchen. Man lacht darüber, wie geschickt sich die Tiere anstellen, die Räuber zu besiegen. So viel Kraft hätte man ihnen gar nicht mehr zugetraut! Der zahnlose alte Hund, der Hahn, der um sein Leben kräht, die Katze, die nicht mehr so beweglich ist, und der Esel mit dem krummen Rücken. Mit vereinten Kräften werden Sie zu einer Macht, die selbst die Räuber fürchten. Die Tiere haben sich gefunden.

Das Gefühl, gebraucht und anerkannt zu werden, ist für jeden Menschen existenziell, ganz egal, wie alt er ist. Viele ältere Menschen leiden unter dem Gefühl, zum alten Eisen zu gehören, ausgedient zu haben. Aber Altwerden muss nicht automatisch heißen, keine Aufgaben mehr zu haben. Die Welt hält auch jetzt noch Abenteuer bereit. Der Esel und seine drei Kumpane machen es uns vor.

Zusammen sind wir stark

Es sind vollkommen unterschiedliche Tiere, die da eine Gemeinschaft bilden. Aber sie haben ein gemeinsames Interesse: Sie wollen überleben. Jedes von ihnen hat eine ganz besondere

Fähigkeit: Das eine kann fliegen, das andere seine Hufe gebrauchen, das dritte furchterregend bellen und beißen, und das vierte schließlich hat Krallen, mit denen es schmerzhaft kratzen kann. Sie sind unterschiedlich, und jeder hat andere Fähigkeiten und Qualitäten, aber zusammen sind sie unschlagbar.
Man hat Mitleid mit diesen Tieren. Ihr Schicksal ähnelt dem der Menschen, wenn sie alt werden: Niemand hat noch Verwendung für sie. Aber die Tiere kennen ihre Fähigkeiten und setzen sie im richtigen Moment ein. Sie beeindrucken durch Größe: Nur gemeinsam, indem sich eines auf das andere stellt, gewinnen sie eine imposante Statur. Sie multiplizieren sich sozusagen – zusammen sind wir stark!

Erst in der Gemeinschaft mit anderen können die eigenen Talente erprobt werden. Erst in einem Team merke ich, wo meine Stärken und Schwächen liegen. Und wie schön es ist, sich gemeinsam für etwas einzusetzen.
Pädagogen und Psychologen meinen, dass Teamfähigkeit am besten möglichst früh erlernt werden sollte.

Entwicklung von Teamfähigkeit im Vorschulalter

Mildred Parten war eine der ersten Wissenschaftlerinnen, die Anfang der 1930er-Jahre die Interaktion zwischen zwei- bis fünfjährigen Kindern untersucht hat. Ihren Beobachtungen zufolge entwickelt sich das soziale Miteinander in drei Stufen: Am Anfang steht die *nichtsoziale Aktivität*, d.h. die unbeteiligte Zuschauerrolle bzw. das Alleinspiel. Darauf folgt das *Parallelspiel*, d.h., Kinder spielen Seite an Seite, aber versuchen nicht, das Spiel des jeweils anderen zu beeinflussen. Das höchste Niveau ist schließlich von zwei Spielformen gekennzeichnet: dem *verbundenen Spiel*, bei dem sich Kinder mit unterschiedlichen Dingen beschäftigen, aber z.B. Spielzeug untereinander austauschen, und dem *kooperativen*

Spiel. Hier haben Kinder ein gemeinsames Ziel, etwa, wenn sie zusammen eine Sandburg bauen.
Forschungsergebnisse aus den 1990er-Jahren haben Partens Beobachtungen weitgehend bestätigt. Allerdings hat man herausgefunden, dass die einzelnen Interaktionsstufen sich nicht streng ablösen. D.h. frühere Formen der Interaktion können Seite an Seite mit späteren Spielweisen fortbestehen. Wenn ein älteres Kind öfter alleine spielt, bedeutet dies deshalb nicht automatisch, dass es soziale Ängste hat.

Im Chor singen, in der Gruppe musizieren, in einer Mannschaft Sport treiben – solche Gruppenerlebnisse machen selbstsicher. Nur in der Gruppe lernen Kinder, auf den anderen zu achten, sich einzufügen und sich an Regeln zu halten.
Die Bremer Stadtmusikanten sind allerdings keine Freizeitmannschaft, sie sind eine Zweckgemeinschaft, die sich aus purer Not zusammengefunden hat. Die Gemeinschaft macht sie stark, und das Leben miteinander gefällt ihnen sogar so gut, dass sie zusammen in dem Häuschen wohnen bleiben.

Das Zusammensein genießen

Etwas mit anderen durchzustehen, schweißt zusammen. Was man gemeinsam erlebt hat, das trägt man bei sich, es ist emotional archiviert, und keiner kann es einem mehr nehmen.
Eine Familie zu haben, bedeutet natürlich auch Pflichten, Verantwortung, Disziplin, Stress, aber es ist auch eine Überlebensgemeinschaft verschiedener Generationen: von den Kindern und Eltern bis zu den Großeltern. Familie bedeutet: Du bist nicht allein! Nur in der Familie haben Kinder schließlich die Chance, zu erleben und zu erfahren, was es bedeutet, alt zu werden.
Das A und O in der Familie ist es, sich zu genießen, Spaß und wirkliche Freude miteinander zu haben. Man muss nur ein bisschen die Augen öffnen, dann erfährt man zusammen mit seinen Kindern so viele Wunder und so viel Neues. Dazu muss es aber

auch Gelegenheiten geben, es braucht Rituale (das gemeinsame Essen, das Miteinander-Kuscheln vor dem Schlafen, der Spieleabend etc.). Das schönste Geschenk, das man dem anderen machen kann, ist es, ihm Zeit, Aufmerksamkeit und Interesse zu widmen.

Der Mensch ist nicht zum Alleinsein gemacht, erst recht nicht ein Kind. Es braucht den Austausch, die Nähe und das Gefühl: Meine Familie gehört zu mir. Fachleute sprechen von »Wohlstandsverwahrlosung« und meinen damit Kinder, die allein in ihrem aufwendig ausgestatteten Kinderzimmer sitzen. Allein gelassen inmitten ihres Reichtums. Das Wichtigste fehlt ihnen: Gemeinschaftserlebnisse.

Fragen an die Kinder:

- Muss jedes Lebewesen, ob Tier oder Mensch, immer nützlich sein?
- Zählt im Leben nur die Arbeit?
- Gibt es einen Unterschied zwischen Tier und Mensch?
- Was passiert mit den Menschen, die alt werden und nicht mehr arbeiten können?
- Ist es richtig, dass man die Tiere nicht mehr haben will, wenn sie nicht mehr Säcke schleppen, auf die Jagd gehen oder Mäuse fangen können?
- Warum tun Menschen so etwas? Warum verstoßen sie Tiere?
- Was würdest du mit Tieren tun, wenn sie alt geworden sind und nicht mehr arbeiten können?

- Hast du schon mal gehört, dass ein Tier ausgesetzt wurde?
- Welches Interesse haben die Tiere gemeinsam?
- Was können alte Menschen von den Tieren in der Geschichte lernen?

Die Bienenkönigin

⊙ CD 1, Track 3

Märchentext Seite 156

Darum geht es in dem Märchen: **Respekt, Toleranz, Ignoranz, Mitleid, Naturverbundenheit, Zivilcourage, Dankbarkeit.**

Drei Königssöhne sind auf Wanderschaft, zwei von ihnen halten sich für klug und gewitzt, den dritten aber sehen sie als einfältig und dumm an. Als sie zu einem Ameisenhügel kommen, wollen die beiden älteren ihn zerstören, aber der jüngste duldet es nicht. Er verhindert auch, dass seine Brüder die Enten auf dem See töten und einen Bienenstock ausräuchern.

Schließlich kommen die Brüder zu einem verwunschenen Schloss. Dort stellt ihnen ein graues Männlein drei nahezu unlösbare Aufgaben: Tausend Perlen müssen sie im Wald suchen, einen Schlüssel aus dem See holen und unter den drei Töchtern des Königs die jüngste und liebste herausfinden. Können sie die Aufgaben nicht lösen, sollen sie zu Stein erstarren. Die beiden älteren Brüder scheitern kläglich, doch der jüngste löst die Aufgaben mit Hilfe seiner Freunde: der Ameisen, der Enten und der Bienen. Der Zauber ist besiegt, die Brüder vermählen sich mit den Prinzessinnen, der jüngste aber wird König.

Herzensbildung – ein Begriff, der heute altmodisch anmutet – ist das zentrale Thema des Märchens. Der Stärkere hat eine Verpflichtung gegenüber dem Schwächeren. »Geliebt wirst du dort, wo du schwach sein darfst, ohne Spott dafür zu ernten«, heißt es in dem Musical Tabaluga frei nach Th. W. Adorno. Das ist auch meine Definition von Familie. Ich verliere nicht den Schutz und die Liebe meines Clans, selbst wenn ich nicht so perfekt funktioniere, wie es die Gesellschaft von mir erwartet.
Für mich als Schauspieler ist das ein ganz essenzieller Punkt in der Arbeit mit einem Regisseur: dass ich Fehler machen kann, ohne dafür gerügt zu werden. Ich bin nur kreativ, wenn ich mich fallen lassen kann. Nur wenn ich auch Schwäche zeigen darf und trotzdem geschützt bin, kann ich Neues ausprobieren.

Herz aus Stein

Nicht zufällig werden die beiden älteren Brüder zu Stein – sie haben keinen Sinn für die lebendige Natur, gehen mit ihr um wie mit seelenlosem Material und verlieren so selbst ihre Seele. Die äußere Versteinerung ist eine Metapher für die innere Respektlosigkeit dem Leben gegenüber.
Der Jüngste dagegen, der Dummling, hat nicht nur ein mitleidiges Herz, sondern respektiert und achtet alles Lebendige. So helfen ihm die Tiere mit ihren jeweiligen Begabungen. Die Ameisen suchen unter dem Moos die Perlen zusammen, die Enten holen den Schlüssel aus dem See und die Bienenkönigin schmeckt den süßen Honig auf den Lippen der jüngsten Prinzessin. Jedes gibt sein Talent, um sich für den Respekt, der ihm entgegengebracht wurde, zu bedanken.

Die Persönlichkeit achten

Respekt der Natur und den Menschen gegenüber – das ist ein Grundwert, der nahezu alle anderen Werte in sich einschließt. Wer den anderen respektiert, der führt keine Kriege gegen den Menschen und die Natur. Respekt bedeutet: Ich sehe dich in deiner Individualität, achte deine Fähigkeiten und Talente.

Respekt als Charakterwert ist nicht an Macht und Einfluss gekoppelt. Bei einem respektvollen Umgang steht die Persönlichkeit eines Menschen im Mittelpunkt. Und natürlich haben auch – und vor allem – Kinder Respekt verdient.

Kinder sind nicht nur das genetische Produkt ihrer Eltern und Vorfahren. Ich merke das oft daran, dass unsere drei Kinder sehr verschieden sind, obwohl unsere Erziehungsmethoden sich nicht unterschieden haben. Es gibt etwas Eigenes, die Persönlichkeit – das Göttliche –, vor dem die Eltern Respekt haben müssen.
Jemanden zu respektieren heißt zunächst: sich die Meinung des anderen anzuhören, dem anderen zuzuhören. Das ist anstrengend und schwierig, denn man glaubt ja, alles schon zu wissen und zu kennen.
Wer gerne Ratschläge erteilt, hält sich schnell für »besser«, »wissender«, »erfahrener« oder auch »klüger« und übt damit Macht aus. Die Macht des Wissens oder der Überlegenheit macht hochmütig. Auch davon handelt das Märchen.

Respekt ist mit der Toleranz verwandt. Ich gestehe dir zu, dass du anders bist als ich. Und ich verlange im Gegenzug von dir, dass du mein Anderssein tolerierst. Auf dieser Basis kann gegenseitiger Respekt wachsen.

Bei mehreren Kindern ist es wichtig, dass die Eltern ab und zu auch dem Einzelnen Zeit und Zuwendung schenken. Man muss auch mal sagen: Ich mache nur mit dir etwas! Denn in einem Familienverbund hat jeder die Sehnsucht nach Individualität und genießt es, wenn Mutter oder Vater sagen: Das machen nur wir zwei zusammen! Wenn das Kind spürt, dass ich mich wirklich darauf freue, ist das ein Liebesbeweis und ein wichtiges Zeichen für Respekt. Einen der tollsten Urlaube, die ich je erlebt habe, waren Ferien allein mit meinem Sohn. Wir fuhren zum Bergsteigen, und da musste er mich mit seinen fünfzehn Jahren sichern und ich ihn. Wir haben da eine ganz starke Nähe füreinander gespürt.

Respekt wohnt in der Seele

Die Schwächeren brauchen die Achtung und den Respekt der Stärkeren. Das hat der »Dummling« in dem Märchen, der selbst nicht zu den Starken gehört und wenig Respekt genießt, klug erkannt. Vielleicht hat er es nur mit dem Herzen verstanden, denn Respekt hat nicht unbedingt mit dem Verstand zu tun.
Doch wie ist es mit dem Respekt gegenüber der Macht? Einer Macht, die vielleicht mit Gewalt und Unterdrückung ihre Rechte stabilisiert, die Schwachen erniedrigt und ihnen den Respekt versagt?
Der Wert Respekt braucht Begleiter, um soziale Funktion zu haben: Zusammen mit Kritikfähigkeit und Zivilcourage bekommt der Respekt seinen Sinn.
Respekt verdient derjenige, der authentisch ist. In der großen Politik wie im Berufsleben und der Familie. Und authentisch sein heißt: von seinem hohen Ross hinabsteigen und sich der eigenen Unzulänglichkeiten bewusst werden.

Als Vater verschaffe ich mir Respekt, indem ich Schwächen zugebe und zu meinen Fehlern stehe. Ich war nicht pünktlich, ich war nicht verlässlich, habe etwas zugesichert, was nicht eingehalten wurde, ich war vielleicht ungerecht oder gereizt … Das zuzugeben stellt nicht die Position der Eltern in Frage, im Gegenteil: Es bedeutet, dass man sich um das Einhalten der Spielregeln bemüht und glaubwürdig ist.

Von mangelndem Respekt den Lehrern und Eltern gegenüber hören wir in letzter Zeit häufig. Das Problem selbst ist aber uralt. »Die Jugend liebt heutzutage den Luxus. Sie hat schlechte Manieren, verachtet die Autorität, hat keinen Respekt vor älteren Leuten und schwatzt, wo sie arbeiten soll.« Das schrieb der Philosoph Sokrates, 400 Jahre vor Christi Geburt.

Natürlich ist das kein Grund, mit den Schultern zu zucken und bei sich zu denken: »Es war eben immer schon so ...« Aber das Wissen darum, dass unsere Kinder eben nicht eine Generation von besonders unhöflichen, respektlosen, kaltherzigen Wesen sind, kann Erleichterung verschaffen. »Respekt« fällt nicht wie ein reifer Apfel vom Baum. Er braucht, wie alle Werte, Zeit, Vorbilder und eigenes Erleben, um zu wachsen.

Von der schwarzen Pädagogik zu PISA

Die »schwarze Pädagogik«, die Kinder durch Einschüchterung Werte wie Respekt und Disziplin vermitteln wollte, wurde in Zeiten der antiautoritären Erziehung entsorgt. Mit Recht wurden die in der Nazizeit missbrauchten Werte misstrauisch beäugt, doch die neue, scheinbar grenzenlose Freiheit überforderte viele Kinder und bot wenig Orientierung.
Die Erziehung in den 1980er- und 1990er-Jahren war eine ganz gesunde Mischung aus Strenge und Gewährenlassen. Die Eltern verstanden sich als kameradschaftliche Autoritäten, und in den Kindergärten schlugen die Kleinen fröhlich mit Holzstücken den Takt zu den Diskussionen ihrer Erzieher über Spielzeugwaffen. Eine harmlose Zeit, in der PISA noch fern und Leistungsdruck nur ein theoretischer Begriff waren. Doch dann kam PISA. Und mit PISA kam die Leistung in die Kindergärten. Man erkannte plötzlich, dass die Gehirne im Kindergartenalter besonders aufnahmefähig sind. Fremdsprachen, naturwissenschaftliches Experimentieren – immer mehr bewegt sich das Pendel Richtung Leistung. Sinnlicher, musischer und gleichzeitig schlauer und nun eben auch disziplinierter und äußerlich respektvoller sollen die Kinder werden. Die Erkenntnis, dass Kinder bei aller sinnvollen Förderung auch Freiraum brauchen, um sich zu entwickeln, scheint dabei fast unterzugehen. »Das Gras wächst nicht schneller, wenn man daran zieht«, sagt ein afrikanisches Sprichwort.

Kann man Respekt verordnen?

Werte, die etwas taugen sollen, entstehen nicht über ein Kursprogramm. Sie brauchen drei Eckpfeiler: Vorbild, Einsicht und eigenes Tun. Einen Wert wie Respekt kann man Kindern nicht verordnen. Er kann nur allmählich wachsen, so wie das Kind selbst, und braucht dazu eine respektvolle, liebende Umwelt.

Fragen an die Kinder:

- Warum hat der jüngste Bruder nicht zugelassen, dass die älteren den Tieren etwas zuleide tun?
- Kann man immer erkennen, ob ein Tier etwas ganz Besonderes kann?
- Und wie ist es mit Menschen? Sieht man ihnen immer an, was sie wissen und können?

- Welche Tiere helfen uns? Wie tun sie das?
- Warum haben der Ameisenkönig, die Enten und die Bienenkönigin dem jüngsten Bruder geholfen?

Hänsel und Gretel

CD 1, Track 4
Märchentext Seite 158

Darum geht es in dem Märchen: **Rücksichtslosigkeit – Mitgefühl, Vertrauen – Vorsicht, Kreativität, Selbstvertrauen, Hilflosigkeit, Grausamkeit, Cleverness.**

Weil sie bitterarm sind, planen ein Holzhacker und seine Frau, ihre beiden Kinder im Wald auszusetzen. Doch die Geschwister erfahren von dem heimtückischen Plan. Hänsel streut Steinchen auf den Weg, so finden die beiden wieder nach Hause zurück.
Abermals beschließen die Eltern, die Kinder loszuwerden. Um den Weg zu markieren, streut Hänsel diesmal Brotkrumen. Doch als sich die Kinder in der Nacht auf den Heimweg machen wollen, haben Vögel die Krumen aufgepickt.
Die Kinder irren durch den finsteren Wald. Plötzlich kommen sie vor ein Häuschen ganz aus Brot, Kuchen und Zucker. In diesem Haus wohnt eine Hexe, die die beiden Kinder fängt. Sie sperrt Hänsel in einen Stall, will ihn mästen, dann töten und aufessen; Gretel muss ihr bei den Vorbereitungen helfen. Doch Gretel schafft es, die Hexe zu überlisten: Sie lockt die Alte in den Ofen und lässt sie dann bei lebendigem Leib verbrennen. Mit den Schätzen der Hexe machen sich die Kinder auf den Heimweg. Die Mutter ist inzwischen gestorben, der Vater aber ist unendlich erleichtert, seine Kinder wieder in die Arme schließen zu können.

Die Geschwister halten fest zusammen

Was an dieser Geschichte trotz aller Grausamkeit fasziniert, ist, dass Bruder und Schwester nur gemeinsam im Wald überleben konnten – alleine wäre Hänsel verloren gewesen, denn niemand hätte ihn aus dem Käfig befreien können. Vielleicht steckt darin auch die Botschaft des Märchens: dass eine Familie mit mehreren Kindern stabiler ist, weil die Kinder gegenüber den Eltern nicht in der Minderheit sind. Die Geschichte wäre garantiert anders ausgegangen, hätte es nur Hänsel oder nur Gretel gegeben.

Beide Kinder verlieren inmitten des Schreckens nie das Vertrauen in sich selbst. Sie müssen eine stabile psychische Basis in ihrer frühen Kindheit mitbekommen haben, um in dieser Horrorsituation gelassen zu bleiben. Der tatkräftige Hänsel verfällt nicht in ängstliche Starre, sondern sinnt auf Rettung, er besitzt sogar noch die Kraft, das Schwesterchen zu trösten: »Gräme dich nicht, ich will uns schon helfen.«
Vertrauen – und damit auch Selbstvertrauen – können Kinder nur dann entwickeln, wenn sie sich gebunden und beschützt fühlen konnten. Obwohl der schwache Vater der Mutter nichts entgegensetzt, muss er sich wohl liebevoll und verlässlich um die Geschwister gekümmert haben – denn am Ende des Märchens heißt es: »Der Mann hatte keine frohe Stunde gehabt, seitdem er die Kinder im Walde gelassen hatte …«

Lust und Horror

Lust und Horror liegen in dem Märchen ganz nah beieinander. Aber es gibt auch die Erlösung: Das Böse wird ausgelöscht.
Der erste Teil beschreibt, wie die Eltern ihre Kinder wegschicken, weil sie sie nicht ernähren können. Die Kinder sind auf sich alleine gestellt. Und sie agieren so, wie es eigentlich die Familie tun sollte: Sie halten auf Gedeih und Verderben zusammen.
Der zweite Teil ist eigentlich eine Horrorgeschichte, sie ist aber dramaturgisch so gut versteckt, dass uns das Grauen der Hand-

lung gar nicht so richtig bewusst wird. Welches Kind würde nicht gerne von einem Knusperhäuschen naschen? Das alles ist so aufregend und unheimlich zugleich! Eine schreckliche Hexe nimmt Hänsel gefangen, er wird im Käfig gemästet wie ein Stück Vieh; Gretel entpuppt sich als die wahre Heldin und wächst in der Not über sich hinaus. Sie tötet die Hexe. Auge um Auge, Zahn um Zahn. Ausgleich und Gerechtigkeit – du hast mir etwas angetan, jetzt musst du dafür auch bezahlen – sind für Kinder ein Urbedürfnis.
Im Leben bleibt keine Rechnung offen.

Aus »Urvertrauen« wächst Vertrauen

Das Baby kommt völlig hilflos auf die Welt. Es ist darauf angewiesen, dass die Erwachsenen sein Überleben sichern, es nähren, pflegen und behüten. Es muss merken, dass es gut aufgehoben ist in der Welt, dass es geliebt wird. Nur dann kann es das entwickeln, was die Psychologen »Urvertrauen« nennen: die Sicherheit, dass alles so, wie es ist, gut ist.
Der Begriff »Urvertrauen« geht auf die Theorie Erik H. Eriksons zurück. Sigmund Freud sah die Befriedigung der Bedürfnisse des Kindes nach Nahrung und oraler Stimulation als Voraussetzung für eine stabile psychische Entwicklung. Erikson ging darüber hinaus: Es komme nicht primär auf die *Quantität* von Nahrung und Stimulation an, sondern vielmehr auf die *Qualität* des Verhaltens der Bezugspersonen. Selbst wenn die Eltern die Bedürfnisse des Kindes nicht immer optimal erfüllten, werde sich der Konflikt des ersten Lebensjahres – Urvertrauen bzw. Misstrauen – positiv lösen, wenn der Umgang mit dem Kind grundsätzlich einfühlsam sei.
Ein Kind, das vertrauen kann, geht davon aus, dass seine Umwelt ihm positiv begegnet. Deshalb traut es sich auch, diese zu erkunden. Hat ein Kind dagegen früh erfahren, dass es sich nicht auf Zuwendung verlassen kann, wird es sich später eher zurückziehen und isolieren.

Selbstbewusstsein und Mitgefühl

Eine letzte Prüfung müssen Hänsel und Gretel noch bestehen: Sie gelangen an ein Wasser, und hier ist es abermals Gretel, die eine pfiffige Lösung findet. Sie bittet einfach eine Ente, sie hinüberzubringen, und damit das Tier nicht zu schwer zu tragen hat, lässt Gretel sich und ihren Bruder einzeln übersetzen. An dieser Stelle trennen sich die Kinder zum ersten Mal, und ein jedes schafft für sich allein den Weg.

Trotz allen Schreckens und aller Widrigkeiten verlieren die Kinder auch hier nicht die Hoffnung und den Mut. Sie vertrauen sich – und ihr Leben – einem Tier an, das sie über das tiefe Wasser trägt. Zum Vertrauen in einen glücklichen Ausgang des Abenteuers kommt in diesem Moment noch das Mitempfinden. Hätte Gretel nicht Sorge gehabt, dass der schwachen Ente die Last beider Kinder zu schwer werden könnte, hätten sie das andere Ufer wohl nicht erreicht.

All diese Prüfungen haben ein Ziel: die beiden Kinder reifer werden zu lassen. Nur indem sie sich von ihren Eltern lösen mussten, konnten sie ihre Fähigkeiten erproben, Widerstände meistern und letztlich der bitteren Armut im Elternhaus ein Ende bereiten.

Fragen an die Kinder:

- Mussten die Eltern die Kinder wirklich in den Wald schicken, weil sie so arm waren? Gab es nicht andere Möglichkeiten?
- Was wäre geschehen, wenn Hänsel die Steinchen nicht auf den Weg gestreut hätte?
- Wie hat Gretel die böse Hexe besiegt?
- Warum gehen die Kinder zu den Eltern zurück, obwohl sie verstoßen wurden?
- Ist es richtig, Gleiches mit Gleichem zu vergelten?

Das hässliche junge Entlein

CD 1, Track 5
Märchentext Seite 166

Darum geht es in dem Märchen: Toleranz – Intoleranz, Ausgrenzung – Zusammenhalt, Ignoranz – Identität, Vergebung.

In einem Entennest schlüpft ein Junges, das nicht so aussieht wie die anderen Küken. Von Geburt an wird es gehänselt, weil es anders ist. Es wird gebissen und ausgelacht. Niemand will mit ihm spielen. Eines Tages beschließt es deshalb davonzulaufen.

Im Moor bleibt es eine Weile bei den Wildenten, dann findet es Zuflucht bei einer alten Frau, die mit ihrem Kater und ihrem Huhn in einer Hütte lebt. Als es auch dort nicht bleiben kann, versteckt es sich im Schilf am Rande eines Sees. Dort beobachtet es wunderschöne Schwäne, die am Himmel vorüberziehen. Es ist wie verzaubert von ihrem Anblick.

In großer Not übersteht das Entlein den harten Winter. Als das Frühjahr anbricht, kommt es zu einem See in einem prächtigen Garten. Dort sieht es auf der Wasseroberfläche sein Spiegelbild: Es ist ein wunderschöner Schwan, den die anderen Schwäne liebevoll in ihrer Mitte aufnehmen.

Blindheit grenzt aus

Zum Schönheitsideal der Enten und Gänse passt das Entlein nicht, und so fühlt es sich selbst hässlich und nicht liebenswert. Die Normen und Grundwerte der anderen bedeuten hier Ausgrenzung. Wer ihren Werten nicht entspricht, gehört nicht dazu.
Nur die Entenmutter macht zunächst eine Ausnahme. Für sie ist es einfach ihr Kind, auch wenn es anders aussieht als die anderen Entenkinder. Sie erfüllt ihre Mutterpflichten, versucht ihm beizubringen, was eine Ente wissen und können muss, sie umhegt und beschützt es. Aber irgendwann kann selbst sie dem bösen Geschnatter nicht mehr standhalten: »Wenn du nur weit fort wärst!«

Wenn Kinder zu Außenseitern werden

Studien aus den letzten Jahren haben gezeigt, dass einige Kinder häufiger Opfer von verbalen, körperlichen oder anderen Formen der Misshandlung durch Gleichaltrige werden als andere. Woran liegt das?
Häufig verstärken solche »Opferkinder« unbewusst das tyrannische Verhalten von aggressiven Kindern, indem sie sich nicht wehren und den Forderungen und Herabsetzungen nichts oder zu wenig entgegensetzen. Sie ziehen sich zurück und suchen den Fehler allein bei sich selbst.
Verhaltensmerkmale wie etwa Schüchternheit, aber auch ein zerbrechlich wirkendes Äußeres, können ebenfalls eine Rolle spielen.
Die Eltern von Kindern, die tyrannisiert werden, üben in der Erziehung häufig eine starke Kontrolle aus. Dieses Verhalten ruft bei dem Kind Angst hervor, entsprechend verhält es sich.
Generell gilt: Die betroffenen Kinder brauchen auf jeden Fall Hilfe von außen. Eltern sollten ihre Kinder ernst nehmen und ggf. Lehrer und Schulleiter informieren.

Darf eine Mutter so etwas tun? Darf sie ihr Kind verraten, um sich die Achtung der anderen zu erhalten?
Nicht einmal die Mutter sieht also, dass in dem hässlichen Entlein ein stolzer Schwan steckt. Die Mutter erkennt ihr Kind nicht.

Toleranz braucht Vorbilder

Toleranz ist Kindern mitgegeben, Intoleranz entsteht durch Erziehung. Das »wir und die anderen« nehmen kleine Kinder gar nicht wahr. Dass ein Kind eine andere Hautfarbe hat, spielt für sie erst einmal keine Rolle und hat keine soziale Bedeutung. Kinder nehmen Unterschiede wahr, aber sie werten nicht.
Jeder Mensch hat ein Recht auf Leben und ist liebenswert, auch wenn er vielleicht ganz anders ist als wir selbst.
Auch Toleranz muss man vorleben. Die Kinder müssen Toleranz – und Vertrauen – am eigenen Leibe erfahren.
Wenn ich an die Kinderzimmertür klopfe und wirklich draußen bleibe, solange das Kind nicht »Herein« sagt, dann ist das eine gute Übung, um Toleranz und Respekt vor dem anderen zu praktizieren.

Toleranz heißt: den anderen anzunehmen, auch wenn er anders ist als wir und zunächst einmal nicht in unsere gewohnte Welt zu passen scheint, vielleicht weil er eine andere Hautfarbe hat oder anders gekleidet ist.
Wenn wir sehen, dass ein schwächeres Wesen wie das hässliche Entlein ausgegrenzt und schikaniert wird, dann braucht es unsere Solidarität und das Gefühl: Es gibt trotz allem Menschen, die zu mir stehen und mich in ihrer Mitte aufnehmen.

Glück ist wichtiger als Rache

Und noch ein wichtiger Gedanke steckt in diesem Märchen: Trotz des Unglücks, dass das Entlein erleidet, wird es selbst nicht bitter und unglücklich. Das Glücksgefühl, wieder Teil einer Gemeinschaft zu sein, ist befriedigender als Rache.

Fragen an die Kinder:

- Warum mochten die Enten das neue Entenkind nicht leiden?
- Wie fühlt sich wohl jemand, den niemand mag?
- Was soll jemand tun, der keine Freunde findet und immer allein spielen muss?
- Ist es wichtig, wie jemand aussieht? Welche Haarfarbe oder Hautfarbe er oder sie hat?
- Warum mögen manche Menschen nur diejenigen, die so sind und so aussehen wie sie selbst?
- Würdest du die Enten und Hühner bestrafen?
- Was können die Gründe sein, dass jemand aus einer Gruppe ausgeschlossen wird?
- Das hässliche Entlein wurde schlecht behandelt – warum ist es nicht nachtragend?
- Hast du das schon selbst erlebt, dass du in der Schule oder beim Spielen mit Freunden ausgeschlossen wurdest?

Das tapfere Schneiderlein

⊙ CD 1, Track 6

📖 Märchentext Seite 177

Darum geht es in dem Märchen: Mut, Abenteuerlust, Selbstvertrauen, Zuversicht, Cleverness, Kreativität.

Ein Schneider bestreicht ein Brot mit Mus und freut sich aufs Schlemmen nach getaner Arbeit. Doch die Köstlichkeit lockt Fliegen an. Da schlägt der Schneider mit einem Lappen zu: Sieben Fliegen erwischt er so mit einem Schlag. (Zum ersten Mal in seinem Leben hat er etwas vollbracht, was nichts mit Zuschneiden und Nähen zu tun hat.) Dass es Fliegen sind, die er da tollkühn erschlagen hat – wen kümmert es? Ihn selbst jedenfalls nicht. Und gleich muss er der Welt zeigen, was für ein Prachtkerl er doch ist. Flugs stickt das Schneiderlein die Worte »Siebene auf einen Streich« auf seinen Gürtel und zieht hinaus in die Welt.

Und im Verlauf des Märchens merken wir: Der gute Mann hat nicht nur geprahlt. Denn mit Verstand und Geschick übersteht er alle Prüfungen und Gefahren.

Auch im Auftrag des Königs gelingt es dem Schneider, durch List und Geschicklichkeit alle Herausforderungen spielend zu bewältigen. Dafür erhält er die Prinzessin zur Frau.

Als diese später von seiner wahren Herkunft erfährt, beauftragt sie ihre Diener, ihn zu verschleppen. Doch das »Aufschneiderlein« weiß sich auch hier klug zu helfen.

Mut heißt: Ich kann auch scheitern

Die herausragende Eigenschaft des Schneiders ist sein Mut. Das Wort Mut impliziert, »jemandem etwas zuzumuten«. Wenn ich jemandem etwas zumute, bin ich überzeugt davon, dass er das Hindernis auch überwinden kann. Das hat mit Respekt zu tun, denn ich traue ihm eine Aufgabe zu, an der er wachsen soll und kann. »Zumuten« ist ja nicht nur negativ besetzt: »Glück ist ein Bonus für Überwindung«, sagt der Psychotherapeut Jens Corssen.

Mut bedeutet auch, das Risiko einzugehen, zu scheitern. Wer eine Herausforderung annimmt, weiß: es kann gut, aber auch schlecht ausgehen. Das ist das Risiko – und bedeutet Abenteuer. Geht es gut aus, ist das eine unglaubliche Befriedigung, denn daran wachse ich. Wenn es schlecht ausgeht, habe ich meine Lektion gelernt: Hier ist meine Grenze. Durch Überwindung und »Zumutungen« macht der Mensch Erfahrungen.

Das Schneiderlein sucht das Abenteuer – vielleicht, weil sein Alltagsleben so wenig Abenteuer zu bieten hat. Dieser Mann ist kein geborener Draufgänger, sondern eher von Pflichterfüllung geprägt. Auch als er hinaus in die Welt zieht, geschieht das nicht kopflos und überhastet. Erst verewigt er seine Heldentat auf dem Gürtel. Er kann sich gut verkaufen, dieser Schneider, sein Selbstmarketing ist grandios, und sein Vertrauen in die eigenen Fähigkeiten lässt ihn alle Abenteuer mit links bestehen.

Der Glaube an sich versetzt Berge

Die Geschichte vom tapferen Schneiderlein gleicht den Hollywoodfilmen, in denen der Aufstieg vom Tellerwäscher zum Millionär mystifiziert wird. Da berauscht sich einer an seinem eigenen Erfolg, der Glaube versetzt halt Berge, und wo ein Wille ist, scheint auch ein Weg zu sein. Der Schneider misst seine Leistung mit der ihm eigenen Elle und suggeriert sich, er sei ein Superheld. Das hat mit Selbstvertrauen zu tun, im wahrsten Sinne des Wortes. Selbstvertrauen bekomme ich, wenn ich mir über den Weg trauen kann. Ich habe Situationen, die ich mir vorgenommen habe, selbst erfolgreich gelöst. Ich weiß, dass ich mich in Krisensituationen bewähren werde.

Im Umkehrschluss bedeutet das: Wenn ich das, was ich mir vorgenommen habe, nicht umsetze, Versprechungen hinausschiebe oder gar nicht realisiere, stehe ich vor mir selbst als Wackelkandidat da. Ich verliere mein Selbstvertrauen.

Ich versuche, meinen Kindern zu vermitteln, dass man manche Ziele nur erreichen kann, wenn man bereit ist, Opfer zu bringen, also Kraft und Zeit investieren muss, und dies vor allem regelmäßig, beständig, auf längere Sicht hin, um langfristig ein Erfolgserlebnis zu haben. Als Vater weiß ich, dass Kinder schnell müde werden und aufgeben wollen, wenn sich nicht rasch Erfolge einstellen, sei es im Sport oder beim Musikunterricht.

Um mutig im Leben zu stehen, brauchen Kinder ein Grundgefühl von Gemochtsein. Ich werde gemocht, weil ich so bin, wie ich bin. Danach suchen wir unser ganzes Leben lang. Der Traumpartner ist derjenige, der sagt: Ich mag dich, weil du so bist, wie du bist.

Das ist die Basis für Kinder, um ihre Grenzen auszuloten.

Kinder brauchen Ermutigung

Der österreichisch-amerikanische Psychologe und Pädagoge Rudolf Dreikurs (1897-1972) hat die Ermutigung von Kindern als eines der wichtigsten Erziehungsziele formuliert: »Ein Kind braucht Ermutigung wie eine Pflanze das Wasser.«

Er plädierte für eine Form von Erziehung, in der die Eltern ihre Kinder ernst nehmen, ermutigen und mündig behandeln, anstatt sie unnötig zu kritisieren oder in unangemessener Form zu loben. Ermutigung bewirkt laut Dreikurs, dass Kinder ihr Selbstwertgefühl stärken, positive Ziele in Angriff nehmen und sich gern für die Gemeinschaft einsetzen. Dreikurs zufolge hat derjenige Mut, der einen Fehler machen kann, ohne sich dadurch in seiner Selbstachtung berührt zu fühlen.

Mutig ist nicht tollkühn

Der Schneider denkt gar nicht daran, Angst zu haben. Jede bestandene Prüfung schenkt ihm so viel neuen Mut, dass er wie selbstverständlich alle Hindernisse aus dem Weg räumt. Doch bei allem Mut wird das Schneiderlein nie tollkühn. Er weiß genau, was er tut. Dabei ist er ganz auf sich allein gestellt: Niemand ist da, der ihm gute Ratschläge geben könnte. Aber auch niemand, der ihn daran hindern könnte, sich selbst zu erproben.

Auch Eltern brauchen Mut, nämlich den Mut, ihren Kindern einen gewissen Freiraum zu lassen. Wenn ein Kind auf einen Baum klettert, würden wir am liebsten hinterherklettern, um es vor möglichem Schaden zu bewahren. Aber wir müssen bereit sein, den Kindern eigene Erfahrungen zu gestatten.

Fragen an die Kinder:

- Was haben die andern gedacht, als sie lasen, was auf dem Gürtel stand?
- Warum sind die anderen so sehr von ihm beeindruckt?
- Wieso wird das tapfere Schneiderlein auf einmal so mutig?
- Möchtest du so sein wie das tapfere Schneiderlein?
- Warum verlässt der Schneider seine Stube?
- Wieso schafft er es, diesen Gefahren zu entgehen?
- Ist der Schneider dumm oder gutgläubig?

Hans im Glück

CD 1, Track 7

Märchentext Seite 185

Darum geht es in dem Märchen: Optimismus, Naivität, Neugier, Vertrauen, Selbstvertrauen, Flexibilität, Dankbarkeit.

Als Lohn für seine treue Arbeit bekommt Hans von seinem Herrn einen Goldklumpen. Auf dem Heimweg sieht er ein Pferd. So ein Tier hätte Hans viel lieber als den schweren Klumpen! So gibt er das Gold gegen das Pferd. Als er eine Weile geritten ist, wirft ihn der Gaul ab. Frohen Herzens tauscht Hans ihn deshalb gegen eine Kuh, die ein Bauer gerade vorbeitreibt. Aber wäre das Schwein, das ein Metzger in einer Karre an ihm vorbeischiebt, nicht viel nützlicher? Gern gibt er die Kuh dafür her. Doch auch das Schwein gibt er freudig ab, als er die fette Gans erblickt, die da jemand auf dem Arm trägt. Und wie freut sich Hans erst, als er die Gans gegen einen alten Wetzstein eintauschen kann! Doch der Stein ist schwer. Hans lässt ihn versehentlich in einen Brunnen fallen. Weinend vor Glück dankt er Gott, dass er alle Last losgeworden ist, und läuft glücklich heim.

Endlich frei von allem Besitz

Hans im Glück *lässt sich am einfachsten mit dem Schlusssatz erklären: »Mit leichtem Herzen und frei von aller Last sprang er nun fort.«*
Dieses Märchen gehört zu der Kategorie Komödie. Die Kinder lachen über den Hans und bewundern ihn. Sobald er mit etwas nicht zufrieden ist, bekommt er etwas für ihn Besseres, bis er am Schluss gar nichts mehr in den Händen hat. Aber auch darüber ist er glücklich, weil er sich denkt, dass in seinem Leben alles so gekommen ist, wie er es sich gewünscht hat.
Hans ist das Gegenstück zur unzufriedenen und nimmersatten Fischersfrau im Märchen Vom Fischer und seiner Frau. *Sie will mehr und immer mehr haben, und am Schluss sitzt sie wieder vor ihrer alten Hütte.*

Hans' Reichtum heißt Freiheit. Ein Bruder Leichtfuß ist er sicherlich nicht. Denn sieben Jahre lang hat er seinem Herrn treu gedient. Fleißig und zuverlässig ist er. Nur nicht besonders geschäftstüchtig. Der Goldklumpen, den er als Lohn erhält, ist vor allem eins: schwer. Er drückt ihm auf die Schulter und schränkt seine Bewegungsfreiheit ein. Nichts Besseres kann ihm da passieren, als ihn einzutauschen und damit loszuwerden.
Hans sieht etwas, das er auf der Stelle haben will, und trennt sich dafür leichten Herzens immer wieder vom Vorhergehenden. Sein Herz hängt nicht an Besitz. Und er macht sich gänzlich frei von der herkömmlichen Definition von Glück: Sein Glück ist nicht das Haben, sondern das Weggeben.

Freiheit heißt, loslassen zu können

Hans handelt ganz spontan, ohne groß nachzudenken. Nur seine eigenen Maßstäbe zählen. Ob Gold mehr wert ist als ein Pferd, das spielt für ihn keine Rolle. Für ihn geht es nur um seine momentane Befindlichkeit. Er ist frei, aber auch naiv.
Die Kinder lachen darüber. Sie wissen, dass es im Leben ganz anders gehen würde. Sie kennen es selbst, dass man immer et-

was Besseres und immer mehr haben will, aber gleichzeitig bewundern sie auch Hans' glückliche Naivität.

Zugeschüttet mit Spielzeug und arm an Fantasie

Wenn man die Kinder mal dazu bringt, ihr Zimmer aufzuräumen und einige Sachen wegzugeben, die sie nicht mehr brauchen, gibt es immer Riesendiskussionen. Auf nichts wollen sie verzichten. Sie könnten ja Dinge verschenken, aber das bedeutet, sie loszulassen. Und das fällt vielen Kindern schwer.
Meine Kinder haben unendlich viele Kuscheltiere. Ich merkte eines Tages, dass sie keinen Lieblingsteddy mehr haben konnten. Also haben wir nachgeholfen: Wir schlugen den Kindern vor, die Hälfte ihrer Kuscheltiere auf den Speicher zu bringen. Alle zwei Monate konnten sie umtauschen. Mit den Kuscheltieren, die im Kinderzimmer blieben, konnten sie wesentlich mehr anfangen.

Projekt »Spielzeugfreier Kindergarten«

Einige Erzieherinnen erkannten vor einigen Jahren ein Problem: Im Kindergarten gab es zu viel Spielzeug. Kurzerhand räumten sie radikal die Gruppenräume leer. Das Projekt »spielzeugfreier Kindergarten« war geboren: Drei Monate lang sollten sich die Kinder in dieser spielzeugfreien Zeit auf sich selbst, ihre Fantasie und Kreativität besinnen. Die pädagogische Überlegung dabei: Gekaufte Spielsachen sind Konsumgüter, mit denen die Kinder Frustrationen verdrängen und Langeweile überdecken können. Spielzeug kann, einem Suchtmittel gleich, die direkte Auseinandersetzung mit sich selbst und der Mitwelt verhindern. Die Betreiber sehen das Projekt darum auch als Beitrag zur Suchtprävention.
Eine Studie bestätigt, dass der zeitweise Verzicht auf Spielzeug den Kindern guttut: Sie kommen während der spielzeugfreien Phase in der Gruppe besser zurecht, entwickeln sich sprachlich weiter, haben mehr Selbstvertrauen und kreative Ideen – und können besser spielen.

Hans hätte wohl Spaß gehabt an dieser spielzeugfreien Zeit. So vieles gibt es auf der Welt zu entdecken, so interessant sind die Begegnungen mit andern Menschen – wer braucht Unmengen von gekauftem Spielzeug? Oder Gold?

Hans im Glück wird es umso leichter ums Herz, je mehr er weggibt.
Die Selbstzufriedenheit spielt in dem Märchen eigentlich gar keine so große Rolle. Hans braucht das Gold nicht unbedingt. Er gibt gerne und wundert sich wie ein Kind, dass er noch etwas Besseres findet. Sein Herz sagt ihm, dass das, was er braucht, nicht die materiellen Dinge sind. Er definiert sich nicht darüber. Das ist das Schöne an diesem Märchen.

Fragen an die Kinder:

- Was würdest du tun, wenn dir jemand einen Goldklumpen schenkte?
- Hans wollte immer das haben, was er gerade sah. War das klug von ihm?
- Zum Schluss hatte er gar nichts mehr und hat sich trotzdem gefreut. Kannst du das verstehen?

- Was hat seine Mutter wohl gesagt, als Hans gar nichts mit nach Hause brachte?
- Kennst du Menschen, die sich über alles freuen können, was ihnen passiert und was sie bekommen?

Der gestiefelte Kater

CD 2, Track 1

Märchentext Seite 190

Darum geht es in dem Märchen: Dankbarkeit, Ehrgeiz, Selbstvertrauen, Klugheit, vorausschauendes Handeln, Umgangsformen.

Nichts als einen Kater erbt der jüngste Sohn des Müllers. Aus Enttäuschung will er ihm das Fell über die Ohren ziehen. Da spricht der Kater: »Lass mir nur ein Paar Stiefel machen, dass ich ausgehen und mich unter den Leuten sehen lassen kann, dann soll dir bald geholfen sein.« Der Müllerssohn lässt sich auf diesen Pakt ein, er hat ja nichts mehr zu verlieren. Doch kaum geht der Wunsch des Katers in Erfüllung, benimmt er sich wie ein Mensch. Unter Vorgaukelung falscher Titel und Tatsachen und mit Hilfe seines unglaublichen improvisatorischen Geschicks verschafft er seinem Herrn alles, was der braucht, um Ansehen und Macht zu erlangen: Geld, kostbare Kleidung und die Sympathie des Königs.
Den mächtigen Zauberer bezwingt er ganz auf Katzenart: Er bringt ihn dazu, sich in eine Maus zu verwandeln, und frisst ihn auf. Nun bekommt sein Herr das prächtige Schloss des Zauberers und obendrein die Hand der Prinzessin. Der alte Monarch stirbt, und der Müllerssohn wird König und ernennt den Kater zu seinem ersten Minister.

Clever ans Ziel kommen

Diese Geschichte ist ermutigend: »Du kannst von ganz unten kommen und kannst es nach oben schaffen, wenn du an dich glaubst und aus allem das Beste machst.« Das kann man nur, wenn man ganz bei sich ist, nicht auf andere schielt oder sie beneidet.
Durch seine Bauernschläue macht der Kater aus dem Müllerssohn einen Grafen. Er erreicht sein Ziel mit Cleverness.

Der Kater kennt seine Ziele ganz genau. Er will selbst sein Glück machen, aber auch dem anderen zur Karriere verhelfen. Stück für Stück erfüllt er den Plan, Stein um Stein legt er das Bild des Erfolgs zusammen. Er ist ein guter Stratege. Jede seiner Handlungen ist genau durchdacht. Wie ein Schachspieler scheint er die weiteren Züge bereits im Voraus zu kennen, nichts überlässt er dabei dem Zufall. Er ist ehrgeizig im positiven Sinn: Geradlinig verfolgt er seine Ziele, erreicht sie durch eigene Kraft und Cleverness, hat dabei aber auch immer den anderen im Blick. Sein Ehrgeiz ist nicht auf Egoismus gebaut. Er handelt ganz und gar eigenverantwortlich, aber nicht nur fürs eigene Wohlergehen.

Ein wichtiger Schritt: Wissen sammeln

Der Kater sorgt für das nötige Know-how, er eignet sich Wissen an, um das Richtige tun zu können. Wüsste er nicht, dass der König gern Rebhühner isst, hätte er kein Gold bekommen. Hätte er nicht herausbekommen, dass der König und seine Tochter eine Spazierfahrt unternehmen wollen, könnte er seinem Herrn nicht die Kleidung beschaffen. Und nur indem er die Bauern befragt, erfährt er, wem die Ländereien und das Schloss gehören. Ohne all dieses Wissen wäre ihm der Coup nicht gelungen.

Erfahrungen machen, Informationen zusammentragen und sie zur richtigen Zeit einsetzen – das ist die Formel für Erfolg.

Doch es ist gar nicht so leicht, aus dem riesigen Angebot an Informationen die richtigen herauszusuchen. Um das Überflüssige vom Notwendigen unterscheiden zu können, brauchen wir klare Ziele. Wir müssen lernen zu erkennen: Was nützt mir? Was belastet mich und schadet mir? Viel stärker als frühere Generationen müssen wir unserem Leben Struktur geben und Wichtiges von Unwichtigem unterscheiden lernen.
Bei Kindern heißt das: ihnen vielfältige Erfahrungen zu ermöglichen, aus denen sie dann die für ihr Leben wichtigen Bereiche herausfiltern können.

Wie Kinder Wissen erwerben

Im Vergleich zu anderen Lebewesen ist der Mensch in viel stärkerem Maße ein lernfähiges und zugleich auf Lernen angewiesenes Wesen. Statt in seinem Handeln auf »naturgegebene« Verhaltensweisen festgelegt zu sein, ist der Mensch fähig, Wissen zu erwerben und dadurch seine Lebensbedingungen in erheblichem Maße selbst zu gestalten.
Hirnforscher haben herausgefunden, dass sich das Gehirn in der mittleren Kindheit (sechs bis zwölf Jahre) auf entscheidende Weise weiterentwickelt und zweierlei ermöglicht:
1.) Mehr Informationen werden schneller verarbeitet (Zunahme der informationsverarbeitenden Kapazität).
2.) Innere und äußere ablenkende Reize werden zunehmend stark kontrolliert.
Neben der Gehirnentwicklung tragen auch bestimmte Strategien in diesem Lebensalter zur wirksameren Informationsverarbeitung bei, z.B. eine zunehmend selektive, angepasste und planvolle Aufmerksamkeit sowie bestimmte Gedächtnisstrategien (Wiederholen und Organisieren von Informationen).
Manche Kinder haben große Probleme, aufmerksam zu sein. In ausgeprägten Fällen spricht man von ADS (**A**ufmerksamkeits**d**efizit**s**yndrom) bzw. ADHS, wenn eine Hyperaktivität hinzukommt.

Wir brauchen Strukturen auch, um Erinnerungen einordnen und festhalten zu können. Wenn wir dies nicht tun, dann entschwinden uns die Erinnerungen. Sie sind nur dann präsent, wenn ich das, was ich erlebt habe, auch gedanklich begriffen habe.
Es ist wichtig, dass die Kinder ihre eigenen Erlebnisse reflektieren, zum Beispiel, indem sie nach einem Kinofilm die Handlung in eigenen Worten schildern. Dann bleibt sie ihnen im Gedächtnis, denn sie haben die Geschichte strukturieren müssen. Auch Emotionen, die das Kind bei dem Film empfunden hat, sollte man ansprechen. Es kann die Gefühle emotional archivieren. Wahrhaftigkeit entsteht nur dann, wenn Wissen mit sinnlichen Eindrücken gekoppelt wird.

Mit Kopf, Herz und Höflichkeit

Verstand und Gefühl, Wissen und Fantasie – eins spielt ins andere, und nur in seiner Ganzheit kann sich der Mensch harmonisch entwickeln. Der Rechenkünstler verdankt sein phänomenales Gedächtnis den inneren Bildern, die er den Zahlen und Ziffern zuordnet, also der Kraft seiner Fantasie. Der emotional geprägte Mensch wiederum braucht den Verstand, um seinen Gefühlen nicht ausgeliefert zu sein. Kopf und Herz sind nötig, um im Leben zu bestehen. Gewinnt eines davon die Oberhand, gerät das Gleichgewicht durcheinander. Doch erfolgreich und glücklich zu sein hat auch damit zu tun, sich von kleinen Misserfolgen nicht entmutigen zu lassen.

Noch eine weitere Botschaft teilt uns der gestiefelte Kater mit: Geschliffene Umgangsformen sind nicht alles, aber doch ein wichtiger Bestandteil des Erfolgs. Seine Stiefel sind die Attribute eines gepflegten Auftritts, und seine Höflichkeit öffnet ihm die Tore am Hofe des Königs. Er weiß, wie man sich benimmt, um Anerkennung zu finden. All seine Klugheit und Raffinesse wären wirkungslos geblieben, hätte er nicht zu Beginn gezeigt, dass er die Regeln des Anstands beherrscht.

Fragen an die Kinder:

- Warum wollte der Kater wohl Stiefel haben?
- Er erzählt dem König, sein Herr sei ein Graf. Ist das richtig von ihm?
- Warum tut der Kater das alles für den Müllerssohn?
- Ist er eifersüchtig, weil der Müllerssohn die Prinzessin heiraten darf und später König wird?

Frau Holle

CD 2, Track 2

Märchentext Seite 195

Darum geht es in dem Märchen: Hartherzigkeit – Mitgefühl, Freiwilligkeit – Zwang, Engagement, Opferbereitschaft, Entscheidungsfreiheit, Fleiß – Faulheit, Dankbarkeit, Neid, Gerechtigkeit.

Eine Mutter hat zwei Töchter, ein leibliches Kind und eine Stieftochter. Während sie die Stieftochter bis zum Umfallen schuften lässt, liegt die leibliche Tochter auf der faulen Haut. Jeden Tag muss die Stieftochter am Brunnen spinnen, bis die Hände bluten. Als die Spindel in den Brunnen fällt, befiehlt ihr die Stiefmutter, sie wieder heraufzuholen. Das Mädchen springt in den Brunnen und gelangt auf eine Wiese. Dort steht ein Backofen, aus dem das Brot ihr zuruft, sie möge es herausziehen. Das tut sie, schüttelt auch die Äpfel vom Baum und kommt schließlich zum Haus der Frau Holle. Dort bleibt sie und klopft jeden Tag gewissenhaft die Schneebetten aus. Nach einiger Zeit bekommt sie Heimweh. Frau Holle führt das Kind zu einem Tor, aus dem pures Gold fällt. So kommt es reich beschenkt nach Haus. Die Mutter möchte auch der faulen Tochter solchen Reichtum verschaffen und schickt sie ebenfalls den Brunnen hinab. Doch dieses Mädchen ist taub für die Rufe von Brot und Apfelbaum und mag der Frau Holle schon bald nicht mehr helfen. Als sie unter dem Tor hindurchgeht, regnet es Pech.

Helfen, ohne auf eine Belohnung zu spekulieren

Im Märchen von »Frau Holle« geht es darum, etwas aus reinem Herzen zu tun, ohne Hintergedanken und ohne berechnende Absicht. Das Mädchen nimmt das Brot heraus und pflückt die Äpfel vom Baum. Es tut das, was getan werden muss, ohne darüber nachzudenken, was ihm das bringt, was für es dabei herausspringen könnte.

Die liebe Tochter erledigt alle Arbeiten und hilft, wo sie gebraucht wird. Doch irgendwann verspürt sie Heimweh. Obwohl sie zu Hause nicht gut behandelt wurde, will sie trotzdem wieder zu ihren Wurzeln, zu ihrer Familie zurück.
Auch wenn die Stiefmutter nicht ganz gerecht ihr gegenüber war – sie vergibt ihr. Doch die Stiefmutter will nun die leibliche Tochter zu Frau Holle schicken. Die Faule macht alles nur mit minimalem Kraftaufwand und nicht aus freien Stücken, sondern mit der Absicht, reich zu werden. Das geht natürlich schief.
Märchen sorgen mit ihrer Handlung immer für einen Ausgleich. Sie sind eine Gerechtigkeitswaage, auf die man die guten und die schlechten Taten legt. Das Böse schlägt nach unten aus und wird bestraft, das Gute überlebt und wird beschenkt.

Das, was man tut, sollte richtig getan werden, denn sonst ist die Zeit verloren und verschenkt. Dazu passt auch folgender buddhistischer Gedanke: Da, wo ich jetzt bin, gehöre ich auch hin.
Ich kann nur ein Beispiel nennen: Ich stehe an einer Haltestelle. Der Bus hat Verspätung, und ich beklage mich. Ich tue die ganze Zeit nichts, als mich zu beschweren, und verbringe meine Lebenszeit damit. Opfer beklagen ihr Schicksal – Täter haben Optionen und überlegen, welche Alternativen sie haben: die Strecke laufen – ein Taxi nehmen – Trampen – andere Leute ansprechen – oder einen Freund anrufen. In dem Moment bin ich kreativ. Dann kann ich ganz neue Erfahrungen machen.

Sich bewähren in der neuen Welt

Beide Mädchen, das fleißige wie das faule, sind in ihrer Entscheidung frei. Oben auf der Erde sind ihre Rollen festgelegt: die Faule wird geliebt und die Fleißige ausgenutzt. Hier aber, nach dem kühnen Sprung in den Brunnen, hat jedes der beiden Mädchen die Chance für einen Neuanfang. Niemand schreit Befehle, niemand schmeichelt.
Die faule Stiefschwester nutzt ihren Entscheidungsspielraum in der für sie gewohnten Art: Sie vertut die Chance für den Neuanfang. Warum sollte sie sich auch ändern? Zu Hause läuft ja alles prima.
Auch die fleißige bleibt ihrer gewohnten Rolle treu. Sie agiert ganz selbstverständlich in der Weise, wie sie es gewohnt ist. Dazu gehört auch die Fähigkeit, Böses zu vergeben.

Freude an der Anstrengung

In dem Märchen steckt auch die Botschaft, dass es sich auszahlt, Opfer zu bringen, und zwar auf längere Sicht hin. Manchmal neigen Kinder zu Bequemlichkeit. Sie haben Phasen absoluter Unlust, zum Beispiel wenn sie ein Instrument erlernen und dafür beständig üben müssen. Ihnen fehlt noch das Regelmaß.
Da braucht es von den Eltern ganz viel Fingerspitzengefühl. Man muss den Kindern erklären, dass sich der Erfolg erst nach einer Weile einstellt. Man darf von ihnen ab einem gewissen Alter Beständigkeit einfordern.
Ich habe einmal meiner Tochter beim Vorspielen zugesehen und habe ihr dann ehrlich gesagt, dass ich ihr Musizieren nicht so gut fand, aber dass ich ihr grundsätzlich gerne zuhöre, wenn sie spielt. »Später wirst du einsehen, wie wichtig es ist, Zeit und Mühe zu investieren. Ein Sprichwort sagt: ›Was Hänschen nicht lernt, lernt Hans nimmermehr.‹ Du musst ja kein Konzertpianist werden, aber jetzt hast du die Zeit und Chance, ein Instrument so zu lernen, dass du kreativ sein kannst. Und das heißt, du kannst deine eigene Musik komponieren und spielen.« Wie

einfach Kinder Instrumente oder Sprachen erlernen, ist ja bekannt.
Meine Tochter wird dann in der Lage sein, ihre eigene Musik zu machen und sich dadurch auszudrücken. Sie muss ja nicht gleich Konzertpianistin werden.
Das Regelmaß muss man den Kindern vorleben und es ihnen auch abverlangen. »Du wolltest in den Tischtennisclub gehen, und du hast jetzt einen Schläger. Jetzt zieh das durch. Du kannst nicht nach einem Monat beurteilen, ob es dir gefällt oder nicht. Mach es ein Jahr lang. Dann schauen wir mal.« Diese Willkür, etwas nach Lust und Laune zu tun, führt zu ganz unerfüllten und unbefriedigten Kindern.

Eine sichere Bindung macht Kinder einfühlsam

Psychologen bezeichnen es als »Bindung«: die enge und sichere – oder eben auch unsichere – Beziehung des Kindes zu seinen Bezugspersonen, die zum großen Teil während der ersten sechs Lebensmonate ausgeprägt wird.
Eltern sorgen für eine sichere Bindung, wenn sie mit ihrem Baby sensibel und freundlich umgehen und in ihren Handlungen verlässlich sind.
Kinder mit einer sicheren Bindung zeigen bestimmte Merkmale: Sie sind neugierig, selbstsicher und spontan, können Konflikte gut lösen und zeigen Einfühlungsvermögen.
Eine gute, verlässliche Beziehung zu den Eltern zählt zu den wichtigsten Dingen, die Mütter und Väter ihren Kindern mitgeben können, denn sie ist die Basis für eine gesunde soziale Entwicklung: Die Kinder verhalten sich verantwortungsvoll, achten auf Fairness im Spiel, nehmen Rücksicht auf das Wohlergehen anderer und zeigen Ausdauer. Das Gefühl der Nähe zu den Eltern bewirkt, dass das Kind sich deren Anforderungen und der Beziehung verpflichtet fühlt.

Motivation und Ehrlichkeit heißen die beiden Zauberwörter, die Kindern die Freude am aktiven Tun vermitteln. Denn Lernen und sich Entwickeln bedeuten, sich anzustrengen und immer wieder die eigenen Grenzen auszuloten. Dabei merken Kinder, dass es auch Spaß machen kann, die eigenen Widerstände zu überwinden. Sie möchten ja selbst Erfahrungen machen und brauchen dabei Ermutigung, aber nicht ein Übermaß an Hilfe. Eltern haben es in der Hand, die Freude an der Selbstständigkeit zu fördern oder abzuwürgen. Werde ich zum Handeln ermutigt, oder trauen mir meine Eltern nichts zu? Diese Einschätzung verinnerlicht das Kind.

Fragen an die Kinder:

- Was wäre wohl mit dem Brot passiert, wenn das fleißige Mädchen es nicht aus dem Ofen gezogen hätte? Und mit den Äpfeln, wenn der Baum nicht geschüttelt worden wäre?
- Warum hilft das Mädchen dem Ofen und dem Baum?
- Und warum geht das andere Mädchen an Ofen und Baum vorbei, ohne ihnen zu helfen?
- Was würdest du tun?
- Warum hatte das eine Mädchen keine Lust, bei Frau Holle die Betten auszuschütteln?
- Ist es gerecht, dass über ihr Pech ausgeschüttet wurde?
- Was hat wohl die Mutter gedacht, als die beiden Mädchen nach Hause kamen?

Der Froschkönig oder der eiserne Heinrich

⊙ CD 2, Track 3
Märchentext Seite 199

Darum geht es in dem Märchen: **Zuverlässigkeit, Gehorsam, Intimität, Prinzipientreue, Konsequenz, Spontaneität, Emotionen.**

Einer Prinzessin fällt ihr goldener Ball in den Brunnen. Plötzlich steckt ein Frosch seinen Kopf aus dem Wasser und bietet an, das Spielzeug aus der Tiefe hochzuholen. Aber nur gegen ein Versprechen: Sie muss ihn mit ins Schloss nehmen, er will von ihrem goldenen Teller essen und des Nachts in ihrem Bett schlafen. Die Prinzessin willigt ein. Tatsächlich holt der Frosch den Ball aus dem Brunnen. Überglücklich läuft das Mädchen nach Hause.
Am nächsten Abend bittet der Frosch quakend um Einlass. Der König besteht darauf, dass die Prinzessin ihr Versprechen einlöst: Sie muss den Frosch von ihrem Teller essen lassen und ihn dann in ihr Zimmer tragen. Doch als er sich anschickt, sich neben sie ins Bett zu legen, wirft sie ihn in großer Verzweiflung gegen die Wand, und plötzlich steht ein Königssohn vor ihr, der von einer Hexe verwunschen worden war. Beide verlieben sich ineinander, und die Prinzessin folgt dem Prinzen in sein Reich.

Ganz schön eklig: Ein glitschiger Frosch, der eben noch im sumpfigen Wasser des Brunnens hockte, beugt sich über den Teller und steckt sein breites Maul ins Essen. Und damit nicht genug: Er will im sauberen Bett der Prinzessin liegen, ganz nah bei ihr.
Das Märchen spielt mit der Intimsphäre und dem Ekel: Ausgerechnet das Essen und das Schlafen, die ganz privaten Lebensbereiche, will der garstige Frosch mit dem Mädchen teilen!

Versprochen ist versprochen und wird nicht gebrochen

Es gibt zwei interessante Aspekte in der Geschichte.
Die Prinzipientreue:
Was du versprochen hast, das musst du auch einhalten, und wer dir in der Not hilft, dem musst du dankbar sein und dafür einen Ausgleich finden.
Und die versteckte Botschaft:
»Nichts ist schlimmer als Gleichgültigkeit.« Denn ohne die authentische Wut der Prinzessin wäre der Prinz niemals erlöst worden.
Alle Kinder können die Haltung der Prinzessin nachvollziehen, keiner würde gerne das Bett mit einem glitschigen Frosch teilen. Aber sie hält sich dann letztlich doch an die Anweisung des Königs. Zwar nicht aus voller Überzeugung, sondern mit Widerwillen, aber immerhin.

Raum für Intimität

Bei Kindern kommt irgendwann die Zeit, in der sie ihre Privat- und Intimsphäre entdecken. Wer in diesen Bereich ungefragt und ungebeten eindringt, verletzt ihre Persönlichkeit.
Man muss akzeptieren, wenn das Kind sagt: »Ich möchte nicht mehr mit dir in der Badewanne sitzen.« Denn das Kind gibt damit zu verstehen, dass es seine Privatsphäre braucht. Tagebuch oder die privaten E-Mails sind für die Eltern tabu!
Es ist schwer auszuhalten, wenn ein Kind auf einmal Grenzen

zieht und sich aus der fürsorglichen Umarmung der Eltern lösen will. Aber nur durch Freiräume gewinnt und entwickelt es Selbstvertrauen und Zuversicht. Die Eltern sollten akzeptieren, wenn ein Kind sagt: »Das ist mein Bereich. Das ist mein Zimmer, und ich entscheide, ob ich es aufräume oder nicht.«
Es ist ganz wichtig, dass die Kinder die Möglichkeit haben, sich selber Regeln zu geben und auch selbst zu entscheiden, was sie wollen und wie sie etwas organisieren.

Der König in diesem Märchen hat wenig Sinn für die zarten Gefühle seiner Tochter. Er ist unerbittlich. Eiserne Prinzipien hat dieser Vater, und seiner Tochter lässt er keine Chance, sich diesen zu entziehen.

Zuverlässigkeit schafft Vertrauen

In der Familie muss man sich aufeinander verlassen, sich gegenseitig etwas abverlangen können. Zuverlässigkeit ist eine wichtige Basis. Wenn ich merke, dass das Kind zuverlässig ist, kann ich ihm auch einen Spielraum zugestehen. Umgekehrt gilt das auch für die Eltern. Wenn ich etwas verspreche und es nicht halte, verliere ich Vertrauen und Autorität. Ich kann nur das einfordern, was ich selbst vorlebe.

Werte am eigenen Leib erfahren

Eine Vielzahl von Untersuchungen hat gezeigt, dass Eltern ihre Ziele im Bereich der Moral- bzw. Werteerziehung am ehesten dann erreichen, wenn Kinder die Vorteile von Einfühlungsvermögen, Verständnis, Respekt und Toleranz am eigenen Leib erfahren. Eltern, die sich selbst hilfreich und großzügig verhalten, verstärken entsprechende Verhaltensweisen der Kinder.
Für die Vermittlung von Werten ist es günstig, wenn Eltern ihre Gebote und Verbote begründen und die Folgen, die ein

bestimmtes Verhalten für das Kind selbst und für andere haben könnte, aufzeigen und erläutern. Fachleute sprechen hier von einem »induktiven Erziehungsstil«.
Wenn Eltern dagegen Liebesentzug als Strafe einsetzen, führt dies häufig zu einer rigiden moralischen Haltung des Kindes. Außerdem tendiert es dazu, Verantwortung und Kritik ängstlich zu vermeiden.

Verlässlichkeit schafft Zuverlässigkeit

Zuverlässigkeit bringt kein Kind mit auf die Welt. Es dauert einige Jahre, bis aus dem kleinen Egoisten ein Mensch geworden ist, der sich in andere hineinversetzen kann und einsieht, dass verbindliche Abmachungen wichtig sind. Allein durch eigenes Erleben lernt das Kind, was Zuverlässigkeit bedeutet: Ich kann mich fest darauf verlassen, dass die Eltern mir zu essen geben und für mich da sind, wenn ich sie brauche. Ich kann mich sicher und geborgen fühlen.

Kleine Kinder suchen immer wieder nach Bestätigung. Sie brauchen nicht nur Eltern, die halten, was sie versprechen, sondern Verlässlichkeit in ihrem Tagesablauf. Sie achten genau darauf, dass die Gutenachtgeschichte, die sie immer wieder hören wollen, auch in den immer gleichen Worten gelesen wird. Und dass das Ritual des Zu-Bett-Bringens sich streng nach den Regeln richtet: Durch Rituale fühlt das Kind Beständigkeit. Sie versichern ihm, dass alles heute noch so ist, wie es gestern war, und dass es morgen auch so sein wird. In den aufregenden ersten Lebensjahren, in denen es so viel Unbekanntes kennen lernt, braucht es diese beruhigenden Inseln der Verlässlichkeit.

Als ich im Internat war, mussten morgens alle Lehrer und Schüler zusammenkommen, denn um sieben gab es täglich in der Aula eine Andacht. Das war eine eiserne Regel: Alle sind da. Der Hausmeister schaute zu, es gab eine kurze Ansprache, und dann sind alle in ihre Klassenräume gegangen. Ich kann mich daran erinnern, dass ich große Lust hatte, dagegen zu rebellieren, aber im Rückblick empfinde ich das als ein sinnvolles Ritual: Alle kommen einmal am Tag zusammen, ohne Rücksicht auf Alter, Leistung oder Ansehen. Das schafft eine hohe Identifikation und ein starkes Gefühl von Gemeinschaft.

Rituale waren für uns wichtig und fast etwas Heiliges. Natürlich haben wir auch dagegen opponiert – aber das war ein Spiel mit dem Tabu.

Erlösung durch Emotion

Interessant an diesem Märchen ist für mich auch, dass es zwei Möglichkeiten der Erlösung gibt: Der Frosch möchte Liebe und Nähe erfahren, um seine menschliche Gestalt wiederzuerlangen, die Prinzessin aber nimmt ihn voller Wut und wirft ihn gegen die Wand. Und auch das erlöst ihn. Also scheint es in diesem Märchen darum zu gehen, dass die Wut, die negative Emotion, genauso wichtig ist wie die Liebe. Denn Gefühle – gleich welcher Art – zeigen Engagement dem andern gegenüber. Wäre ihr der Frosch gleichgültig, hätte sie ihm die kalte Schulter gezeigt, und er wäre nicht erlöst worden. Das Märchen sagt: lieber Auseinandersetzung, Reibung und Wut als Desinteresse.

Nobody is perfect, und erst recht nicht heranwachsende Jugendliche. Zuverlässigkeit ist in diesem Alter eine Eigenschaft, die weit unten steht in der Werte-Skala. Untersuchungen zeigen, dass im Gehirn von Teenagern ein »Umbau« stattfindet: Die Nervenzellen verknüpfen sich neu. Zwischen dem elften und 18. Lebensjahr sei das soziale Gespür nur sehr eingeschränkt vorhanden, berichtet das britische Magazin *New Scientist.*

Lebte die Prinzessin in unseren Tagen, ginge es vielleicht ums Zuspätkommen nach der Party, vielleicht auch um ein Piercing, das der Vater nicht erlaubt. Teenagern schadet es nicht, sich an den Wertvorstellungen ihrer Eltern zu reiben und ihre Fähigkeit zum Widerstand zu erproben. Mit dem Frosch, den die Prinzessin gegen die Wand wirft, rebelliert sie nicht nur gegen das aufdringliche Tier, sondern auch gegen ihren Vater und seine Prinzipien. Aus dem Girlie, das eben noch am Brunnen saß und spielte, ist eine Frau geworden.

Fragen an die Kinder:

- Was bedeutet das für dich, wenn dir jemand etwas verspricht und es dann nicht einhält?
- Muss man immer halten, was man versprochen hat? Gibt es Ausnahmen?
- Warum ist der König eigentlich so streng?
- Was würdest du tun, wenn dein Papa von dir verlangen würde, dass du einen Frosch mit in dein Bett nimmst?

- Der Frosch wollte ganz nah bei der Prinzessin sein. War es richtig, dass die Prinzessin ihn stattdessen an die Wand geworfen hat?
- Kann man die Reaktion der Tochter verstehen? Ist es nachvollziehbar, dass sie sich wehrt?
- Was muss ein Freund für dich sein? Welche Eigenschaften und Werte muss er haben?

Schneeweißchen und Rosenrot

⊙ CD 2, Track 4

Märchentext Seite 203

Darum geht es in dem Märchen: Dankbarkeit – Undankbarkeit, soziale Kompetenz, Hilfsbereitschaft, Freundlichkeit – Bösartigkeit, Optimismus.

Mit ihrer Mutter leben zwei Mädchen in einer bescheidenen Hütte. An einem Abend klopft es an der Tür, und ein Bär kommt herein. Er wolle sich nur etwas aufwärmen, sagt er mit menschlicher Stimme. Die Kinder schließen bald Freundschaft mit dem Tier, denn der Bär kommt nun jeden Abend zu Besuch. Erst im Frühjahr verabschiedet er sich.

Eines Tages begegnen die Mädchen im Wald einem Zwerg, dessen Bart in einem Baumstamm eingeklemmt ist. Sie befreien ihn, doch statt Dank hat der Zwerg nur böse Worte übrig. Auch vor einem Fisch und einem Adler retten ihn die beiden, aber das Männlein schimpft, statt zu danken.

Als die Mädchen den Zwerg wieder treffen, hat er seinen Schatz vor sich ausgebreitet. Da erscheint ein Bär – es ist der Freund, der so oft bei den Mädchen zu Gast war. Er schlägt den bösen Wicht tot, legt seine Bärenhaut ab und gibt sich als Königssohn zu erkennen, den der Zwerg verzaubert hatte. Schneeweißchen nimmt er zur Frau, und Rosenrot wird mit seinem Bruder vermählt.

Wer in Not ist, dem muss geholfen werden

In dem Märchen geht es um Undankbarkeit und auch darum, dafür einen Ausgleich zu finden: Wenn ich dir etwas Gutes tue, erwarte ich auch etwas von dir. Es muss nichts Großes sein. Aber ich möchte doch merken, dass du die gute Tat in irgendeiner Form honorierst.

Der Zwerg im Märchen ist alles andere als dankbar: Die beiden Mädchen haben ihm das Leben gerettet, und er ist sogar noch wütend darüber. Man kann ihm nichts recht machen. Ein Choleriker. Er sieht nichts ein und bleibt so, wie er ist. Und weil er nicht lern- und liebesfähig ist, muss er zugrunde gehen.

Die Kinder bleiben immer gelassen, sie sind ganz bei sich und helfen immer wieder auf selbstlose Weise, wenn der Zwerg in ein neues Unglück geraten ist. Sie bleiben ihrem Wert treu: Wer in Not ist, dem muss geholfen werden! Die Haltung der Kinder zahlt sich aus: Der in einen Bären verwandelte Prinz bringt der Familie schließlich Glück.

Das Märchen behandelt eine zutiefst moralische Frage: Wenn Werte von anderen nicht geteilt werden, kann und muss man sie trotzdem aufrechterhalten? Wenn mir Hilfsbereitschaft, Toleranz, Solidarität, Meinungsfreiheit wichtig sind und ein anderer verstößt gegen diese Werte, bleibe ich dann trotzdem meinen Prinzipien treu?

Die Mädchen bleiben konsequent, ganz egal, was der Zwerg tut, sie helfen ihm. Gibt es Werte, die tief in dem Menschen verankert sind? Oder muss man sie erlernen?

Wieder einmal Glück gehabt!

Der bösartige Zwerg ist sicherlich kein glückliches Geschöpf. Er kann sich weder freuen noch dankbar sein, spuckt Gift und Galle, weil sein Herz ohne Liebe ist. Das Einzige, was ihn interessiert, ist sein Reichtum. Den anderen höflich und dankbar begegnen? Wozu?

Dankbarkeit hat etwas mit Optimismus zu tun, damit, dass man die glücklichen Momente im Leben wahrnimmt. Dankbarkeit heißt, dass ich es nicht für selbstverständlich erachte, wenn ich gesund bin, wenn es mir gut geht und ich wieder einmal Glück gehabt habe. Es kommt darauf an, das Positive im Leben zu sehen und wertzuschätzen.

Das bedeutet nicht, die Welt durch die rosarote Brille zu sehen. Wenn etwas nicht passt, wenn es nervt und stört, dann muss ich das ansprechen und darüber diskutieren. Aber wenn das Positive auch nur ein Stückchen größer und gewichtiger ist als alles Unglück – dann darf man dafür dankbar sein.

Verwandt mit dem Dank: das Loben

Es gibt einen äußeren und einen inneren Erfolg. Äußerer Erfolg bedeutet, dass ich von außen benotet werde – also positiv kritisiert werde. Als Schauspieler bekommt man tolle Kritiken, die Zuschauer jubeln. Bei einem Kind sagt der Vater: »Du hast toll Fußball gespielt! Das war ganz wunderbar.« Das ist der äußere Erfolg. Man hat also Anerkennung für eine Leistung bekommen.
Aber dann gibt es natürlich den inneren Erfolg. Dabei geht es darum, ob man die Ziele, die man sich selbst gesetzt hat, auch erreicht. Dafür braucht es eine Vision. Ich nehme mir etwas vor und versuche, diese Herausforderung zu bewältigen.
Das ganze Lernen baut bei Kindern auf kleinen Erfolgserlebnissen auf; Erfolg und Anerkennung liegen ganz nah beieinander. Es ist wichtig, dass die Eltern die Bemühungen und den Einsatz ihres Kindes immer wieder honorieren.
Das darf aber im Umkehrschluss nicht bedeuten, Misserfolge mit Liebesentzug zu erwidern. Auch bei nicht erreichten Zielen muss das Kind wissen, dass es trotzdem gemocht wird, weil es so ist, wie es ist. Das hat nichts damit zu tun, immer nur Harmonie zu verbreiten. Natürlich kann es Reibung geben und Streit. Aber eine grundsätzliche Liebe muss das Kind spüren. Und eine Bewertung, die ihm entspricht. Ein Kind, das sich in einem Schulfach von einer Vier auf eine Zwei verbessert hat,

verdient Anerkennung. Würde es von den Eltern hören: »Warum hast du denn keine Eins?«, empfände es seine Leistung als Misserfolg. Leistung muss sich allein am Kind messen und darf sich nicht an Idealen orientieren. Kinder können unglaublich entmutigt werden, wenn man ihre Leistungen nicht ihrer Persönlichkeit entsprechend würdigt. Für Eltern besteht immer die Gefahr, etwas auf das Kind zu projizieren, was sie in ihrer eigenen Kindheit nicht erreicht haben.
Ziel der Eltern muss es sein, ihre Kinder darauf vorzubereiten, auf eigenen Beinen zu stehen.

Kinder richtig loben

Wenn Eltern und Lehrer loben, dann können sie positives Verhalten ihrer Kinder und Schüler verstärken. Lob ist eine der wirkungsvollsten Möglichkeiten, ein Kind zu motivieren – allerdings nur dann, wenn Eltern und Lehrer es aufrichtig meinen, ihr Lob möglichst konkret ist und sie es nicht pauschal und im Übermaß verteilen.
Auf der Grundlage mehrerer Beobachtungsstudien und bezogen auf die Interaktion zwischen Lehrern und Schülern unterscheidet der amerikanische Pädagoge J. E. Brophy zwischen »effektivem« und »uneffektivem« Lob. »Effektives« Lob ist seiner Ansicht nach dadurch gekennzeichnet, dass es bewusst eingesetzt wird, auf die Einzelheiten des Erreichten eingeht, den Schüler über seine Kompetenz informiert und die bemerkenswerten Anstrengungen anerkennt. »Ineffektives« Lob dagegen wird eher zufällig und pauschal verteilt und schreibt den Erfolg eines Schülers ausschließlich der Fähigkeit des Schülers oder aber zufälligen Faktoren, wie etwa dem Glück, zu.
Außerdem hat Brophy herausgefunden: Wird Lob zu häufig verwendet, besteht die Gefahr der »Übersättigung«. Das Lob wird (in den Augen der Schüler) unglaubwürdig und verliert an Wert.

Bewusst danken

Eltern können lernen, ihr Kind bewusst zu loben – und Kinder können lernen, die kleinen, scheinbar unbedeutenden Momente im Leben zu bemerken und für sie dankbar zu sein.
Am Abend, kurz vor dem Einschlafen, haben die guten und glücklichen Momente des Tages noch einmal ihren großen Auftritt. »Was hast du heute Schönes erlebt?« Ein Dank für diese Momente hilft, sie tief im Gedächtnis zu verankern.

Fragen an die Kinder:

- Was würdest du tun, wenn dir gegenüber jemand so undankbar wäre?
- Und wenn dir selbst geholfen wird: Gibst du dafür etwas zurück?
- Wie könnte man sich bei jemandem bedanken, der einem geholfen hat?

- Ist es dumm von den Mädchen, dass sie immer wieder helfen?
- Was wäre passiert, wenn sich Schneeweißchen und Rosenrot nicht um den Zwerg gekümmert hätten?

König Drosselbart

CD 2, Track 5

Märchentext Seite 209

Darum geht es in dem Märchen: Leichtfertigkeit, Gerechtigkeit, Konsequenz, Demut, Lernfähigkeit.

Kein Freier ist der Prinzessin gut genug. Vor allem ein König muss sich ihren Spott anhören: Wie der Schnabel einer Drossel sehe sein Kinn aus! Wütend befiehlt der Vater, seine Tochter müsse den erstbesten Bettler zum Mann nehmen. So wird die Prinzessin mit einem zerlumpten Spielmann vermählt.

In der Hütte des Spielmanns versucht die Prinzessin, den Haushalt zu führen, aber alle Arbeit misslingt ihr.

Also schickt sie der Spielmann auf den Markt, um Geschirr zu verkaufen. Eines Tages reitet ein Soldat alle Schüsseln und Teller in Scherben. Nun soll sie als Küchenmagd im Schloss arbeiten.

Dort trifft sie den König Drosselbart wieder und erfährt, dass er selbst der Spielmann war und auch der Reiter, der das Geschirr zerbrach. Nun begreift die Prinzessin, wie unrecht ihr Hochmut war, und mit aller Pracht wird die Hochzeit gefeiert.

Lektion fürs Leben

»König Drosselbart« gehört zu den Lehrstücken unter den Märchen. Die Prinzessin kann man ja eigentlich ganz gut verstehen, sie hat eben ihren eigenen Kopf, und über Geschmack lässt sich nicht streiten, oder? Aber der Ton macht die Musik. Die Königstochter ist hochnäsig und arrogant. Der König fährt da eine harte Linie, er setzt sich einfach über die Tochter hinweg und verheiratet sie mit dem Erstbesten, der ihr unter die Augen kommt. Warum tut er das?

Es ist die Geschichte einer Erziehung: Der König als Bettler bringt der Königstochter das einfache Leben bei. Kannst du nähen? Kannst Du nicht. Weiden flechten? Kannst du auch nicht. Oder kochen? Auch nicht. Wie kannst du eigentlich überleben, ohne all das?

Er holt sie von ihrem hohen Ross herunter und zeigt ihr das einfache Leben. Schließlich gewinnt die Prinzessin die Erkenntnis, dass Hochmut nicht gerechtfertigt ist. Sie wird ihrem verletzenden Verhalten entsprechend bestraft und lernt ihre Lektion fürs Leben.

Das Märchen zeigt überspitzt: Wer etwas anstellt, muss es auch ausbaden, und manchmal ist die Wiedergutmachung viel gewichtiger als die ursprüngliche Verfehlung. Wer etwas getan hat, das den anderen schadet, der muss die Konsequenz ertragen. Jedenfalls, wenn er alt genug ist, um den Sinn zu verstehen. Die Prinzessin in diesem Märchen lernt durch die Konsequenz, mit der man ihr begegnet, dass ihr Handeln Folgen hat und sie dafür die Verantwortung übernehmen muss.

Unrecht muss wiedergutgemacht werden

Kinder sind Gerechtigkeitsfanatiker. Der andere darf und kriegt viel mehr als ich! Sie vergleichen sich die ganze Zeit und schauen genau, ob sie das, was ihnen zusteht, auch bekommen. Genauso ist es im Negativen: Man hat mir etwas angetan, und dafür muss der andere büßen!

Um Harmonie zu erlangen, muss das Unrecht wieder ins Lot gebracht werden. Da muss ein Ausgleich gefunden werden. Man kann nicht ständig nur vergeben, sondern muss darüber reden, wie ein solcher Ausgleich aussehen könnte. Wenn der andere seine Schuld beglichen hat, muss die Sache aber auch für immer aus der Welt sein. Kinder begreifen dadurch, dass man Schuldscheine nicht auf ewig als ständiges Druckmittel ansammeln soll.

»Und wo bleib ich?«

Als »gerecht« bezeichnen wir auch die einigermaßen gleichmäßig verteilte Zuwendung.

Für Eltern ist es manchmal schwer, ihren Kindern in diesem Punkt gerecht zu werden. Paul hat eine Rosine mehr im Kuchen. Warum darf Tessa länger aufbleiben? Und wieso kann Sina spielen gehen, ich aber muss in der Küche helfen? Kinder achten genau auf die kleinen Vor- und Nachteile, die eben niemals ganz gerecht verteilt sind.

Gerechtigkeitssinn ist oft auch mit Eifersucht verbunden.

Gerechtigkeit lernen durch Teilen mit anderen

Tagtäglich erleben Kinder Situationen, in denen es um eine gerechte Aufteilung materiellen Besitzes geht. Kleine Kinder begründen häufig noch selbstbezogen, warum sie etwas teilen (»Er hätte sonst nicht mit mir gespielt.«). Erst wenn das Kind älter wird, kann es verstehen, ob und wie etwas gerecht verteilt wird. Diese Reifung vollzieht sich, wie US-amerikanische Studien nachgewiesen haben, in Form von drei Stufen:

1.) *Gleichheit* (fünf bis sechs Jahre): Alle sollen ein gleich großes Stück Pizza bekommen.

2.) *Verdienst* (sechs bis sieben Jahre): Derjenige, der eine besondere Leistung vollbracht hat, bekommt ein größeres Stück Pizza.

3.) *Billigkeit* (mit ca. acht Jahren): Kinder erkennen, dass ein benachteiligter Menschen besondere Aufmerksamkeit braucht,

d.h., ein Kind, das sich nicht so viel leisten kann oder gehandikapt ist, bekommt ein extragroßes Stück Pizza.
Außerdem hat man herausgefunden, dass ständiges Verhandeln unter Gleichaltrigen zu einer erhöhten Sensibilität gegenüber der Sichtweise anderer Menschen führt.

Das Loben und Belohnen auf der einen, das Tadeln und Bestrafen auf der anderen Seite: Eltern geraten immer wieder in die Rolle des Richters, der Verhalten bewerten und Ungerechtigkeiten sühnen soll. Und je mehr sich Mutter oder Vater zum Gehilfen der ausgleichenden Gerechtigkeit machen, umso selbstverständlicher werden sie als wertende Instanz hinzugezogen. »Mama, der hat mich gehauen!«
Aber jede kleine Ungerechtigkeit auszumerzen ist nicht möglich. Die Kinder müssen lernen, damit zu leben, dass mal der eine, mal die andere kleine Vorteile genießt.

Alle Geschwister jederzeit gleich zu behandeln – wäre das überhaupt erstrebenswert? Legen wir dem jüngeren eine Minischultüte in den Arm, wenn das ältere in die Schule kommt, oder überreichen auch der Schwester ein kleines Geschenk, wenn der Bruder Geburtstag hat – ist das gerecht? Immerhin ist es doch sein großer Tag. Gleichbehandlung planiert die Sonderstellung, die jedes Kind ab und zu braucht. Ein Leben ohne Höhepunkte und Zeiten des Verzichts, ohne kleine Siege und Niederlagen – das wäre doch ziemlich langweilig und traurig.

Siege und Niederlagen

Es lohnt sich, für Gerechtigkeit zu kämpfen. Für die eigene und für die der anderen.
Das lernen Kinder am besten, wenn nicht immer andere für sie entscheiden, wer gerade Recht hat und wer nicht. Streit und Auseinandersetzungen gehören unter Geschwistern und Freunden dazu. Siege davontragen und Niederlagen einstecken

können, das Gefühl von Gerechtigkeit und Ungerechtigkeit erleben – auch das gehört zur Persönlichkeitsbildung. Der innere Richter, das Gewissen, braucht ein intensives Training, um später »richtig« von »falsch« und »gerecht« von »ungerecht« unterscheiden zu können.

Fragen an die Kinder:

- Warum ist die Prinzessin zu Beginn der Geschichte so hochmütig?
- Hat der Vater überhaupt das Recht, die Tochter nach seinem Gutdünken zu verheiraten?
- Warum hat sich König Drosselbart durch die Prinzessin verletzt gefühlt?
- Die Prinzessin hat König Drosselbart nicht nett behandelt. Warum hat er sie am Ende trotzdem geheiratet?
- Warum musste die Prinzessin Arbeiten verrichten, die sie nicht konnte?
- Wenn man einem Menschen Fehler vergibt, wie nennt man das?
- Was hat die Königstochter aus der Geschichte gelernt?
- Die Geschichte nimmt ein gutes und glückliches Ende. Wie sähe denn ein böser Schluss aus?

Die kluge Bauerntochter

CD 2, Track 6

Märchentext Seite 214

Darum geht es in dem Märchen: Ehrlichkeit, Klugheit, Einfühlungsvermögen, angemessenes Handeln, Selbstbewusstsein, Kreativität, Liebe.

Einem armen Bauern schenkt der König ein Stückchen Land zum Roden und Pflügen. Dort findet der Bauer einen wertvollen Goldmörser. Er will den Fund dem König bringen, doch seine Tochter warnt ihn. Der König werde sich fragen, warum der Bauer nur das Gefäß zurückbringt und nicht den Stößel dazu.

Es kommt, wie es kommen muss: Der Vater hört nicht auf den Rat und wird von dem misstrauischen König ins Gefängnis geworfen. Er jammert, seine kluge Tochter habe das Unglück vorausgesehen. Der König lässt die Bauerntochter an den Hof kommen und stellt sie auf die Probe. Er ist so von ihr beeindruckt, dass er sie vom Fleck weg heiratet. Doch als die Bauerntochter einem Mann, der vom König ungerecht behandelt wurde, zu helfen versucht und der König davon erfährt, will er sie dafür aus dem Schloss verweisen.

Der König verstößt sie also, erlaubt ihr aber, das Liebste aus dem Schloss mitzunehmen.

Die Königin reicht ihrem Gemahl einen Schlaftrunk, und als er eingeschlafen ist, lässt sie ihn in das Haus ihres Vaters bringen. Denn er selbst war das Liebste, was sie finden konnte.

Kluger Kopf und großes Herz

Die Bauerntochter besitzt ein feines Gespür und ein sehr gutes Einschätzungsvermögen. Dank ihrer Klugheit und ihres Mutes gelingt es ihr, selbst in verfahrenen Situationen einen Ausweg zu finden. So rettet sie ihren Vater aus dem Gefängnis, und am Schluss erobert sie auch ihr eigenes Glück zurück: Ihr geliebter Mann ist nun einmal das Wertvollste, das sie im Schloss finden kann. Nicht den Verstand, sondern das Herz lässt sie in diesem Moment sprechen. Auf denjenigen, den sie liebt, will sie nicht verzichten, auch wenn er sie verstoßen hat. Gegen Unbedarftheit setzt sie Klugheit, Härte begegnet sie mit Liebe.

Liebe hat etwas mit Verantwortung zu tun. Aber es ist auch ein Privileg, für einen anderen Menschen Verantwortung übernehmen zu können, für ihn zu sorgen.
Liebe ist in ihrem Wesen uneigennützig, und sie ist lebensnotwendig.
Wir können ungeliebt sein, wir können von Feinden umgeben sein, gehasst, gemobbt, verspottet und ausgeschlossen, doch wenn wir nicht die Möglichkeit hätten, lieben zu dürfen, würden wir seelisch verkümmern.
In der Bergpredigt heißt es: Geben ist seliger als Nehmen. Das stimmt! Kinder praktizieren das zum Beispiel mit einem Haustier: Ein Haustier ist für Kinder eine große Verantwortung. Sie müssen es pflegen. Sie schenken ihm Aufmerksamkeit, ohne etwas dafür zurückzubekommen. Das Tier ist von seinem »Besitzer« vollkommen abhängig. Lieben ist etwas Urmenschliches – ich denke, dieser Gedanke schwingt in dem Märchen mit. Wenn es uns ganz schlecht geht, dann halten einen die am Leben, die einen mögen und lieben.

Liebe zwischen Eltern und Kindern

Liebe hat viele Facetten. In der Liebe des Kindes zu seinen Eltern schwingen Bewunderung und Schutzbedürftigkeit und auch der Wunsch nach Nähe und Sicherheit mit. Die Liebe der

Eltern macht ein Kind stark. Andererseits wäre es ohne Liebe für Eltern unendlich schwer, sich aufopferungsvoll um ihr Neugeborenes zu kümmern. Das Gefühl von Liebe und Verantwortung sorgt dafür, dass die Eltern eigene Bedürfnisse eine Zeitlang an die zweite Stelle setzen.

Mutterliebe – die Quelle jeder Form von Liebe

Der österreichische Verhaltensforscher Irenäus Eibl-Eibesfeldt meint: »Mutterliebe ist eine Schlüsselerfindung der Natur, aus der sich alle anderen Formen der Bindung zwischen Menschen entwickelt haben. Sie ist der Ursprung von Mitempfinden, Mitleid, romantischer Liebe zwischen Erwachsenen und auch aller höheren Formen von Geselligkeit.« (Magazin *Wissen* der Süddeutschen Zeitung, Heft Nr. 9, 2006)
Einer neuen US-Studie zufolge geht es bei der Mutterliebe eher um Qualität als um Quantität. Wissenschaftler beobachteten über längere Zeit, wie Mütter auf die Bedürfnisse ihrer Kinder eingingen.
Dabei stellte sich heraus: Berufstätige Mütter, die nur wenig Zeit mit ihren Kindern verbringen können, kümmern sich besonders intensiv um ihren Nachwuchs und richten sich stark nach den Bedürfnissen des Kindes. Das Fazit der Forscher: »Die Zeitmenge, die eine Frau ihrem Kind schenkt, ist nicht der ausschlaggebende Faktor für die Stärke der Mutter-Kind-Beziehung.«
Ob eine Mutter ihr Kind annehmen und lieben kann, hängt zum großen Teil von ihrer eigenen Erfahrung ab. Eine Langzeitstudie in Neuseeland zeigte: Mütter, die selbst warmherzig und gefühlvoll erzogen worden waren, behandelten ihre eigenen Kinder ebenfalls liebevoll.
Das Fürsorgeverhalten einer Mutter gegenüber ihrem Kind, das von Generation zu Generation weitergegeben wird, scheint die älteste Form von Liebe überhaupt zu sein. Es reicht tief in die Evolution zurück.

Die Macht der Liebe

Liebe kann den Menschen bereichern, aber ihm auch alles nehmen. Der König in dem Märchen fühlt sich verraten durch seine kluge Frau: Wieso hat sie hinter seinem Rücken mit einem Bauern paktiert? Verletzter Stolz oder das Gefühl, übergangen worden zu sein, Enttäuschung und fehlende Achtung zerstören die Liebe. Denn die Liebe ist etwas sehr Empfindliches – sie verdirbt, wenn man sie vernachlässigt. Liebe sorgt für den aufrechten Gang – seht her, ich werde geliebt! – oder für den Buckel in der Seele: Niemand mag mich! Liebe hat die Macht zu heilen oder zu zerstören.

Die Bauerntochter in diesem Märchen gibt ihrer Liebe und dem Wunsch nach Nähe auf sehr handfeste Art Ausdruck. Sie packt ihren Liebsten einfach beim Schlafittchen und lässt ihn in das Haus ihres Vaters bringen.

Fragen an die Kinder:

- Warum hat der Vater nicht auf seine Tochter gehört? Warum hat er dem König den goldenen Mörser gebracht?
- Weshalb wurde der Bauer dann ins Gefängnis geworfen?
- Die Bauerntochter hat ihren Mann sehr lieb gehabt. Warum hat sie ihm nicht alles erzählt?
- Was hat sie aus dem Schloss mitgenommen, als sie fortgeschickt wurde?
- Warum hat sie nicht andere Dinge genommen wie Gold oder Schmuck?
- Was würdest du mitnehmen, wenn du dir das Liebste aussuchen dürftest?

Aschenputtel

CD 2, Track 7
Märchentext Seite 218

Darum geht es in dem Märchen: Demütigung, Selbstbewusstsein, Hochmut, Neid, falscher Ehrgeiz, Rücksichtnahme, Gerechtigkeit.

Der Vater von Aschenputtel ist Witwer geworden und hat wieder geheiratet. Die neue Frau bringt zwei Töchter mit in die Ehe. Die Stiefmutter drangsaliert Aschenputtel, wo es nur geht, während sie ihre eigenen Töchter über alle Maßen verwöhnt. Das Mädchen hat nichts zu lachen: In der Asche muss es sitzen, während die Stiefmutter und deren Töchter zum Fest am Hofe des Königs gehen. Am Grab der Mutter beklagt Aschenputtel ihr Schicksal. Da wirft ein Baum ein prachtvolles Kleid auf sie herab und kostbare Schuhe dazu. Sie geht unerkannt auf des Prinzen Fest. Den ganzen Abend tanzt der Königssohn nur mit ihr. Weil der Prinz sie nach Hause begleiten will, flieht sie am Ende des Festes. Dabei verliert sie einen goldenen Schuh. Der Prinz macht sich auf die Suche nach der Angebeteten. Diejenige, deren Fuß in den Schuh passt, soll seine Gemahlin werden. Um den Fuß in den Schuh zu zwängen, schlägt sich die eine Stiefschwester die Zehe, die andere ihre Ferse ab, die Tauben aber verraten die Stiefschwestern. Nur Aschenputtels Fuß passt perfekt in den Schuh. Der Prinz hat seine Auserwählte gefunden und nimmt sie mit auf sein Schloss.

Aschenputtel – schon der Name zeigt, wie übel das Schicksal dem Mädchen mitgespielt hat. Natürlich besitzt es auch einen Vornamen, so wie alle Menschen, aber den erfahren wir nicht. Ihr Schicksal bestimmt, wie die andern sie rufen: die Aschenbuddlerin.

Solche Spottnamen können furchtbar gemein und verletzend sein: »He, Blödmann, komm mal her!« – »Halt's Maul, Streber!« – »Nerv nicht, Zicke!« Und in diesem Fall eben: »Zur Party gehen wir ohne dich, Aschenbuddlerin!« Seine Individualität hat dieses Mädchen verloren. Es wird mit seiner demütigenden Aufgabe gleichgesetzt. Im Dreck muss es wühlen, während sich die Schwestern, ganz in Partylaune, ihre schönsten Kleider anziehen und ihren teuersten Schmuck anlegen.

Zwiesprache mit der Mutter

Neid, Ehrgeiz, Eifersucht, Jähzorn, Treulosigkeit und Unzuverlässigkeit kennzeichnen das Verhalten der Stiefmutter und ihrer beiden Töchter.

Aber es gibt, wie in anderen Märchen auch, die Erlösung: Das Böse wird besiegt.

Der erste Teil der Geschichte handelt von dem Konflikt zwischen biologischen und angeheirateten Kindern. Der charakterschwache Vater spielt in diesem Märchen kaum eine Rolle. Durch seine Heirat macht er Aschenputtel zur Tochter zweiten Grades, denn die »böse Stiefmutter« liebt nur das eigene Fleisch und Blut.

Der zweite Erzählstrang beschreibt die Trauer des Kindes um die tote Mutter. Aschenputtel pflanzt einen knospenden Zweig auf dem Grab, und daraus wird später ein Baum, der ihr Schutz und Trost gibt. Sie ist immer in Zwiesprache mit ihrer Mutter, dem geliebten, verlorenen Menschen, der in ihrem Herzen ist.

Der dritte Teil behandelt »die gerechte Strafe«. Wer Böses sät, wird Böses ernten. Die Schwestern verstümmeln sich: Sie sind so gierig nach Macht und Anerkennung, dass sie dafür sogar furchtbare Schmerzen in Kauf nehmen. Aschenputtel wird vom Königssohn erlöst, die Bösen werden für ihre Verblendung bestraft. Ihnen werden die Augen ausgestochen.

Eine grausame Geschichte. Kinder hören gerne grausame Geschichten; sie finden es lustvoll, sich gemeinsam mit den Eltern zu fürchten, sich dem Horror auszusetzen, denn am Ende gibt es immer eine Erlösung. Kinder empfinden gewiss Schadenfreude angesichts des Schicksals der beiden Schwestern, obwohl die Hauptschuldige ja die Stiefmutter ist.

Stieffamilien heute

Bis ins 20. Jahrhundert hinein waren Stieffamilien überwiegend durch den Tod eines Elternteils und Neuheirat bedingte Lebensformen. Heute dagegen sind Stieffamilien fast immer frei gewählte Lebensformen und entstehen nach Trennungen oder Scheidungen.

Etwa jedes zwanzigste Kind, in den neuen Bundesländern jedes zehnte, lebt mit einem Stiefelternteil zusammen. In den weitaus meisten Familien ist es ein Stiefvater, da die Kinder nach der Trennung der Eltern bei der Mutter bleiben. Nach der Kernfamilie und der Einelternfamilie ist die Stieffamilie der dritthäufigste Familientyp.

Zunehmend entstehen sogenannte »Patchwork-Familien«, in denen Kinder beider Partner, teilweise mit gemeinsamen Kindern aus der neuen Beziehung, zusammenleben.

Ob Stiefkinder mit ihrer Situation klarkommen, hängt unter anderem davon ab, wie sie die Trennung ihrer Eltern verarbeiten, ob sie weiterhin Kontakt zum abwesenden leiblichen Elternteil haben können und wie sich die Beziehung zwischen dem leiblichen und dem »neuen« Elternteil gestaltet. Experten warnen vor allem davor, als Stiefvater oder -mutter zu schnell eine positive Beziehung zu den Kindern zu erwarten. Das Vertrauen muss erst allmählich wachsen.

Rücksichtslos gegen sich selbst

Wer ohne Rücksicht ist, der ist manchmal auch nicht vorsichtig genug. Die Schwestern hätten sich ja denken können, dass sie ertappt werden und die Konsequenzen ihrer Rücksichtslosigkeit tragen müssen. Doch Rücksichtslosigkeit macht offenbar blind. Die Bedürfnisse der anderen nehmen sie ebenso wenig wahr wie die eigenen. Doch wer nicht in der Lage ist, andere Menschen wahrzunehmen und ihnen rücksichtsvoll zu begegnen, der ist in seinem Denken und Fühlen beschränkt und ignoriert letztlich sich selbst.

Stur nach vorn zu gehen, den Blick abzuwenden von den anderen, die einem folgen oder neben einem gehen, und das, was sie brauchen, nicht zu sehen oder nicht sehen zu wollen – das ist Rücksichtslosigkeit.

Dürfen wir unsere Kinder bewusst zur Rücksichtslosigkeit erziehen, weil wir meinen, dass sie es dann leichter hätten im Leben? Verlieren wir dabei nicht ihr wirkliches Bedürfnis aus den Augen – nämlich dass sie etwas Positives zur Gemeinschaft beitragen möchten, dass es sie glücklich macht und stärkt, anderen Menschen zu helfen und sie zu respektieren?

Rücksicht heißt selbstbewusst zu handeln

Manchmal wird ein Kind aber auch selbst rücksichtslos behandelt, von anderen getriezt und schikaniert. Beim Kinderfest werden kleine Geschenke verteilt, alle drängen sich nach vorn, nur das rücksichtsvolle, bescheidene Kind steht abseits und wartet. Endlich ist es an der Reihe – doch die Kiste mit den Präsenten ist leer. Eltern sollten ihr Kind dann unbedingt ermutigen, sich zur Wehr zu setzen: »Kämpf für deine Rechte! Lass dir nicht alles gefallen!«

Rücksicht bedeutet keineswegs, sich unterbuttern oder gar ausnutzen zu lassen. Der Wert der Rücksichtnahme muss das Selbstbewusstsein im Gepäck haben: Ein Kind muss wissen, was ihm zusteht. Es darf sich wehren und darf »nein!« sagen, wenn es etwas nicht will. Rücksicht bedeutet nicht, das, was man selbst

braucht, zu vergessen. Rücksicht heißt: Ich kenne meine Bedürfnisse, fordere sie aber so ein, dass ich anderen nicht schade.
Das Aschenputtel handelt nach dieser Maxime. Es leidet unter rücksichtslosen und boshaften Menschen, aber es sucht und findet einen Weg, um zu überleben und nicht unterzugehen.

Aschenputtel lebt

»Als Kind in einem Entwicklungsland geboren zu werden, bedeutet für die meisten von ihnen lebenslange Armut und Chancenlosigkeit. Noch schlimmer ist es, wenn diese Kinder Mädchen sind. In vielen Kulturen werden Mädchen als wertlos angesehen. Sie erhalten als Letzte das Übriggebliebene zu essen, müssen stärker im Haushalt der Eltern zur Hand gehen, werden oft grundlos geschlagen und vernachlässigt.« (Aus einer Informationsschrift der Hilfsorganisation *Plan international*)
Das Märchen »Aschenputtel« hat seine Wurzeln im 9. Jahrhundert in China. In Ägypten, Rom und bei den Ureinwohnern Nordamerikas gibt es vergleichbare Geschichten. 400 Varianten sind bekannt.

Fragen an die Kinder:

- Warum behandelt die Stiefmutter das Aschenputtel so schlecht?
- Wie würdest du das Aschenputtel behandeln?
- Warum hat der Vater sein Kind nicht beschützt?
- Sind die leiblichen Kinder mehr wert als ein Stiefkind?

- Warum lässt sich Aschenputtel nur einen Zweig mitbringen und nicht etwas Praktisches wie ein Spielzeug oder einen warmen Pullover?
- Ist die Strafe für die Schwestern gerecht?
- Warum ist Aschenputtel nicht auf dem Fest geblieben, sondern geflohen?

Märchen von einem, der auszog, das Fürchten zu lernen

CD 2, Track 8
Märchentext Seite 226

Darum geht es in dem Märchen: Fantasie, Dummheit, Angst, Mut, Grausamkeit.

Zu gern wüsste der junge Mann, wie es ist, Angst zu haben. Als der Vater ihn fragt, womit er eigentlich sein Brot verdienen wolle, weiß er genau, welches Handwerk er lernen möchte: das Gruseln! Wie sein kluger Bruder ihn da auslacht!
Der Vater ist ratlos und klagt dem Küster sein Leid. Das Gruseln könne er dem Sohn schon beibringen, entgegnet der. Wacker versucht er sich als Lehrmeister, doch das Gruseln lernt der Junge von ihm ebenso wenig wie von den Toten, die am Galgen hängen.
Da erfährt der Junge, dass der König jedem, der drei Nächte hintereinander in einem verwunschenen Schloss verbringt, seine Tochter heiraten dürfe. Doch selbst vor den Spukgestalten hat er keine Spur von Angst. Er erlöst das Schloss und darf zum Lohn die Prinzessin heiraten.
Sie ist es schließlich, die ihm das Gruseln beibringt, indem sie, während er schläft, kleine Fische in sein Bett schüttet.

Dieses Märchen stellt alles auf den Kopf, was wir kennen. Wir leben in einer Welt voller Ängste. Haben Angst vor Krankheiten, Schmerzen, vor dem Tod, vor dem Alleinsein, Angst davor, nicht verstanden zu werden, nicht erfolgreich zu sein. In dem Märchen aber gibt es jemanden, der das alles nicht kennt. Er ist zu dumm, um Angst zu spüren. Heute würden wir sagen: Er hat keine emotionale Intelligenz, keine Fantasie. Wer sich nicht vorstellen kann, was passieren könnte, kennt keine Furcht. Angst entsteht im Kopf.

Fantasie heißt, mit sich selbst verbunden zu sein

Was »Gruseln« ist, braucht man Kindern nicht zu sagen. Abends, wenn das Licht ausgeht, kommen die Gespenster unter dem Bett hervor, und der Löwe im Schrank beginnt zu knurren. Hier aber, in diesem Märchen, hören die Kinder von einem, der das Angsthaben als Kunst ansieht, als erstrebenswerte Fähigkeit. Denn ihm fehlt die Fantasie, sich Bedrohungen vorzustellen.

Ohne Fantasie kein Mitgefühl

Fantasie gibt mir die Möglichkeit, meine inneren Bilder zu entdecken. Fantasie bedeutet ja, etwas zu erschaffen, was es nicht gibt. Ich stelle mir eine Welt vor, die noch nicht da ist, ich erlebe Gefühle. Ich lese etwas, und vor meinem inneren Auge sehe ich einen Film. Ich höre etwas, und meine Stimmung verändert sich. Das ist Fantasie. Aber ich kann nur das empfinden und sehen, was in mir drin ist. Etwas, das in mir verborgen, geschützt, im Unterbewussten eingelagert ist.

Hätten wir keine Fantasie, würde es auch kein Mitgefühl geben. Dann kann man sich auch nicht vorstellen, was in einem anderen vorgeht. Mitgefühl und Liebe könnten nicht existieren. Fantasie gehört zur Grundbildung des Menschen. Wenn Kinder Fantasie ausleben können, sind sie mit sich selbst verbunden.

Der Raum für Fantasie ist das Lesen, das Malen, die Musik – der kreative Bereich. Wo es keinen Raum gibt für Fantasie, wird später kein Raum sein für Mitgefühl.

Durch Rollenspiele Angst bewältigen

Mit etwa drei Jahren begreift das Kind, dass es »ich« und »die anderen« gibt; es beginnt sich in »die anderen« hineinzuversetzen, schlüpft im Spiel in verschiedene Rollen. Die Fantasie bekommt in dieser Zeit Flügel. Wie fühlt es sich an, wenn ich die Mama bin? Oder ein klitzekleines Baby? Oder eine Katze? Mit solchen Rollenspielen übt das Kind, sich in andere hineinzuversetzen.

Die Fantasie bringt in diesem Alter auch den Schrecken mit sich. Monster schielen um die Ecke, Hexen locken im Nachbargarten. Im Rollenspiel verarbeitet das Kind den inneren Horror. Hier hat es die Dramaturgie selbst in der Hand und wird so mit seinen Ängsten fertig.

Von den Erwachsenen hängt es ab, ob und wie sie ein Kind in dieses Land der Bilder und Träume begleiten.

Abschied von der Opferrolle

Emotionen, auch die negativen und unangenehmen wie die Angst, muss ich ernst nehmen und annehmen. Dann bin ich nicht mehr ihr Opfer, sondern kann sie von außen betrachten und mir überlegen: Wie komme ich aus dieser Angst raus? Das heißt, ich habe eine Möglichkeit, »Täter« zu sein, aktiv zu werden.

Das Opfer fühlt sich als ein Spielball äußerer Mächte, der Täter dagegen kann die Situation entweder annehmen oder versuchen, aus der Situation herauszukommen. Er hat Optionen und Möglichkeiten und ist dadurch flexibel.

Kinderängste ernst nehmen

Kinder können das noch nicht alleine leisten. Man sollte die Angst seines Kindes ernst nehmen und bloß nicht bagatellisieren, sondern einfach gemeinsam betrachten. Dadurch zeigen wir einem Kind, dass wir es in all seinen emotionalen Facetten wahrnehmen und akzeptieren.

Wie Ängste entstehen

Durch Schreien macht das Baby auf seine Bedürfnisse aufmerksam. Studien haben nachgewiesen, dass Kinder, deren Mütter in den ersten drei Monaten zuverlässig und einfühlsam auf diese Signale eingehen, weniger schreien als Kinder, deren Mütter unzuverlässig reagieren. Kinder brauchen offenbar von Anfang an die Gewissheit, wahrgenommen zu werden und etwas bewirken zu können.
Denn so erfahren sie bereits in den ersten Lebensmonaten, dass ihr Handeln Wirkung zeigt. Wenn das Kleinkind dagegen nicht oder nur in unzureichendem Maße ein Feedback auf seine Signale bekommt, kann es nur schwer eine Motivation dafür entwickeln, später zielorientiert und selbstbewusst Probleme anzugehen. Das Kind trägt die frühe Verunsicherung in sich, es wird ängstlich, empfindet sich als hilflos und misstraut seinen Empfindungen.
Diese Lebensängstlichkeit hat nichts mit den Ängsten zu tun, die jedes Kind erlebt. Zeitweise Ängste sind vollkommen normal. Eine ängstliche Grundhaltung bewirkt dagegen Schwäche und das Gefühl von Ausgeliefertsein.

Fantasie schafft Freiheit

Nur die Fantasie schafft das Kunststück, neue Ufer zu entdecken und aus Erfahrungen etwas Neues zu entwickeln.
Häufig haben Eltern Angst, dass ihr Kind Schaden nehmen könnte durch die furchterregenden Produkte seiner Fantasie. »Mein Kind malt Hexen«, meinte eine Mutter besorgt. »Immer nur Hexen!« Muss sie ihm das verbieten, um seine Seele zu schützen?
Hexen sind in Bilder gekleidete Ängste und symbolisieren die Machtlosigkeit, in der sich das kleine Kind erlebt. Und es wird nur mit ihnen fertig, wenn es sich mit ihnen aktiv, also mit Hilfe seiner Fantasie, auseinandersetzen kann.

Fragen an die Kinder:

- Wovor hast du Angst?
- Wenn du vor nichts Angst hättest, was würdest du dann gern tun?
- Warum haben Menschen Angst?
- Haben auch Tiere Angst?

- Wenn jemand überhaupt keine Angst hat, gibt es dann Situationen, die für ihn unvorteilhaft wären?
- Wie kann man wohl seine Ängste beherrschen?
- Wäre die Welt ohne Ängste besser?

Des Kaisers neue Kleider

CD 2, Track 6
Märchentext Seite 235

Darum geht es in dem Märchen: Eitelkeit, Betrug, Geltungsbedürfnis, Mitläufertum, Unsicherheit, Verlogenheit – Ehrlichkeit, Selbstvertrauen.

Ein Kaiser gleitet mit tänzelnden Schritten durch seine prunkvollen Gemächer, während er beständig nach links und rechts späht, ob ihm auch die nötige Bewunderung zuteil wird. Er ist anfällig für jede Schmeichelei, und sein Hofstaat hat es einfach mit ihm: Wer ihm nur genügend huldigt, hat ein gemütliches Leben bei Hofe. Im Mittelpunkt seines Interesses steht nicht sein Volk, sondern er selbst.

Da kommen zwei Betrüger, die vorgeben, ganz besondere Stoffe zu weben: Nur wer für sein Amt tauge, könne sie sehen. Für alle dummen Menschen seien sie jedoch unsichtbar. Der Kaiser nimmt die Gauner sofort in seine Dienste, denn so erhofft er sich, die Klugen von den Unfähigen unterscheiden zu können. Die Gauner stellen ihre Webstühle auf und beginnen mit nichts als Luft zu arbeiten.

Der Kaiser ist höchst neugierig auf den sagenhaften Stoff. Doch niemand – auch der Kaiser selbst – sieht auch nur einen einzigen Faden auf den Webstühlen. Natürlich will das keiner zugeben, wer will schon dumm sein? Und deshalb loben alle die prächtigen Muster. Aus unsichtbaren Stoffen werden nicht vorhandene Kleider genäht, mit denen sich der Kaiser vor seinem Volk präsentiert. Alle sind sich einig: Diese Kleidung ist unvergleichlich schön. Nur ein kleines Kind spricht aus, was alle insgeheim denken: »Er hat ja gar nichts an!«

Dieses Märchen ist eine Komödie und ein Lehrstück; Woody Allen hätte daraus einen fabelhaften Film gemacht. Zwei Betrüger foppen den ganzen Staat mit einer unvergleichlichen Lüge. »Ist es nicht ein wunderbarer Stoff, den wir hier weben? Ja, tatsächlich, oh, wie fein ...« Keiner will vor dem anderen gestehen, dass er auf den Webstühlen nichts sieht. Es könnte ja sein, dass die anderen Recht haben. Sicherheitshalber sage ich mal das, was die anderen sagen.
Warum lachen wir über dieses Märchen? Weil wir mehr wissen als der Kaiser und sein Hofstaat. Weil wir die heimlichen Beobachter dieser Farce sind. Lachen ist mit Erkenntnis verbunden: Es beginnt im Bauch und wandert hoch ins Gehirn. Die Komik in diesem Märchen ist das verschobene Bild.

Kann ich meinen Augen trauen?

Wie leicht werden wir zu Mitläufern! Das hat mit Selbstvertrauen zu tun, im wahrsten Sinne des Wortes. Kann ich meinen Augen, meinen Gefühlen, meiner Meinung trauen? Und bin ich in der Lage, diese Meinung auch zu äußern?
Selbstvertrauen kann ich nur gewinnen, wenn ich mir über den Weg traue.

Sich selbst über den Weg zu trauen setzt Reife voraus. Ich muss gelernt haben, dass Autoritäten nicht die Wahrheit für sich gepachtet haben, sondern fehlbar sind. Ich muss mich auch ein Stück weit vom Gruppenzwang lösen können.
Innerlich autonom zu sein kann aber auch bedeuten, mit ganz naivem und unschuldigem Blick die Welt zu betrachten: nicht nach Vorteilen und Hierarchien zu schielen, sondern die eigene Wahrnehmung ungefiltert zuzulassen und zu äußern. So wie das Kind in diesem Märchen.

Im Märchen sagt das Kind, das in der Hierarchie noch keine Rolle spielt und sich noch nicht beweisen muss, die Wahrheit. Der kindliche Blick ist ehrlich. Kinder bringen es auf den Punkt.

Wenn Kinder dieses Märchen hören, freuen sie sich natürlich, dass eines von ihnen schlauer, ehrlicher, wahrhaftiger ist als die Erwachsenen.

Angst macht eng und dumm

Das Märchen zeigt, dass Angst die Ursache für Mitläufertum ist. Die Angst, Fehler zu machen, verhindert das mutige Einstehen für die eigene Meinung. Schon Kinder kennen diese Angst, wenn ihre Eltern einen perfektionistischen Anspruch haben. Die Figuren in dem Märchen wollen nicht als Dummköpfe dastehen und verspottet werden, das macht sie unfrei. Sie verstoßen die ganze Zeit gegen ihr eigenes Gewissen, weil sie kein Selbstvertrauen haben. Es geht um Zivilcourage, den Mund aufzumachen, wo andere schweigen, für etwas einzustehen. Wären die Menschen in diesem Märchen ehrlich und authentisch, hätte man sie nicht an der Nase herumführen können.

Fehler zu machen, sie zu erkennen und in Zukunft zu vermeiden ist die Grundlage des Lernens. Kinder lernen nicht durch Belehrungen, sondern durch aktives Tun. Und wer aktiv im Leben steht, macht auch Fehler. Überbehüteten Kindern wird so manche Chance genommen, sich die Welt spielerisch und in eigener Regie anzueignen. Wer Angst haben muss, Fehler zu begehen, kann sein Potenzial nicht ausschöpfen.

Kleine und große Lügen

Kleine Kinder können noch nicht lügen. Erst im Alter von etwa vier Jahren sagen sie ab und zu bewusst die Unwahrheit. Dass Lügen »böse« ist, lernen Kinder schon in frühen Jahren. Doch britische Studien belegen: Jeder Mensch lügt rund zweihundertmal – pro Tag! Es sind die kleinen Notlügen, die den Alltag leichter machen. »Wie geht es dir?« – »Danke, gut!« Wer mag schon dem andern anvertrauen, dass er gerade in

einem seelischen Tief hängt und sich alles andere als gut fühlt!
Dabei gibt es, so behaupten jedenfalls einige Studien, geschlechtsspezifische Unterschiede. Frauen lügen vorwiegend aus sozialen Gründen: um den anderen zu motivieren oder zu trösten und aus Rücksichtnahme. Männer dagegen lügen hauptsächlich, um sich aufzuwerten. Nach Ansicht des Sozialwissenschaftlers Peter Stiegnitz ist das Lügen sogar die Basis des gesellschaftlichen Miteinanders. Würden alle jederzeit die Wahrheit sagen, so lautet seine provokante These, bräche unser soziales Gefüge zusammen.
Das Lügen an sich, die vielen kleinen täglichen Unwahrheiten, gehört also offenbar zum Leben dazu: ein gepflegter Umgangston, die barmherzige Umschreibung einer unschönen Wahrheit.

Hans Christian Andersen hat in seinem Märchen aber nicht die kleine Notlüge thematisiert, sondern die Unwahrheit als Schutz vor Macht- und Imageverlust – die eigennützige und berechnende Lüge.

Kinder müssen auch hier ihre Grenzen ausloten. Sie müssen es irgendwann einmal probieren und jemanden anlügen. Diese kleine Rebellion und dieses Geheimnis brauchen sie.
Es gibt Situationen, in denen eine Lüge verletzt. Dann ist man gekränkt, das Vertrauen ist auf beiden Seiten angeknackst: Wenn man dem anderen nicht glauben kann, dann kann man sich nicht auf ihn verlassen; und wenn man sich nicht auf ihn verlassen kann, dann wird man misstrauisch und übervorsichtig. Das kann nicht Familie sein. Familie muss Schutz, Heimat, Höhle, Geborgenheit sein. Das schließt Lüge aus. Und darüber muss man mit dem Kind sprechen und versuchen, die Ursache für die Unaufrichtigkeit herauszufinden.
Man kann die Kinder nicht nach jeder Lüge verdammen und

maßregeln, denn sonst würden sie nie wieder eine Lüge zugeben. Es muss immer noch ein offenes und ein geborgenes Umfeld sein, in dem man sich streiten kann und es Auseinandersetzungen gibt.

Fragen an die Kinder:

- Warum hat der Kaiser den beiden Gaunern geglaubt?
- Hätten die Minister und Diener die Wahrheit gesagt – was wäre dann passiert?
- Als das Kind gerufen hat: »Er hat ja gar nichts an!«, haben alle anderen plötzlich auch die Wahrheit gesagt. Warum?
- Hättest du es genauso gemacht wie das Kind in dem Märchen?
- Ob der Kaiser aus der peinlichen Situation wohl etwas gelernt hat?

Der Hase und der Igel

CD 2, Track 7

Märchentext Seite 240

Darum geht es in dem Märchen: Hochmut, Cleverness – Dummheit, Teamwork, Ehrgeiz, Gehetztsein – Gelassenheit.

Igel trifft auf Hasen. Meister Lampe begegnet dem stacheligen Genossen äußerst hochmütig, was den wiederum zu einer Wette inspiriert: Schneller als der Hase könne er laufen, selbst mit seinen kurzen, krummen Beinen. Der Hase nimmt die Wette sofort an.

Quer über den Acker soll das Rennen gehen, jeder in einer Furche. Ohne dass der Hase es merkt, stellt sich die Frau des Igels am Ende des Feldes auf.

Das Rennen beginnt. Der Hase sprintet los, der Igel versteckt sich nach wenigen Schritten in einer Ackermulde und wartet ab. Als der Hase am Ende des Feldes ankommt, glaubt er, seinen Kontrahenten schon zu sehen. Es ist aber Frau Igel, die ihm zuruft: »Ich bin schon da!« Der Hase verlangt ein neues Rennen. Jetzt geht es in die andere Richtung. Am Ziel ankommen, ruft ihm der Igel fröhlich entgegen: »Ich bin schon da!« So geht es hin und her übers Feld, bis der Hase vor Erschöpfung tot zu Boden fällt.

Was der eine in den Beinen hat ...

Der Igel ist dem Hasen an Schnelligkeit natürlich weit unterlegen, aber er kompensiert das durch Cleverness, Kreativität und Gelassenheit. Den Wettkampf gewinnt er, weil er seinen trickreichen Plan in Ruhe *reifen lässt: Erst einmal frühstücken! Denn um Ideen in die Tat umzusetzen, braucht man Ruhe, braucht es Besinnung, muss man ganz bei sich sein.*

Der Hase, der so ehrgeizig und von sich überzeugt ist, der kommt gar nicht zum Überlegen. Er ist ja nur unterwegs, ständig gehetzt, gestresst. Er ist so damit beschäftigt, seiner Vorstellung, wie ein Hase zu sein hat, gerecht zu werden, dass er an diesem Selbstbildnis, seiner Projektion schließlich zerbricht.

Im praktischen Familienleben bedeutet es, den Kindern zu vermitteln: Schielt nicht immer nach den anderen, die vielleicht mehr haben oder können. Setzt euch nicht beständig unter Druck, indem ihr euch mit denen vergleicht, die euch voraus sind. Führt euch nicht immer vor Augen, was ihr nicht könnt, sondern freut euch darüber, was ihr selbst schon erreicht habt.

Kinder und Leistung

Nichts nervt Kinder mehr, als von den Eltern immer wieder Vergleiche zu hören: »Nimm dir ein Beispiel an den Nachbarskindern«, »Warum hast du eine schlechtere Zensur als der Klassendurchschnitt?«

Die Kirschen des Nachbarn sind süßer als die im eigenen Garten und Nachbars Kinder eben scheinbar schlauer, fleißiger, pflegeleichter als die eigenen. Andere Eltern halten wir für kompetenter, andere Kinder für liebenswerter. Denn die eigenen Kinder, die sind laut und manchmal aggressiv, haben Probleme mit den Hausaufgaben und streiken, wenn sie im Haushalt helfen sollen.

Doch Leistung ist individuell. Was dem einen leichtfällt, ist für den anderen kaum zu schaffen. Und wer ständig die Defizite im Blick hat, schwächt seine Motivation und Kompetenz. Der Blick, mit dem die Eltern ihr Kind beurteilen, prägt das Selbstbild.

Leistung und Motivation

Die Freude, etwas zu leisten und Ehrgeiz zu entwickeln, müssen Kinder nicht lernen: Von ganz allein müht sich das Kleinkind, zu krabbeln und zu laufen, mit dem Löffel zu essen und alles das zu lernen, was es voranbringt. Seine eigene Motivation ist zunächst Antrieb genug.
Gestört wird die natürliche Freude an der Leistung, wenn die Ansprüche von außen nicht der eigenen Motivation entsprechen. Wenn Eltern Leistungen verlangen, die das Kind nicht erbringen kann oder will, wird aus der Motivation Unlust und Verweigerung.
Wissenschaftliche Studien haben gezeigt: Es stärkt die Motivation, wenn Eltern von ihren Kindern erwarten, dass sie sich ihren Fähigkeiten entsprechend Mühe geben, die Kinder dabei aber nicht unter Druck setzen. Kinder, die mit positiver Bekräftigung (Lob, Ermutigung) erzogen werden, können ein vielfältiges Handlungsrepertoire aufbauen. Wenn Eltern dagegen Bestrafung in den Vordergrund stellen, entstehen Ängste, und die Freude an der Leistung verwandelt sich in Verweigerung.

Die eigene Leistung anzuerkennen muss man erst einmal erlernen. Wir Erwachsenen neigen zu Selbstkritik, zum Selbstzweifel und übertragen diesen Anspruch oft unbewusst auf unsere Kinder: »Schuster bleib bei deinen Leisten!«; »Wenn du etwas anfängst, dann mach es aber auch richtig!«; »Man muss sich nach der Decke strecken.« Der Anspruch auf Perfektion lähmt total. Denn die Perfektion ist ja ein utopischer Zustand, und den kann ich nie erreichen, und er verhindert den Blick auf die kleinen Fortschritte und Erfolge. Wenn ich keine Fehler machen darf, nie selbst erfahren kann, was richtig und falsch, was gut und schlecht ist, werde ich mit mir nie zufrieden sein. Wir setzen uns zu oft unter Druck und vergessen zu fragen: Was habe ich geleistet? Wer bin ich, was will ich, wo will ich hin?

Kinder, die an sich zweifeln und sich ständig mit anderen vergleichen, brauchen Distanz zu sich selbst, um zu sehen: Was habe ich, was die anderen nicht haben? Was kann ich, was der andere nicht kann? Das Motiv finden wir auch im Märchen »Die Bremer Stadtmusikanten«. Alle haben ihre eigenen besonderen Stärken und können ihre Kraft erst miteinander entwickeln.

Das funktioniert aber nur, wenn ich mich auf mich besinne, bereit bin, mir Pluspunkte zu geben. Dafür brauche ich Selbstvertrauen, Mut und Gelassenheit. Also erst einmal durchatmen, in sich hineinschauen.

Langeweile macht kreativ

Kreativ zu sein, etwas hervorzubringen aus sich selbst, ist auf vielerlei Weise möglich. Immer ist die Fantasie daran beteiligt. Sie erschafft Ziele, die erreicht werden wollen, sie gibt vor, was in die Tat umgesetzt werden könnte. Herz und Verstand sind die Baumeister der Fantasie, sinnliche Erfahrungen deren Gerüst, und das Vertrauen in die eigenen Fähigkeiten bildet das Fundament. Kreativ kann nur sein, wer innerlich frei ist und in Ruhe seine Gedanken und Gefühle auf ungewöhnliche Wege schicken kann.

Die Kinder haben so viele Ablenkungen und gleichzeitig das Gefühl, ständig etwas zu verpassen. Sie hören Musik, chatten, spielen am Computer und mit der Playstation, sind so ruhelos. Und Langeweile ist ihr größter Feind. Aber Langeweile bedeutet: Ich kann mit mir nichts anfangen. Ich bin an einem Nullpunkt. Wenn ich das verdränge und mit irgendwelchen nichtigen Aktivitäten überschütte, finde ich nie heraus, was ich wirklich will. Ich kenne das von meiner Tochter. »Mir ist so langweilig. Spiel doch mal mit mir!« Meine Frau war da manchmal ganz rigoros:

»Du gehst jetzt in dein Zimmer, ich will dich hier eine Stunde nicht sehen. Was du da machst, ist mir egal, das ist nicht mein

Problem. Es gibt viele Möglichkeiten. Du könntest ein Buch lesen, Hausaufgaben machen, aufräumen oder träumen. Schau dich um, es gibt tausend Dinge. Schade, dass du die Zeit totschlägst.«
Dann sitzen die Kinder da und müssen sich selbst aushalten. Und aus dieser Ruhe entwickeln sich Ideen. Ich kenne das als Schauspieler. Man entwickelt eine Szene, und dann merkt man auf einmal: Es geht nicht weiter. Es gibt keine schnellen Ergebnisse und keine schnelle Lösung. Es ist ein Niemandsland. Dieses Ungewisse ist genau der spannende Moment der Kreativität, bei dem aus dem Nullpunkt heraus etwas Neues entsteht.

Fragen an die Kinder:

- Der Hase kann ganz schnell laufen. Und was kann der Igel?
- Hättest du mit dem Hasen auch gewettet?
- Ist es richtig, dass Herr und Frau Igel den Hasen betrügen?
- Warum wollte der Hase unbedingt gewinnen?
- Hast du Mitleid mit dem Hasen?
- Warum ist der Igel so siegessicher?

Die sechs Schwäne

CD 2, Track 8

Märchentext Seite 244

Darum geht es in dem Märchen: **Hilfsbereitschaft, Zuverlässigkeit, Beharrlichkeit, Solidarität, Fürsorge, Geduld, Vertrauen, Geschwisterliebe, Boshaftigkeit, Gerechtigkeit.**

Die Geschichte der »sechs Schwäne« ist aus verschiedenen dramaturgischen Märchenmotiven zusammengefügt. Es ist ein merkwürdiges, zerrissenes, traumhaftes Märchen.

Die Einleitung erzählt von einem König, der sich im Wald verirrt und auf eine alte Frau trifft, die ihm nur dann den rechten Weg hinaus zeigen will, wenn er deren Tochter heiratet: Der König geht auf den Handel ein.

Hier beginnt der zweite Teil des Märchens: Der König hat nämlich schon Kinder aus erster Ehe – sechs Söhne und ein Mädchen –, und in vorauseilendem Gehorsam, oder in vorauseilender Angst, schickt er die Kinder zum Schutz vor der neuen bösen Stiefmutter auf ein geheimes Schloss. Die Stiefmutter sucht und entdeckt schließlich die Kinder, wirft ihnen ein Zauberhemd über, woraufhin diese in Schwäne verwandelt werden. Nur die jüngste Schwester wird nicht entdeckt und bleibt alleine zurück.

Der dritte Teil ist die Hauptgeschichte dieses surrealen Märchens und beschreibt die Suche der Schwester nach ihren Brüdern. Alle vorangegangenen verwobenen Erzählstränge sind eine Voraussetzung, um das Märchen überhaupt zu verstehen. Die Suche nach den Brüdern ist der emotionale Kern der Handlung. Die Schwester findet die Brüder, die täglich nur für kurze Zeit aus dem Schwanenkleid herausschlüpfen können. Die Brüder sagen: Du kannst uns nur erlösen, wenn du sechs Jahre schweigst, nicht lachst und uns Hemdchen nähst aus Sternenblumen.

Der vierte Teil, der Schlussakt, schildert die Hingabe der Schwester an ihre Aufgabe. Sie wird von den Jägern des Königs gefunden, der König selbst findet Gefallen an ihr und heiratet sie. Und wieder tritt eine diabolische Schwiegermutter auf den Plan: Diese will die Gemahlin des Königs, die Nebenbuhlerin, loswerden. Sie bringt im ersten Jahr ein Kind zur Welt. Das erste Kind, das die neue Königin zur Welt bringt, wird von der Schwiegermutter getötet. Die Tat wird der Kindsmutter zur Last gelegt. Doch der König vergibt ihr. Im Jahr darauf passiert das gleiche Komplott noch einmal, der König ist wieder großherzig. Doch beim dritten Mal muss die Tat gesühnt werden, und er lässt die Königin auf den Scheiterhaufen schleppen. Da sind die sechs Jahre vergangen. Sie hat sechs Jahre geschwiegen, nicht gelacht und ist mit allen Hemdchen fertig geworden, bis auf eines. Fünf Schwäne werden erlöst – der sechste bleibt mit einem Schwanenflügel zurück.

In der Not stehen wir zusammen

Um ihren Brüdern aus der Not zu helfen, nimmt die Schwester nahezu unmenschliche Mühen auf sich: sechs Jahre nicht sprechen und nicht lachen, sechs Hemden aus Blumen nähen. Für jeden Bruder verschenkt das Mädchen ein Jahr seines Lebens.
Die Schwester hält durch, selbst als ihr eigenes Leben bedroht ist. Sie verteidigt sich nicht und bleibt stumm, so, wie der Zauber es ihr gebietet. Sie vertraut dem glücklichen Ausgang dieser Prüfung.
Denn ihr ist bewusst: Sie ist die Einzige, die ihren Brüdern ihre wahre Gestalt wiedergeben kann. Nichts ist ihr von nun an wichtiger, als ihre sechs Brüder so vor sich zu sehen, wie sie ursprünglich waren. Alles lässt sie mit sich geschehen und hat nur Augen und Gedanken für ihr Ziel. Sie sorgt für ihre Brüder und ist voller Zutrauen in die Wirksamkeit ihrer Tätigkeit. Sogar ihre eigenen Kinder opfert sie für die Erlösung ihrer Brüder.

Geschwister prägen das Leben

Der Psychologe Alfred Adler hat in den 1920er-Jahren die Dynamik der Geschwisterbeziehung untersucht. Er fand heraus: Geschwisterbeziehungen sind keineswegs nur harmonisch; Geschwister stehen in Konkurrenz untereinander und streben danach, die Gunst ihrer Eltern zu erringen.

In den vergangenen 50 Jahren versuchten Wissenschaftler immer wieder herauszufinden, wie das Geschlecht, der Altersabstand und die Reihenfolge das Verhalten der Geschwister untereinander und anderen gegenüber prägt. Man fand zum Beispiel heraus, dass das mittlere Kind die ungünstigste Position innehat: Es genießt weder die Vorzüge des ältesten noch die des jüngsten.

Und die Geschwister untereinander? Studien belegen, dass es Veränderungen in der Qualität der Beziehungen im Laufe des Lebens gibt. Etwa bis zur Mitte des Lebens wollen Geschwister immer weniger voneinander wissen. Doch im späteren Erwachsenen- und vor allem Seniorenalter nimmt die Geschwisterliebe wieder deutlich zu.

In Krisenzeiten vertrauen Geschwister häufig auf gegenseitige Hilfe. Ein Kind, das Geschwister hat, kann die Scheidung der Eltern leichter bewältigen als ein Einzelkind. Und im hohen Alter helfen und stützen sich Geschwister, insbesondere dann, wenn kein Partner oder keine Kinder da sind.

Mit Geduld ans Ziel

Wenn ich ein Ziel vor Augen habe, dann setze ich alle Mittel ein, um zu erreichen, was ich mir vorgenommen habe. In dem Märchen hat die Schwester eine Vision, für die sie Ausdauer und Geduld aufbringen muss. Mit der Aufgabe, ihre Brüder zu erlösen, wird ihr eine gewaltige Verantwortung übertragen, und dafür nimmt sie alle Anstrengungen auf sich – und trotz aller Widrigkeiten löst sie die Aufgabe.

Geduld bedeutet Reife. Kinder lernen sie in vielen kleinen Schritten: Nur wenn jedes kleine Ziel dazu motivieren kann, sich auf den Weg zum nächsten Streckenabschnitt zu machen, wird irgendwann die nötige Ausdauer gewachsen sein, um ferne Ziele anzupeilen.
Ausdauer führt zum Ziel – das kann ein Kind nur lernen, wenn es Geduld und Beständigkeit trainiert und Erfolge dabei hat.

Geschwisterliebe: Auch Streit muss sein

Interessant ist, dass das Stichwort, das man dem Märchen zuordnen könnte, in unserer Gesellschaft einen negativen Beigeschmack hat: »Sorgen«. Füreinander sorgen – das bedeutet auch Bürde, Kümmernis, Opfer, Ärgernis, Unannehmlichkeit.
Die sechs Brüder und ihre Schwester sind ein Familienclan. Sie haben denselben Vater und dieselbe Mutter, denselben Ursprung und ähnliche genetische Anteile. Das schweißt zusammen, im Guten wie im Bösen. Im Familienverbund sollte jeder für alle einstehen. Wir sitzen in einem Boot und können nur zusammen rudern. Wenn nicht alle mitziehen, sind wir keine Familie, und wir geraten in unsicheres Fahrwasser.

Es tut weh, wenn es in der eigenen Familie ganz anders zu laufen scheint als in dem Märchen von den »sechs Schwänen«. Doch Psychologen und Pädagogen sind sich einig: In der Familie wie in jeder Gruppe müssen alle ihren Standort finden und verteidigen. Deshalb muss Streit unter Geschwistern sein.
Geschwisterbeziehungen ermöglichen ein Sich-aneinander-Messen, die Auseinandersetzung ist eine Standortbestimmung. Und der natürliche Sinn eines Streits ist die Lösung des Problems. Je mehr sich Eltern in die Streitigkeiten ihrer Kinder einmischen, umso mehr werden die Kinder das unbefriedigende Gefühl haben, ihre Angelegenheiten nicht allein geregelt zu bekommen, und immer wieder die Auseinandersetzung suchen. Denn sie wollen ja lernen, sich sozial zu verhalten.

Fragen an die Kinder:

- Wie wäre es für dich, wenn du sechs Jahre lang nicht reden und nicht lachen dürftest?
- Warum hat sich die Schwester nicht gewehrt, als die böse Königin ihr die Kinder wegnahm?
- Kannst du dir vorstellen, warum das Mädchen das alles für seine Brüder getan hat?
- Hast du dich auch schon einmal sehr anstrengen müssen, um etwas zu schaffen?
- Wenn du dir etwas fest vorgenommen hast und es dann erreichst: Was fühlst du dann?

Wie Märchen Werte vermitteln

»Wir suchen die Reinheit in der Wahrheit einer geraden, nichts Unrechtes im Rückhalt bergenden Erzählung.«

Aus der Vorrede der Brüder Grimm
zur zweiten Ausgabe der
Kinder- und Hausmärchen, *1819*

Märchen – Weisheit aus uralten Zeiten

In Märchen steckt die Weisheit des menschlichen Zusammenlebens. Auch wenn zur Zeit ihrer Entstehung die Menschen vielleicht etwas anders ausgesehen haben als jene, die uns heute in der Fußgängerzone begegnen, so hatten sie doch ganz ähnliche Wünsche und Träume, die gleichen Macken und Marotten wie wir und unsere Nachbarn. Durch die Tradition des Erzählens sind die grundlegenden Werte, von denen die Märchen erzählen, von Generation zu Generation weitergegeben worden.

Die Brüder Jakob und Wilhelm Grimm waren leidenschaftliche Sammler dieser Erzählungen und wurden so zu Dokumentaren der menschlichen Seele über die Jahrhunderte hinweg. Sie sammelten, was die Frauen in der Spinnstube erzählten, und die hatten es wieder von ihren Eltern und Großeltern erzählt bekommen. Nebensächlichkeiten mögen sich bei diesen mündlichen Überlieferungen abgeschliffen haben – was blieb, sind die grundsätzlichen und wichtigen Aussagen: die Essenz aus uralten Erfahrungen.

Das Glück erringen oder scheitern – das sind die beiden Pole, die das Märchen thematisiert. Das Glück fällt dem Helden oder der Heldin aber nicht in den Schoß; er oder sie muss sich tüchtig anstrengen, um den Lohn zu erhalten. Gefundenes Glück kann die Hand der Prinzessin bedeuten und das halbe oder sogar ganze Königreich dazu. Glück kann aber auch ein ganz privates Gefühl sein, so, wie es etwa Hans erlebt, der seinen beschwerlichen Reichtum Stück für Stück fortgibt. Glück ist subjektiv, nicht nur im Märchen.

Märchen, vor allem die der Brüder Grimm, tragen eine ganz eigene Dramaturgie in sich. Da ist nichts unnötig ausgeschmückt und nichts Wichtiges verkürzt. »Es war einmal ...« – mit dieser Formulierung rückt das Märchen aus dem unmittelbaren Erleben und nimmt das Kind mit auf die Reise ins Wunderbare. Die altertümliche und poetische Sprache sorgt ebenso für Abstand: Sie hebt die Märchen auf die Ebene des nicht Alltäglichen. Und das Kind entnimmt den Abenteuern das, was es für seine Entwicklung braucht.

Kinder verspüren in Märchen die Nähe zum Wunderbaren, weil ihre Seele sehr empfänglich ist. Es ist einem Kind selbst oft nicht klar, woher der Zauber rührt und warum es gerade dieses eine Märchen immer wieder hören möchte und gar nicht genug davon bekommen kann. Aber es fühlt, dass es ihm guttut, sich mit dem Helden oder der Heldin zu identifizieren. Es öffnet sich für die Botschaften, die es verstehen und einordnen kann und die seine Entwicklung voranbringen.

Das kleine Kind, das ich mal war

Mit dem Größerwerden wandelt sich der staunende, Nähe suchende Blick in distanziertes Beobachten. Offenheit wird zur Bewertung, Neugier zu Erfahrung. Das Erwachsenwerden ist Gewinn und Verlust zugleich. Zum einen schenkt es Routine, die jeder braucht, um im Alltag zu bestehen, zum andern nimmt es die Offenheit aus dem Herzen. Die Routine des Alltags überdeckt oft die Neugier und Naivität und das grenzenlose Vertrauen in die Welt.

Was ist gut, was ist böse?

Ein kleines Kind weiß noch nicht, dass es neben »gut« und »böse« viele Schattierungen gibt und dass »richtig« oder »falsch« vielfach vom Standpunkt abhängen. Für ein Kind ist eine Situation schwarz oder weiß, gut oder böse. Denn es hat gerade erst die Spielregeln gelernt, nach denen die Welt funktioniert: Gut ist, was meine Eltern mit einem Lächeln oder Lob beantworten. Böse ist, was mir Ärger einbringt. Ein kleines Kind hat noch nicht den Abstand zum Geschehen, um zu beurteilen: dieses oder jenes ist Ansichtssache. Es ist auf der Suche nach den Gesetzmäßigkeiten auf der Welt, und wenn es ein solches Gesetz gefunden hat, dann ordnet es das seinem Erfahrungsschatz zu. Erst viel später und mit einiger Erfahrung weiß das Kind, dass Menschen, auch die Eltern, fehlbar sind und dass es selbst ein Urteilsvermögen entwickeln muss.

Ab etwa vier Jahren kann das Kind durch Märchen die Bestätigung dessen erfahren, was die Eltern sagen und vorleben: Tu anderen nichts Böses und versuche, dich zu bewähren. Doch das Märchen geht über den wohlwollenden und schonungsvollen Zugang der Eltern hinaus. Es fordert das Kind, indem es dazu zwingt, sich mit allem, was der Mensch mit auf die Welt bringt, auseinanderzusetzen. Der Räuber, der Geizige, der Brutale treten hier ebenso auf wie der Barmherzige und der Großzügige. Unbemerkt wird das Kind durch das Märchen auf die richtige Spur gelenkt: Setz dich ein für diejenigen, die deine Hilfe brauchen, und wehr dich gegen das Böse, das dir und deinen Freunden schaden könnte. In einem literarischen Schonraum trainieren die Kinder, auch mit den weniger angenehmen Seiten der menschlichen Psyche umzugehen. Für viele Kinder ist gerade das ein ganz besonderer Reiz.

Metaphern für die Ängste

Jedes Kind hat Ängste, auch wenn es niemals eine konkrete, angsterregende Situation erlebt hat. Wilde Tiere, Gespenster oder Dinge, deren ängstigende Wirkung die Erwachsenen gar nicht verstehen können – es gibt vieles, wovor sich Kinder fürchten. Das Leben ist eben noch ungewohnt und teilweise bedrohlich. Die Ängste brauchen Gestalt, um sie benennen zu können und mit ihnen umzugehen. Ähnlich den nächtlichen Träumen, die Gefühle in Symbole übersetzen, braucht das Kind Symbole, um die Welt und sich selbst verstehen zu können. Im »magischen Alter«, das mit etwa drei Jahren beginnt, ist das Kind besonders empfänglich für solche Symbole und setzt sie auch selbst ein, etwa indem es Monster zeichnet und damit seine Ängste in Schach hält.

Märchen schüren nicht die Angst, sondern geben ihr Gestalt. Sie bieten keinen Schonraum, sondern benennen Konflikte. Doch der Ausgang ist immer positiv. Durch Mut und Selbstbewusstsein, Verständnis und Rücksicht erlangen der Held oder die Heldin das Glück. Märchen sagen: Du kommst vielleicht erst durch Umwege zum Ziel, musst aktiv in dein Schicksal eingreifen, manchmal Opfer bringen und Geduld haben. Sie sagen aber auch: Vertrau dem Leben und deiner eigenen Kraft. Die Aussagen der Märchen sind Sinnbilder für die Persönlichkeitsentwicklung. Das können Kinder unbewusst verstehen.

Sind Märchen Mädchensache?

Der Psychologe Bruno Bettelheim *(Kinder brauchen Märchen)* ist davon überzeugt, dass das Geschlecht der Heldinnen und Helden im Märchen belanglos ist: »Märchen haben unabhängig vom Alter und Geschlecht ihres Helden sehr große psychologische Bedeutung für Kinder jeden Alters, Jungen wie Mädchen, weil sie den Identifikationswechsel erleichtern, der eintritt, wenn sich das Kind nacheinander mit verschiedenen Problemen befasst.«

Denn ob es nun eine Prinzessin oder ein König, eine Bauerntochter oder ein naiver junger Mann ist – die Handlungen der

Protagonisten sind Ausdruck ihres Charakters, nicht ihres Geschlechts. Zuverlässigkeit und Leichtfertigkeit, wie etwa im Märchen vom Froschkönig, sind keineswegs geschlechtstypische Merkmale. Ebenso wie Fleiß und Faulheit, Engagement und Neid im Märchen von »Frau Holle« durchaus auch männliche Charakterzüge sein können. So, wie das Kind die Handlungen abstrahieren und auf sein eigenes Leben beziehen kann, so kann es auch die Figuren jenseits ihrer Körperlichkeit als Charaktere wahrnehmen.

Ganz handfest ist die Umsetzung von Werten bei kleinen Kindern. Je jünger es ist, umso direkter wendet das Kind die gelernten Formeln an. »Du darfst nicht lügen!« Für ein Sechsjähriges ist diese Vorgabe der Eltern eisernes Gesetz, und auch wenn andere unter der Wahrheit leiden könnten, steht die Ehrlichkeit an erster Stelle. Achtjährige Kinder fühlen sich schon nicht mehr so unbedingt an das Gesetz der Ehrlichkeit gebunden – sie können die Wirkung der schonungslosen Wahrheit nachempfinden und versuchen deshalb, Wahrheitsliebe und schonungsvollen Umgang zu vereinbaren. Bei den meisten Zehnjährigen ist die Wahrheitsliebe dann endgültig situationsabhängig: Es wird zunehmend wichtig, anderen nicht weh zu tun und in der Gruppe akzeptiert zu werden.

Grundlage für die »soziale Intelligenz«

Die Basis der Werte ist das, was das Kind in seinen ersten Lebensjahren mitbekommt. Sie bilden die Grundlage fürs spätere Denken und Handeln. Aber – wie schafft man es, einem Kind die Werte zu vermitteln, die den Eltern als »wertvoll« erscheinen?

Jeder Mensch trägt, ohne dass es ihm ständig bewusst ist, ein Schema in sich, nach dem er die Handlungen anderer beurteilt. Von früher Kindheit an sammeln wir die Bausteine, die es uns ermöglichen, in der menschlichen Gemeinschaft zu leben: Die moderne Wissenschaft spricht von »sozialer Intelligenz« und kann diese sogar im Gehirn orten. Neurowissenschaftler sind heute in der Lage, bestimmte »Schaltkreise« im Gehirn sichtbar zu machen, die aktiviert werden, wenn der Mensch mit anderen kommuniziert. Der US-amerikanische Psychologe Daniel Goleman, bekannt geworden durch sein Buch *Emotionale Intelligenz*, bezeichnet diese Nervenverbindungen als »soziales Gehirn«. In einem *Spiegel*-Interview anlässlich seines aktuellen Buches (Daniel Goleman, *Soziale Intelligenz*, Droemer Verlag) definiert er den Begriff »soziale Intelligenz« als Fähigkeit zu tätigem Mitgefühl und sozialer Intuition: »Wir registrieren beispielsweise im Mienenspiel unseres Gegenübers sogenannte Mikroexpressionen – flüchtige Gesichtsausdrücke, die wir in einer Zwanzigstelsekunde verarbeiten.« Und: »Sozial intelligente Menschen sind emphatischer, fürsorglicher, können aber auch mit Konflikten besser umgehen.«

Soziale Intelligenz lässt sich, so der Psychologe, auch als Erwachsener noch üben. In den USA gibt es bereits Trainingsprogramme für Empathie. Dabei müssen die Probanden verschiedene Gesichtsausdrücke blitzschnell einschätzen. Das Interessante daran: Durch Üben steigt die Trefferquote. Wer sich immer wieder bemüht, die Gefühle des anderen zu deuten, wird darin immer sicherer. »Es scheint, dass diese Schaltkreise im Gehirn ständig dazulernen wollen«, so Goleman.

Dennoch ist die Kindheit der Zeitraum, in der die wichtigsten Grundlagen gelegt werden. Professor Gerald Hüther, Leiter der Abteilung für neurobiologische Grundlagenforschung an der Psychiatrischen Klinik der Universität Göttingen, drückt es so aus: »Kindergehirne sind formbarer – und deshalb auch verformbarer –, als selbst die Hirnforscher noch bis vor wenigen Jahren geglaubt hatten.« Bei keinem anderen Lebewesen seien die Nachkommen beim Erlernen dessen, was für ihr Überleben wichtig ist, so sehr auf Fürsorge und Schutz, Unterstützung und Lenkung durch die Erwachsenen angewiesen wie beim

Menschen. Und bei keinem Tier sei die Hirnentwicklung in solch hohem Ausmaß von der Kompetenz der erwachsenen Bezugspersonen abhängig.

Die Erwachsenen, so Hüther, haben entscheidenden Einfluss darauf, welche Nervenzellen sich im Gehirn stabilisieren und welche verkümmern. Besonders die im Stirnhirn angesiedelten Verschaltungen, die unter anderem für die soziale Kompetenz zuständig sind, bedürften einer Vielzahl von stimulierenden Angeboten in Form von emotionalen Erfahrungen und Herausforderungen. Anders gesagt: Niemand kann sich in die Seelenlage des anderen einfühlen, wenn die eigenen Gefühle unentdeckt sind. Nur wer weiß, wie es sich anfühlt, enttäuscht, glücklich oder unsicher zu sein, kann ein solches Gefühl auf den anderen übertragen. Sich selbst kennen zu lernen ist darum eine wichtige Grundlage für die soziale Kompetenz. Warum macht mich diese Situation wütend oder traurig und eine andere glücklich? Woher kommen meine Empfindlichkeiten? Sich damit auseinanderzusetzen ist die Basis dafür, sozial intelligent zu handeln.

Elternwerte – Kinderwerte

Es hat keinen Sinn, Werte vermitteln zu wollen, die mit uns selbst nichts zu tun haben. Das Zusammenleben mit unseren Kindern bietet eine Chance, die eigenen Gewohnheiten und Einstellungen auf den Prüfstand zu stellen. Mit der Geburt eines Kindes werden auch die Eltern neu geboren. Sie dürfen sich neu erfinden. Die Werteskala, die bislang gültig war, kann nun neu definiert werden, die Werte der eigenen Kindheit stehen zur Diskussion. Was hat mich weitergebracht im Leben? Was hat mir geschadet? Und was will ich an mein Kind weitergeben?

Bei den Kindern und Jugendlichen selbst rennen die Erwachsenen dabei offene Türen ein: Kinder wollen Werte lernen und leben. Zwei Umfragen haben das jüngst belegt.

Das Wertekonzept der Sechs- bis 14-Jährigen nimmt der »Kinderwerte-Monitor« des Kinderhilfswerks *UNICEF* unter die Lupe. Freundschaft, Vertrauen, Zuverlässigkeit und Ehrlichkeit stehen in dieser Altersgruppe an vorderer Stelle, und anders als vor zwanzig Jahren ist auch die Leistungsbereitschaft für die Heranwachsenden heute ein wichtiges Ziel, ebenso Gerechtigkeit und Hilfsbereitschaft. Glaube, Ordnung, Geld und Besitz sind den Kindern dagegen nicht sehr wichtig.

Die *Shell Jugendstudie 2006*, in der mehr als 2500 junge Menschen im Alter von 12 bis 25 Jahren befragt wurden, berichtet ebenfalls von zunehmendem Interesse an Werten: »Das Wertesystem der Jugendlichen weist insgesamt eine positive und stabile Ausrichtung auf.« Weiter heißt es in der Studie: »Der Einsatz für gesellschaftliche Angelegenheiten und für andere Menschen gehört für Jugendliche heute, trotz des geringen Interesses an Politik, ganz selbstverständlich zum persönlichen Lebensstil dazu.« 75 Prozent der Jugendlichen geben an, »oft« oder »gelegentlich« für soziale oder gesellschaftliche Zwecke in ihrer Freizeit aktiv zu sein. Irritiert zeigen sich die Jugendlichen allerdings durch den Einfluss anderer Kulturen; stärker als noch vor wenigen Jahren lehnen sie den Zuzug von Migranten ab. Es scheint für die Heranwachsenden schwierig zu sein, innerhalb eines festen Wertekonzepts andere Lebensmuster zu akzeptieren.

Das Vorbild der Eltern

Allein durch Märchen könnte kein Kind die Spielregeln des sozialen Miteinanders lernen. Es muss sich im Austausch mit den Eltern und Geschwistern, den Verwandten, den Freunden erproben; die Resonanz gibt ihm Auskunft darüber, ob es »richtig« oder »falsch« gehandelt hat. Die Eltern sind dabei – je jünger das Kind ist, umso mehr – die wichtigste Instanz.

Sie geben ihrem Kind das erste Lebensmuster an die Hand, an dem es sich orientiert. Das Wichtigste dabei ist nicht die Perfektion – wer könnte sich jederzeit optimal verhalten? Wichtig ist die Ehrlichkeit und Authentizität, in der das Kind seine Eltern erlebt. Diese Grundhaltung ist es, die das Kind spürt und die es sich zu eigen macht. Und die es gern auf die Probe stellt.

Spätestens ab dem Kindergartenalter, wenn das Kind das Verhalten der neuen Freunde und deren Familien seinem Erfahrungsschatz hinzufügt, ahnt es, dass es Varianten im menschlichen Miteinander gibt.

In diesem Alter entfalten die Märchen ihre Kraft. Ihre Aussagen sind eindeutig. Gut ist gut und böse ist böse. In Märchen gibt es kaum Abstufungen oder mehrdeutige Aussagen. Sie sind in ihren Botschaften verlässlich. Erwachsene wissen durch Erfahrung, dass das Leben so nicht ist, dass die Psyche des Menschen vielschichtig schillert. Kinder aber brauchen zunächst Schwarz oder Weiß, Böse oder Gut. Erst allmählich lernen sie die Farben zu mischen. Märchen sind neutrale Orientierungshilfen, an denen die Kinder sich ausrichten können und die ihnen helfen, ihre Gefühle auszuloten und Erfahrungen einzuordnen.

»Eine tiefe Verbundenheit mit seinen Kindern zu spüren – das ist Glück.«

Rufus Beck im Gespräch über persönliche Wertvorstellungen, die Kraft von Geschichten, Kinderziehung und die Bedeutung der Familie

Rufus Beck mit seinen Kindern am Vesuv (2003)

Worauf legen Sie bei der Erziehung Ihrer Kinder besonderen Wert?

Meine Frau und ich sind ganz normale Eltern, die dieselben Sorgen und Pflichten haben wie andere Eltern auch. Bei unserem Beruf ist es allerdings gut, dass wir sehr selbstständige Kinder haben. Kinder, die sehr abhängig von ihren Eltern sind, die klammern und anfangen zu weinen, wenn die Eltern weggehen – das ginge bei uns nicht. Auch meine Frau ist künstlerisch unterwegs. Da hat man auch ganz egoistische Phasen. Da braucht man Kinder, die autark sind und die nicht untergehen, weil die Eltern nicht da sind. Man braucht Kinder, die sich sozusagen selbst genügen, in sich ruhen. Das war unsere Vision. Unsere Kinder sollten sehr offen sein. Deshalb haben wir sie schon im frühesten Alter mit ins Theater zu den Vorstellungen genommen, zu den Proben oder zu den Dreharbeiten eines Films. Da durften sie auch nicht allzu sehr fremdeln, weil so viele andere Menschen um sie herum waren.

Die Kinder mit einbeziehen

Die Erziehung unserer Kinder wurde sehr von meinem Beruf beeinflusst. Mir war von Anfang an klar, dass ich versuchen musste, die Kinder an meinem beruflichen Leben teilhaben zu lassen. Ich kann nicht meinen Beruf ändern, nur weil ich Kinder habe. Mir war es auch wichtig, dass die Kinder meine berufsbedingte Flexibilität und meine Sprunghaftigkeit verstehen lernen.

Ich bin Schauspieler. Dabei liegt der Akzent auf spielen. Das Spielen ist etwas Kindliches. Also die Lust am Spielen, am Verwandeln. Das haben Kinder von Natur aus: Sie spielen. Der Spieltrieb ist angeboren und bedeutet letztendlich Lernen nach dem Prinzip »trial and error«, also Versuch und Irrtum. Kinder brauchen den Wettkampf, sie wollen sich messen und ihre Kraft austesten, dafür muss es Regeln geben, um innerhalb dieser Verabredungen spielen zu können.

So funktioniert auch mein Beruf. Ich bin nur ein guter und authentischer Schauspieler, wenn ich das Risiko eingehe, Fehler zu machen, und dadurch neue Pfade betrete, neue Erfahrungen mache. Vielleicht habe ich auch deswegen eine Affinität zu Kindern – berufsbedingt und natürlich auch, weil ich selbst Kinder habe.

Der Kern der Familie sind die Eltern

Meine Frau und ich wollten für die Kinder nicht unser gesellschaftliches Leben »opfern«. Ich denke, viele Eltern machen den Fehler, die Kinder in den Mittelpunkt der Familie zu stellen. Ich halte das für falsch, denn der Kern der Familie sind die Eltern, die beiden Partner, die zusammen die Verantwortung für den »Clan« tragen. Vater und Mutter sind zwei verschiedene Persönlichkeiten, die sich vielleicht auch beruflich weiterentwickeln oder sich selbst verwirklichen wollen. Wenn jemand sich dafür entscheidet, zu Hause bei den Kindern zu bleiben und auf die Karriere zu verzichten, hat er meinen größten Respekt. Aber es gibt auch ein Leben nach den Kindern, spätestens wenn sie sich von zu Hause lösen und eine eigene Familie gründen.

Als Eltern darf man sich nicht nur über die Kinder definieren. Kinder spüren das auch, wenn der Lebensinhalt der Erwachsenen nur noch in der Elternschaft besteht. Es ist letztlich eine wahnsinnige Verantwortung für Kinder, wenn sie zum Lebenszweck und Sinn der Eltern geworden sind. Ich will hier nicht falsch verstanden werden, für mich persönlich sind meine Kinder ein großes Geschenk; Papa zu sein macht mich glücklich – aber ich will mich nicht von meinen Kindern abhängig machen.

Das Abenteuer Familie wagen heute immer weniger Menschen. Wieso, glauben Sie, ist das so?

Es gibt eine ganz schreckliche Wahrheit. Wer keine Kinder hat, kann eigentlich nicht mitreden. Seit Jahrzehnten kann man in den Industrieländern einen Rückgang der Geburtenzahlen beobachten. Die paradoxe Regel: Je höher die industrielle Entwicklung und das Tempo der sozioökonomischen Entwicklung in einem Land sind, desto niedriger ist die Geburtenrate.
In Deutschland gibt es immer weniger Menschen, die überhaupt Kinder haben und sich vorstellen können, was es bedeutet, für eine Familie Verantwortung zu tragen. Die Voraussetzungen für Kinder und für Familien sind in unserer Gesellschaft schwierig geworden. Die Arbeitsplätze sind einfach nicht mehr so sicher wie noch zu Zeiten des Wirtschaftswunders – da überlegt man sich dreimal, ob man eine Familie ernähren kann. Es ist schon eine Herausforderung, eine geeignete Wohnung zu finden, ganz zu schweigen von einem Kindergartenplatz oder einer Ausbildungsstelle für Jugendliche. Heutzutage kann man ja schon mit einiger Berechtigung sagen, dass man sich Kinder »leistet«. In der Regel bedeutet das für die Frau, einige Jahre auf das Berufsleben zu verzichten und mit der Angst zu leben, den beruflichen Anschluss zu verpassen.

Geben, ohne etwas zurückzufordern

Doch ich kann nur betonen: Wenn man sich dem Elternsein stellt, fängt etwas Faszinierendes an: Diesen kleinen Menschen gibt es

In der Rolle des Petrosilius Zwackelmann in Der Räuber Hotzenplotz

nur, weil es mich gibt! Den gibt es, weil ich meine Frau bzw. meinen Mann kennen gelernt habe, wir zusammen haben neues Leben geschaffen. Die elterliche Fürsorge ist genetisch konditioniert. Aber man erfährt vielleicht zum ersten Mal, dass man etwas für den anderen tut, ohne sofort etwas zurückzufordern. Der Säugling ist ja noch ganz hilflos und schutzbedürftig.
Vielleicht ist die Belohnung dafür die, dass das Kind erst mal auf die Eltern und von den Eltern geprägt wird. Das kann man halt nur lernen, wenn man wirklich in dieser Situation ist. Man kann sich dieses Wissen, diese Erfahrung nicht theoretisch aneignen oder anlesen.
Ich bin sehr froh, dass wir mehrere Kinder haben, weil man erst dann die unterschiedlichen Persönlichkeiten entdeckt. Man stellt fest, dass man mit Kindern unterschiedlich umgehen muss. Auch die Kinder merken, dass die Familie nicht nur aus Mama und Papa besteht.
Erziehung wird nach meinen Erfahrungen mit mehreren Kindern einfacher. Eltern werden mit dem zweiten oder dritten Kind viel gelassener. Die Kinder üben untereinander permanent die sozialen Spielregeln – Toleranz, Solidarität, Mitgefühl, um nur einige zu nennen. Und Geschwister haben schon einen Spielpartner zu Hause.

Aber: Nicht jeder muss und kann Kinder haben, denn das ist eine Lebensaufgabe. Mit dem Elternsein verändert sich auch der gesellschaftliche Status. Man ist auf einmal nicht mehr so mobil und nicht mehr so flexibel.

Was fasziniert Sie an der Welt der Kinder, und wie nähern Sie sich Kindern an?

Seitdem ich Kinder habe, habe ich so viel gelernt wie nie zuvor in meinem Leben. Alles, was man vergessen hat oder was im eigenen Leben nicht so rund gelaufen ist, kann man mit den Kindern nachholen. Man begibt sich auf gleiche Augenhöhe, lernt, wieder zu staunen, und macht all die Dinge, die in der eigenen Kindheit nicht möglich waren oder eben großen Spaß gemacht haben und ja auch heute noch Spaß machen: Wasserschlachten und Tretboot fahren, Spieleabende ... Mit Kindern hat man auf einmal wieder die Möglichkeit, Kind zu sein. Das ist für mich ganz wichtig.

Auf der anderen Seite hebe ich meine Kinder, natürlich innerhalb bestimmter Grenzen, auch auf meine Ebene, sperre sie nicht aus der Welt der Erwachsenen aus.

Als ich anfing, Hörbücher zu machen, habe ich den Kindern abends meine Manuskripte vorgelesen – Kafka, Essays ... Das war nicht immer spannend, also musste ich das entsprechend vorbereiten. Ich hab damals quasi alles mit den Kindern erprobt.

Ich erzähle ihnen auch von meinem Beruf. Bevor sie sich zum Beispiel den *Faust* anschauten – ich spielte den Mephisto –, habe ich ihnen noch mal die Geschichte zusammengefasst erzählt und auch, was wir daran für diese Inszenierung geändert haben. Während ich das erzählte, ist es mir erst richtig klar geworden. Es ist eine große Chance, mit Kindern zusammen etwas zu entdecken. Indem ich den Kindern etwas vermittle, werde ich mir selbst klar über meine Arbeitswelt, meine Gedanken und mich selbst. Man muss komplizierte Sachverhalte auf das Wesentliche reduzieren. Ich lerne da sehr viel.

Der Schauspieler als Mephisto im Faust *bei den Festspielen Bad Hersfeld 2006 mit Martin Reinke*

Das Kind in sich wiederentdecken

Ganz wichtig ist es, sich vorzustellen, wie man selbst als Kind war, was man gemocht und gehasst, worunter man gelitten und nach was man sich gesehnt hat. Um das Kind wieder in sich zu entdecken, braucht es natürlich Fantasie.

Wenn man dazu bereit ist, sich in Kinder hineinzuversetzen und sie zu verstehen, dann muss man bei sich anfangen, um Vergleiche und einen Maßstab zu haben. Kinder zu haben bedeutet eben auch die Chance, das Kind in sich selbst zu entdecken. Kinder erinnern daran, wie das war: das erste Mal Fahrrad fahren, das aufgeschlagene Knie, die Angst vor den Hausaufgaben, das Geschimpftwerden, weil das Zimmer nicht aufgeräumt wurde – die Ängste, die Sehnsüchte, die glücklichen Momente. Das ist auch mit Genuss verbunden. Man nimmt sich an und ist bei sich.

Wie vermitteln Sie persönlich Ihren Kindern Werte?

Werte sind für mich wie Spielregeln. Sie sind veränderbar, aber, wie alle Spielregeln, nur dann sinnvoll, wenn ich sie ernst nehme. Fußball würde keinen Spaß machen, wenn alles möglich wäre, wenn alle treten und beißen dürften, wenn es kein Abseits gäbe und es ganz egal wäre, auf welches Tor man schießt. Gleichzeitig will man die Spielregeln ab und zu umgehen – und dann ist der Konflikt da: Kann ich mit diesem kleinen Beschiss leben?

Ich brauche also jemanden, der die Regeln beaufsichtigt. Der dafür sorgt, dass sie eingehalten werden, der sich andererseits aber auch darum bemüht, dass es Ausnahmen gibt und Zwischenräume gefunden werden. Das sind die Eltern. Sie müssen es aushalten, dass es Reibung und Konflikte aufgrund dieser Grenzen gibt. Du kannst nicht der Freund deiner Kinder sein, denn du bist Papa oder Mama.

Kinder brauchen diese Reibung, denn sie wollen sich ja auch erproben. Sie brauchen quasi eine Wand, an der sie sich abstützen können, die sie aber manchmal auch überwinden wollen. Das müssen Eltern aushalten.

Im Theater gibt es eine klare Hierarchie, die sich immer wieder neu definiert. Der Regisseur hat die Ideen, und entweder kann ich sein Konzept mittragen, oder der Regisseur muss sein Konzept ändern. Allerdings würde es zu keiner Aufführung kommen, wenn jeder Schauspieler sein Konzept durchbringen würde. Der Schauspieler ist mit dem Kind vergleichbar, der Regisseur mit den Eltern. Theater spielen bedeutet, dass ich mich einerseits unterordnen, andererseits aber auch meine eigenen Ideen verwirklichen möchte – das kann zu Konflikten führen. Aber ich glaube, dass man innerhalb dieser Spielregeln auch Freiheit haben kann. Es ist eben ein Geben und Nehmen.

Das eigene Vorbild zählt

In einer Familie mit kleinen Kindern wird ständig innerhalb der gültigen Spielregeln miteinander verhandelt, es wird gefeilscht wie auf dem Basar. Der eine hat etwas, was der andere auch haben möchte – na gut, du bekommst es. Aber nur, wenn ...

Grundsätzlich muss man in der Familie über die Werte, die

Spielregeln sprechen. Sie müssen begründet werden. Erst dann wird einem selbst klar, warum man gewisse Werte einfordert.
Ein Beispiel: Fernsehen. Wenn ich glaube, dass zu viel Fernsehen schädlich ist, muss ich das reglementieren. Es wird ausgehandelt: »Okay, du darfst fernsehen, aber erst nach der Klavierstunde!« Verhandeln bedeutet aber auch, Ausnahmen zu machen: Heute kommt diese Sendung, die möchte ich unbedingt sehen! – Gut, aber morgen machst du den Abwasch!
Es ist ein Geben und Nehmen, und es muss sich die Waage halten.
Alle Spielregeln, die wir aufstellen, müssen wir auch selbst praktizieren und vorleben. Aber ich kann nur dann etwas vorleben, wenn ich das genieße, was ich tue und vor allem gerne mit meinen Kindern zusammen bin. Man kann sich streiten, man kann sich in den Haaren liegen, man kann sich vermissen, es kann auch dramatisch sein, emotional, wie auch immer – aber man muss es wollen.
Die Fragen, die Kinder stellen, die hat man ja selbst auch mal gestellt. Man wird auf sich selbst zurückgeworfen. Dann kann man Werte vorleben, und die Kinder spüren: Man ist nicht mit ihnen zusammen, weil man es muss – sondern weil man es will.

Sie sind Deutschlands bekanntester Hörbucherzähler. Welche Bedeutung haben Geschichten für Sie persönlich und bei der Vermittlung von Werten?

Als Kind war ich im Internat. Dort haben die größeren den kleineren immer Geschichten vorgelesen. Damals gab es keine Playstations und natürlich keine 50 Fernseher, sondern nur zwei. Man war auf sich allein gestellt, las Bücher oder spielte. Das hat mir gefallen.
Als ich Islamwissenschaften studiert habe und in den Nahen Osten gereist bin, habe ich Märchenerzähler gesehen. Die sitzen auf einem Teppich und erzählen ihre Geschichten. Sie werden danach bezahlt, wie gut sie sie erzählen.

Ich selbst höre auch gerne Geschichten, und ich erzähle gern welche. Es ist die Freude daran, sich verführen zu lassen und verführen zu können.

Kinder hören gern Geschichten von früher: »Erzähl doch mal, wie du als Kind warst!« Das ist wie eine Abenteuerreise in die Vergangenheit, denn die Kinder merken: Mutter oder Vater geben etwas von sich preis. Vieles erfahren sie auch über die Großeltern und damit aus sehr authentischer Quelle. Der Vater wird dann auf Gartenzwergniveau reduziert und von seinem Sockel runtergeholt. Es ist eine große Erleichterung für die Kinder zu wissen, dass der Vater auch mal Kind war. Eine Lieblingsgeschichte meiner Kinder ist zum Beispiel die, als ich im Alter von drei Jahren weggelaufen bin. Ich habe es damals geschafft, durch die große Tür des Kindergartens zu entwischen. Mein Großvater wollte mich abholen, aber ich war weg. Passanten hatten gesehen, dass ich ganz selbstbewusst die Straße entlangspaziert bin; sie sind gar nicht darauf gekommen, dass ich ausgebüchst sein könnte. Ich hatte offenbar einen großen Freiheitswillen. Meine Mutter habe ich damit wohl in den Wahnsinn getrieben.

Es gibt noch viele Geschichten, die meine Mutter meinen Kindern erzählt. Manche habe ich selbst schon wieder vergessen, und vielleicht stimmen sie auch gar nicht.

Auf Augenhöhe mit den Kindern

Es ist sehr schön, mit Kindern über die eigene Kindheit zu sprechen, weil sie da ganz hellwach sind. Da erfährt man wieder etwas über sich selbst. Sie fragen: »Wann hattest du deine erste Freundin? Wohin bist du damals mit ihr gefahren? Mit was hast du so gespielt?« Und auf einmal ist man auf Augenhöhe – von Experte zu Experte. Der eine ist Kind und der andere war es einmal. Dann entstehen Nähe und Intimität.

Wenn meine Kinder ein Problem in der Schule haben oder Liebeskummer, Stress mit Freunden etc., erzähle ich aus meiner Kindheit oder Jugendzeit eine vergleichbare Geschichte. In dem

Im Tonstudio bei der Aufnahme von Harry Potter *(2005)*

Moment bin ich wieder auf Augenhöhe mit den Kindern, weil ich nicht der vermeintlich Klügere bin, sondern mit betroffen. Es ist tröstend, wenn sie spüren, dass man das Problem auch erfahren hat. Es sollte aber nicht so sein, dass man die Probleme relativiert und sagt: »Mach dir mal keine Sorgen! Das kommt öfter vor. Das haben andere auch schon erlebt, das ist kein Problem!«
Stattdessen sollte man versuchen den Schmerz oder dieses Gefühl nachzuempfinden, zu teilen. Dann ist man in einem gemeinsamen Analyseprozess und miteinander verbunden. Alles, was die eigenen Kinder erleben, hat man wahrscheinlich auch in irgendeiner Form selbst erfahren, aber vielleicht verdrängt oder vergessen. Auf einmal steigt man wieder in sich selbst hinab. Das ist eine große Chance, weil man in seine Kindheit versetzt wird.
Manchmal wollen die Kinder auch eine ausgedachte Geschichte hören – dann saugt man sich irgendwas aus den Fingern. Aber die Geschichten, die so entstehen, kommen aus einem ganz tiefen Unbewussten. In dem Moment findet man einen Schlüssel zu sich selbst. Man steigt in sich selbst hinab und

Déjà-vu der besonderen Art: Rufus Beck mit seinem Alter Ego (er selbst als Baby), fotografiert von Herlinde Koelbl

greift nach den Bildern, die in einem schlummern und nur noch eine Form brauchen.

Im vorliegenden Buch werden Werte vor allem anhand von Märchen der Gebrüder Grimm vorgestellt. Manche Eltern finden diese Märchen zu grausam, um sie ihren Kindern vorzulesen. Wie sehen Sie das?

Grimms Märchen bedienen den Horror, sie bedienen auch den Alptraum. Verlust, Einsamkeit, Angst vor dem Tod, verstoßen werden und dann wieder zurück in die Gemeinschaft kommen – da wird mit Grundängsten gespielt.
Das ist wie in einem Theaterstück oder im Film: ohne Konflikt

kein Drama, ohne Drama keine Emotionen. Kinder wie Erwachsene erreicht man eben durch die Emotionen. Gefühle berühren den Menschen.

Märchen erzählen spannende Abenteuer. Und Abenteuer ohne Risiko gibt es nicht. Damit ist das Risiko, in das sich die Märchenhelden begeben, in einer gewissen Weise lustvoll. Kinder haben Lust auf Emotionen, dramatische Situationen und extreme Gegensätze.

Einige Märchen sind sehr grausam. Aber das Grausame, das Schreckliche, der Horror verschaffen Kindern auch die Möglichkeit, ihre Gefühle auszuloten: Wie weit kann ich mich dem Schrecklichen nähern und öffnen? Die Geschichten werden erzählt, wenn Mama und Papa dabei sind, in einem Raum der Zuflucht und Geborgenheit. Aus dieser Geborgenheit heraus schaut man auf die vermeintlichen Schrecken der Welt.

Wie stehen Sie zum Thema ...

Freiheit und Unabhängigkeit

»Freiheit ist immer die Freiheit des Andersdenkenden«, sagte Rosa Luxemburg. Wenn man Kinder zu freien Menschen erziehen will, dann muss man das üben. Vor allem die Eltern müssen das beherzigen.

Ein Beispiel: Die Eltern sagen: »Wir streichen jetzt dein Kinderzimmer in einem wunderschönen Blau!« Das Kind sagt: »Nein, ich möchte Zitronengelb!« – »Aber das passt doch nicht zu den Möbeln!«

Jetzt haben wir einen Konflikt: Über Geschmack lässt sich bekanntlich nicht streiten. Ich kann dem Kind meine Vorstellungen aufdrücken, oder ich gebe dem Kind einen Freiraum. Um eine Meinung zu akzeptieren, muss ich sie erst mal wahrnehmen.

Kinder müssen Freiheit erst einmal erlernen. Wie sollen sie zum Beispiel einen eigenen Geschmack entwickeln, wenn ich ihnen ihre Kleidung schon ausgesucht und ordentlich hingelegt habe?

Sie nehmen ja sowieso schon viel von ihrer Umwelt an. Es ist doch spannend, zu sagen: »Such dir mal selbst aus, was du anziehen willst!« Um eine Meinung zu haben, braucht ein Kind gewisse Freiräume, um sie ausleben zu können.
Freies, unabhängiges Denken oder Fühlen lernen Kinder, wenn sie ihre Meinung frei äußern können. »Wie siehst du das?«, fragen die Eltern, und man kommt ins Gespräch. Zuhören, aufmerksam sein und Interesse zeigen: damit schaffen Eltern die Basis für Unabhängigkeit. Das fängt im ganz Kleinen an – es ist faszinierend, ein Kind zu fragen, was es denkt. Ein kleiner Trick ist dabei, dass man Fragen stellt, die die Kinder nicht mit Ja oder Nein beantworten können. »Hat dir der Film gut gefallen?« – so sollte man natürlich nicht fragen, denn dann heißt es »Ja« oder »Nein«. Da muss man geschickter vorgehen. »Welche Figur hat dir am meisten gefallen?« – »Und welche mochtest du nicht?« – »Wann wurde der Film für dich spannend?« Man muss Fragen stellen, bei denen die Antworten formuliert werden müssen.

Gefühle zeigen

Gefühle zu akzeptieren fällt uns sehr schwer, weil wir unseren eigenen Maßstäben treu bleiben wollen. »Ein Indianer kennt keinen Schmerz!« – »Man spielt als Junge doch nicht mit Puppen!« – das sind Wertvorstellungen, die einem Klischee entspringen. Dem Kind werden damit Gefühle übergestülpt, die nicht seine sind.
Ich habe einmal als »Magier« in dem Musical *Tabaluga* gesagt: »Geliebt wirst du dort, wo du schwach sein darfst, ohne Spott dafür zu ernten.« Das ist auch meine Definition von Familie. Kinder müssen die Möglichkeit haben, ihre Schwächen wahrzunehmen und zuzulassen. Daran wachsen sie. Wenn sie ihre Ängste verdrängen müssen, dann bleiben sie Opfer – Opfer ihrer Triebe, Opfer ihrer Ängste.

Beim Rock 'n' Roll-Spektakel Tabaluga *führte Rufus Beck im Jahr 2003 Regie*

Nähe und Distanz

Ich habe meine Kinder sehr früh an meinem Beruf teilhaben lassen. Zum einen wollte ich ihnen zeigen, warum ich nicht immer so greifbar bin wie andere Eltern und was ich da eigentlich tue. Gleichzeitig steckt eine andere Idee dahinter: Es reicht manchmal, einfach nur zusammen zu sein. Es reicht, an einem Fluss zu sitzen, man genießt sich zusammen, ist einfach da. Wenn ich sie mit ins Theater genommen habe, schon als Babys, dann war allein das Zusammensein schön. Ich nahm sie mit, so, wie afrikanische Frauen ihr Kind zur Feldarbeit mitnehmen.

Diese Grenze – ich habe meinen Beruf, da hast du nichts zu suchen – habe ich, soweit es ging, übersprungen. Ich habe versucht, die Kinder an meinem Leben teilhaben zu lassen, auch aus einem vielleicht egoistischen Motiv heraus: Die Kinder müssen sich auch daran gewöhnen, dass ich manchmal unabkömmlich bin.

Ich habe gespürt, dass es die Kinder genießen, wenn sie merken, dass die Eltern sie bei sich haben wollen. Das hat dann später dazu geführt, dass wir teilweise miteinander gearbeitet haben;

Küss mich Frosch, *ein Kinderfilm aus dem Jahr 2000, mit Rufus Beck in der Rolle des Zauberers*

wir sind in Filmen und im Theater zusammen aufgetreten. In dem Moment, in dem wir uns vor der Kamera oder auf der Bühne in andere Figuren verwandeln, stehen wir uns gleichberechtigt gegenüber und sind aufeinander angewiesen. Was die Kinder dabei fasziniert hat, war ihre – freiwillige – Teilnahme an der Erwachsenenwelt. Sie mussten Professionalität beweisen, denn ein Drehtag ist teuer. Sie wurden gefordert und ernst genommen. Klar hat man als Erwachsener viel mehr Erfahrung, aber in dem Moment ist man auf derselben Plattform.

Ob sie das später auch beruflich machen, bleibt ihnen überlassen. Es ist ihre Entscheidung.

Ich weiß nicht, inwieweit das in anderen Berufen möglich ist, aber ich glaube für Kinder ist es ganz wichtig, zu wissen, was die Eltern so tun und dass man sie ab und zu mal – wenn das möglich ist – mitnimmt. Ich wollte die Arbeit und das Private nicht trennen.

Verbote

Ein Verbot bedeutet für ein Kind Verzicht. Darum muss ich Verbote auch begründen. Wenn ich nur sage: »Es ist nicht gut für dich!«, reicht das Kindern nicht.

Sie wollen und sollen wissen, warum ihre Eltern diese und jene Entscheidung treffen. Eine Begründung sorgt auch dafür, dass ich mir selbst über den Sinn meiner Vorgaben klar werde.

Soziale Kompetenz

Wenn Kinder in einer Gruppe zusammen sind, geht es oft ums Überleben – das hört sich vielleicht pathetisch an, aber es gibt Kinder, die innerhalb einer Gruppe scheitern, verzweifeln. Sie werden stigmatisiert, terrorisiert.

Jeder braucht seinen Platz innerhalb einer Gruppe, um zu überleben. Daher kommt das Bedürfnis nach einer Uniformität durch bestimmte Modeaccessoires oder Vorlieben. Darüber definiert sich eine Gruppe und die Zugehörigkeit des Einzelnen.

Es ist wichtig, sich in eine Gruppe zu integrieren und Bündnisse zu schließen. Man lernt ja nur mit Menschen umzugehen, wenn man mit Menschen zusammen ist. Man muss Kompromisse eingehen. Man lernt, miteinander zu handeln.

Verantwortung

Es ist ganz einfach: Man kann aus der Verantwortung nicht ausbüxen. Die Familie braucht Geld, eine Wohnung und Essen, ab und zu vielleicht eine Urlaubsreise, und wenn jemand krank wird, dann muss ich dafür sorgen, dass er zum Arzt kommt ... das sind die Pflichten, und die sind ganz normal.

Daneben gibt es die emotionale Verantwortung. Sie wird natürlich weniger, je älter die Kinder werden – bis man sie loslassen kann. Aber ein Stück Verantwortung bleibt, ein Leben lang.

Einfordern und Geben

Es ist mir sehr wichtig, dass meine Kinder eine musikalische Ausbildung bekommen. Denn bei all meinen Musikerfreunden sehe ich, dass die nur deshalb heute Musik machen und lieben, weil ihre Eltern immer am Ball geblieben sind. Beim Sport ist es ähnlich. Ich habe zu meinen Kindern gesagt: Es ist wichtig,

dass ihr Sport macht. Ihr müsst körperlich gesund sein, eine gute Muskulatur haben. Sport sorgt dafür, dass ihr nicht so schnell krank werdet, er macht euch wacher und vielleicht auch ausgeglichener. Dafür konnten die Kinder mich in die Pflicht nehmen: Aber dann kommst du auch mit zum Wettkampf!
Auch das ist ein Deal. Eltern und Kinder fordern bestimmte Dinge ein, aber geben im Gegenzug auch etwas.

Fordern und Grenzen ausloten

Während einer Autofahrt nach Neapel hörte ich einmal mit den Kindern *Garp und wie er die Welt sah* – ich wollte austesten, wie sie darauf reagieren. John Irving ist nun wahrlich kein Jugendautor, die Inhalte seiner Werke beschränken sich, grob gesehen, auf drei Themen: Literatur, Familie und Sex. Im Auto kann ja keiner ausbüxen, und die Kids waren unheimlich aufmerksam, es herrschte eine sehr gespannte und intime Atmosphäre. Ich habe immer wieder Fragen zu der Handlung und zu den Personen gestellt und mich rückversichert, ob sie die Geschichte verstehen. Es war ein Experiment. Wären die Kinder überfordert gewesen, hätte ich das gemerkt, weil sie unaufmerksam oder vielleicht sogar verlegen geworden wären. Ich habe meine Kinder immer herausgefordert. Später haben die Kinder mehrere Romane von John Irving selbst gelesen.
Einmal war ich unsicher, ob ich ein bestimmtes Kinderbuch als Hörbuch realisieren sollte. Da habe ich meinen Sohn gebeten, er solle doch ein Kapitel lesen und mir seine Meinung dazu sagen. Erst wollte er nicht – »Nö, ich hab was anderes zu tun« –, und dann habe ich ihn gebeten: »Ach komm, bitte, nur ein Kapitel.« Dann hat er sich in den Sessel gesetzt und angefangen zu lesen. Ich bin für ein paar Stunden weggegangen, und als ich wiederkam, las er immer noch und empfahl mir das Buch: Das Projekt habe ich schließlich auch gemacht, und es wurde ein großer Erfolg.

Vater und Sohn gemeinsam vor der Kamera: Rufus Beck als Willi und Sohn Jonathan als Juli in Die wilden Fußballkerle I

Sport macht Kinder stark und selbstständig

Meine Frau und ich haben die Kinder auch immer zu Sportarten angehalten, bei denen man sehr verantwortlich handeln muss, weil es sonst gefährlich werden kann. Unsere Kinder sind bestimmt sehr privilegiert, weil sie die Möglichkeit haben, so vieles auszuprobieren, aber zwei Punkte spielen dabei eine wichtige Rolle.

1. Wir haben gemeinsame spannende Freizeitbeschäftigungen und 2. Die Kinder werden zu Selbstständigkeit und Eigenverantwortung angehalten.

Sie haben schon in jungen Jahren Flaschentauchen gelernt und sind sehr versierte Taucher geworden. Tauchen ist gefährlich, das muss den Kindern klar sein: Da unten im Wasser wird nicht gespielt, man muss sehr kontrolliert und besonnen sein und trotzdem locker bleiben. Sie können auch freeclimben und bergsteigen, da sichert man sich ja gegenseitig, man muss sich in so einer Seilschaft wirklich vertrauen, denn das Leben hängt sprichwörtlich an einem »dünnen Faden«. Im Winter sind wir

öfter auf Skitouren, auch da braucht es Umsicht und einen kühlen Kopf, denn man muss die Hänge und die Wetterlage genau beobachten und entscheiden, ob man eine Tour durchführen kann oder es lieber bleiben lässt.
Im Vordergrund steht natürlich der gemeinsame Spaß, das Abenteuer, aber ich traue meinen Kindern auch etwas zu.

Besitz und Eigenverantwortung

Wenn sich Kinder ein Tier wünschen, dann muss man sie natürlich fragen: »Hast du wirklich Zeit, dich darum zu kümmern? Das ist kein Spielzeug, das man nach Lust und Laune in der Ecke abstellen kann.«
Mit einer solchen Verantwortung können Kinder überfordert sein. Aber es gibt Verantwortungen, die man den Kindern innerhalb gewisser Spielregeln überlassen sollte. Zum Beispiel die Einrichtung des Zimmers – es soll ja den Kindern gefallen, nicht den Eltern. Man sollte ihnen auch zeitliche Spielräume

geben, in denen sie tun können, was sie wollen. Kinder sind im Schulalltag und in der Freizeitplanung schon genug eingespannt mit Sport oder Musikunterricht. Sie brauchen jeden Tag, und sei es nur für eine Stunde, einen gewissen eigenverantwortlichen Freiraum, wo ihnen niemand reinredet.
Ob sie das Taschengeld an einem Tag ausgeben oder sparen, ist ihre Entscheidung. Als Elternteil kann ich nur beratend zur Seite stehen.
Das Kind trägt die Verantwortung dafür und auch die Konsequenzen. Ich glaube, es beeindruckt die Kinder, wenn man ihre persönliche Entscheidung, und sei sie noch so unpopulär, akzeptiert. Das manifestiert sich in vielen Dingen. »Ja, das ist deine Ecke, da ist dein Privatbereich oder das ist dein Tagebuch, da schau ich nicht rein, da habe ich keine Macht darüber, das gehört einzig und allein dir.«

Respekt vor der Privatsphäre

Wenn auf einer Schublade »privat« steht, dann müssen die Kinder sicher sein, dass da niemand drangeht. Das ist mein Respekt vor der Privatsphäre des anderen.
Es gibt natürlich Ausnahmen. Wenn man die berechtigte Sorge hat, dass mit dem Kind irgendwas nicht stimmt, es unglücklich ist. Dann kann man eine Regel auch mal übertreten und ein Tabu brechen. Da kann man sich nur auf seine Intuition verlassen.
Kinder lernen nur, was »Besitz« bedeutet, wenn sie dafür auch verantwortlich sind. Da meine Kinder ja auch künstlerisch tätig sind und schon in jungen Jahren Filme gedreht haben oder im Theater aufgetreten sind und damit auch Geld verdient haben, habe ich mit ihnen einen Deal gemacht. Wenn sie sich etwas Besonderes gewünscht haben, war die Vereinbarung: »Fifty-fif-

Rufus Beck mit Sohn Jonathan beim Bergsteigen in den Lienzer Dolomiten (2005): »Einer der schönsten Urlaube.«

ty, ich zahl die eine, du zahlst die andere Hälfte.« Das kann man natürlich nicht mit allen Kindern machen, aber es gibt die Möglichkeiten, sie zu beteiligen, sei es durch ihr erspartes Taschengeld oder durch Mitarbeit zu Hause.
Damit haben sie sich selbst etwas geleistet. Und das macht einen großen Unterschied: Sie besitzen etwas, wofür auch sie ein Opfer gebracht haben.

Erfolg

Kinder brauchen zum Lernen Erfolgserlebnisse, Belohnung, Anerkennung, aber auch kritische, liebevolle Anreize. Nur zu Loben ist nicht authentisch – die Kinder spüren sehr schnell, ob man sie wirklich fördern will. Wenn sie etwas lernen wollen und man gibt ihnen zu verstehen, dass sie noch längst nicht so weit sind, dann können sie aber auch entmutigt werden.
Für Kinder sind der äußere Erfolg und die Anerkennung, z.B. der Eltern, der Lehrer und der Mitschüler, ganz wichtig. Erfolg und Anerkennung liegen ganz nah beieinander. Es ist wichtig, dass die Eltern die Bemühungen und den Einsatz ihres Kindes immer wieder honorieren. Das darf aber im Umkehrschluss nicht bedeuten, Misserfolge mit Liebesentzug zu strafen. Das Grundvertrauen ist die Basis für eine gesunde, stabile Persönlichkeit.
Als Eltern steht man immer in der Gefahr, auf das Kind zu projizieren, was man selbst in seiner Kindheit nicht erreicht hat. Die Ansprüche steigen, weil man will, dass das Kind es »besser« haben soll, als man es selbst hatte. Doch damit ist auch ein Erfolgsdruck verbunden, den man auf seinen Sprössling ausübt: Der muss schlauer, besser, erfolgreicher werden. Falsch! Als Eltern hat man vielmehr dafür Sorge zu tragen, dass die Kinder ihr eigenes Leben leben und finden können. Die Persönlichkeit des Kindes zu fördern und zu erkennen, die Stärken und die Schwächen anzunehmen, darin besteht die größte Liebe, die man einem Kind erweisen kann.

Glück

Glück fällt nicht vom Himmel – »Glück ist ein Bonus für Überwindung«, sagt der Psychotherapeut Jens Corssen. Wenn ich Hindernisse überwinde und mir ein Ziel setze, wenn ich etwas erreiche, das ich mir unter Mühen und Anstrengungen vorgenommen habe, meinen inneren Schweinehund überwunden habe, dann stellt sich ein Glücksgefühl ein. Daraus resultieren Zufriedenheit und Gelassenheit, das ist ein Zustand des Loslassens, des Einsseins mit sich und der Welt, also Glück. Das sind kurze Momente, Leuchtspuren wie Glühwürmchen in der Nacht; sie tauchen kurz auf und verschwinden wieder.
Es gibt das Glück, das ich als Vater oder Mutter spüre, wenn ich meine Kinder beobachte. Da wird es im Bereich des Solarplexus, des Sonnengeflechts, ganz warm, das ist, als ob mich von innen eine Hand kitzelt. Das ist das Glück der Eltern, ein spirituelles Geschenk, die tiefe Verbundenheit mit seinen Kindern zu spüren.
Ich weiß gar nicht, ob Kinder das Wort Glück in den Mund nehmen würden. Ich habe Kinder noch nie sagen hören: »Ich bin glücklich!« Ich denke, sie müssen das nicht sagen. Sie sagen ja auch nicht: »Ich bin depressiv.« Kinder sind mit ihren Emotionen normalerweise sehr direkt verbunden. Wenn man Kinder fragt, wie es ihnen geht, geben sie immer eine direkte Antwort. Bei Erwachsenen ist das schon etwas anders. Sie überlegen einmal, um dem Gefühl nachzuspüren, und zum anderen haben sie Angst, zu viel von sich preiszugeben. Sie sind nicht mehr so direkt mit den Gefühlen verbunden wie die Kinder.

Partnerschaft

Um Glück in der Partnerschaft zu erleben, muss man etwas tun: sich interessieren, Zeit miteinander verbringen, genießen, streiten, sich kümmern, lieben, Besitz teilen. Man muss bereit sein, den anderen zu entdecken, anzuerkennen. Dann kann sich das Glück zeigen, weil diese Verbundenheit mit einem tiefen Wissen voneinander einhergeht.

Eine Liebesbeziehung ist auch mit dem Abschied von alten Vorstellungen verbunden, wie der andere sein soll. In der Bibel heißt es, wenn Mann und Frau sich lieben, »... und er erkannte sie«. Genau darum geht es zwangsläufig in einer Partnerschaft: sich von seinen Projektionen zu verabschieden, denn ich suche mir ja keinen Partner, der bis auf das i-Tüpfelchen meine Interessen und Ansichten teilt. Ich entdecke, dass der Partner andere Vorlieben hat oder er gewissen Ansprüchen, die ich an ihn stelle, nicht genügt, sie nicht erfüllen kann, weil er eben anders ist.

Drei mögliche Reaktionen können die Folge sein. Flucht, Aggression und Anerkennung.

Flucht: Im schlimmsten Fall suche ich mir einen anderen Partner oder einen Ausgleich für die erlittene Enttäuschung, oder ich ziehe mich zurück in mein inneres Exil, ich weiche dem Konflikt aus.

Aggression: Ich übe Druck aus. »Wenn der andere das kann, dann kannst du das doch auch. Jetzt stell dich nicht so an!« Oder ich drohe mit Liebesentzug.

Anerkennung: Ich verabschiede mich von meiner Vorstellung, ich gebe meine Projektion auf. Das ist auch mit Schmerz verbunden. Ich erkenne meinen Partner an, ich sehe den Unterschied. Daraus könnte sich etwas Neues ergeben, aber auch Trennung kann die Folge sein, es gibt keine Garantie dafür. Ich erkenne an, was ist.

Großzügigkeit

Das Gegenteil von Großzügigkeit ist die Prinzipienreiterei – die Schweizer nennen so jemanden »Düpflischeißer«. Ich glaube, da sind Kinder sehr empfindlich, wenn man ihnen absolut pingelig und kleinlich begegnet.

Großzügig zu sein heißt, jemandem einen »emotionalen Überziehungskredit« zu gewähren, einen Spielraum zu ermöglichen. Es bedeutet auch, nicht immer auf seinem Recht zu beharren und um des lieben Friedens willen mal nachzugeben.

Und wenn Kinder kleine »Düpflischeißer« sind und auf ihrem Recht gegenüber den Geschwistern pochen? Ich versuche, meinen Kindern dann die Nachteile deutlich zu machen: Du wirst bestimmt noch zehn Jahre mit deiner Schwester unter einem Dach leben und kannst dich nicht die ganze Zeit mit ihrer Schuld belasten. Sie hat dir etwas kaputt gemacht und muss schon eine kleine Wiedergutmachung leisten. Nie wieder darf sie dein Zimmer betreten? Das kannst du eh nicht einhalten! Lass dir etwas geben, womit sie den Schaden gutmachen kann ... So lernen die Kinder abzuwägen.

Ehrlichkeit

Es ist gewiss auch normal, dass Kinder ihre Eltern einmal anlügen. Manchmal sind es nur kleine Notlügen. Sie sagen, sie würden mit dem Hund spazieren gehen, während sie sich heimlich mit einem Freund treffen. Das ist eine kleine Form der Rebellion, die auch der Loslösung von den Eltern dient. Kinder brauchen eben auch ihre kleinen Geheimnisse, und da sollte man großzügig reagieren.

Doch es gibt bestimmte Situationen, in denen Kinder aus Angst vor Strafe oder Liebesentzug lügen – das können zum Beispiel Probleme in der Schule sein. Wenn man sie dann bei einer schwerwiegenden Lüge ertappt, müssen sich die Eltern fragen, warum das Vertrauen nicht da ist. Es ist ja überhaupt nicht angenehm, lügen zu müssen, das schlechte Gewissen und die Angst, ertappt zu werden, schwingen immer mit. Ich habe bei einem unserer Kinder einmal herausgefunden, dass es bei den wöchentlichen Hausaufgabentests, die die Eltern unterzeichnen sollen, meine Unterschrift nachgemacht hat. Da war ich natürlich sauer, aber auch richtig erschrocken. Ich dachte, wieso habe ich das Kind in diese Situation gebracht, dass es aus Angst vor meiner Reaktion lieber ein Tabu gebrochen hat? Ich war verletzt, auch peinlich berührt, und genau diese Gefühle und meine momentane Ratlosigkeit habe ich angesprochen. Krisenmanagement bedeutet, sich zusammenzusetzen und gemeinsam Lösungen oder einen Ausweg zu finden. Hinterher war es für alle eine Erleichterung, dass so etwas passiert war und wir über die Auswirkungen von Vertrauensverlust gesprochen haben: Wenn ich dir nicht glauben kann, dann kann ich mich nicht auf dich verlassen. Wenn ich mich nicht in der Familie aufgehoben und behütet fühle, wo denn dann?

Liebe ist die Grundkonstante

Man darf die Kinder aber nach einer Lüge auch nicht so maßregeln, dass sie daraufhin nie wieder eine Unwahrheit zugeben würden. Die Atmosphäre in der Familie sollte immer offen sein, man sollte sich streiten und reiben dürfen, aber gleichzeitig muss es eine Grundkonstante geben: Ich liebe dich, weil es dich gibt und du so bist, wie du bist. Ich freue mich, dich auf deinem Lebensweg begleiten oder beobachten zu dürfen.

Verzeihen und Größe zeigen

Größe zeigt sich, wenn ich »über meinen Schatten springe«, wenn ich auch mal »alle fünfe gerade sein lasse«, darauf verzichte, Recht zu haben. Ich verhalte mich großzügig, freizügig, generös, großherzig – all diese Adjektive sind ja positiv besetzt.
Eine gute Geschichte zu diesem Thema ist Heinrich von Kleists *Michael Kohlhaas*. Der Rosshändler Michael Kohlhaas wird von einem Burgvogt um seine Pferde betrogen. Er will sein Unrecht mit juristischen Mitteln sühnen lassen, doch aufgrund der Willkür der Obrigkeit misslingt ihm das. Da wird aus dem »recht-schaffenen« Kohlhaas der Selbstjustiz verübende Kohlhaas. Sein Anspruch auf Recht ist ihm mehr Wert als sein Leben, und er lässt sich schließlich widerstandslos enthaupten und nimmt sein Recht mit ins Grab.
Der Streit bei Kindern und Geschwistern nimmt schnell einen unversöhnlichen Ton an: »NIE wieder darf sie mein Zimmer ohne meine Erlaubnis betreten!« –»NIE wieder werde ich mit ihr teilen.« – »Ich verzeihe dir NIE.« – »Dir werde ich NIE mehr glauben.«

Ich erkläre ihnen, dass sie sich mit ihrem Rechthaben und der Schuldzuweisung selbst das Leben schwer machen. Natürlich muss, wenn dir unrecht getan wurde, der Schuldige dafür »bezahlen«, du kannst schon verlangen, dass diese »offene Rechnung« beglichen wird, aber es muss angemessen sein, sonst eskaliert der Streit. Vor allem ist es eine furchtbare Androhung. Dieses Wörtchen »Nie« impliziert ja, dass die Schuld riesengroß ist, die Strafe lebenslänglich. Was für eine Belastung für den »Recht-Haber«, der seinen »Schuldschein« nie einlösen will und kann, weil er auf die Macht, Recht zu haben, nicht verzichten will.

Ich achte sehr darauf was die Kinder sagen, wenn sie sich gegenseitig beschuldigen oder beschimpfen. Wenn es beleidigend wird, interveniere ich und zitiere Marc Aurel: »Die Seele nimmt die Farben deiner Gedanken an« bzw. was du sagst, auch wenn du es vielleicht nicht so meinst, wird, wenn du dir dessen nicht bewusst bist, Macht über dein Denken, dein Handeln und dein Fühlen erhalten.

Eigene Fehler eingestehen

Ich fasse mich da auch an meine eigene Nase, denn als Eltern hat man viel Autorität und Macht. Es ist sehr wichtig, die eigenen Fehler vor den Kindern einzugestehen. Wenn ich zugebe, ein Versprechen gebrochen zu haben oder zu streng gewesen zu sein, oder mich für meine Gereiztheit bei den Kindern entschuldige, dann wird nach meinen Erfahrungen der Respekt größer, weil ich mich auf Augenhöhe der Kinder befinde und ich offen eingestehe, dass ich nicht unfehlbar bin.

Wenn ich über meinen Schatten springe, Ausgleich suche und finde und Spannungen wieder ins Lot bringe – damit zeige ich Größe.

Abschied nehmen

Bei uns in der Familie ist es gang und gäbe, Abschied zu nehmen. Ununterbrochen fährt jemand weg oder ist für einige Zeit

nicht zu Hause. In einer normalen Familie ist man ja mehr oder weniger immer zusammen.
Da meine Frau Tschechin ist, haben wir die Kinder einmal in ein tschechisches Pfadfinderlager geschickt, obwohl sie die Sprache nicht wirklich gut verstehen. Ich war sehr gespannt, wie das ausgehen würde, denn sie waren unter 250 Kindern im Camp die einzigen ausländischen Kinder. Ich dachte, die werden in zwei Tagen anrufen: »Bitte holt uns hier raus.« Aber im Gegenteil – nach zwei Tagen kam eine SMS: »Nächstes Jahr wollen wir da wieder hin.« Ich dachte immer: »Wie verständigen die sich, wie geht das überhaupt?« Meine Frau erzählte, dass alle Kinder am Ende der Ferienzeit, als sie in Prag abgeholt wurden, geweint haben, weil sie voneinander Abschied nehmen mussten – der Bahnhof war voll mit weinenden Kindern!
Aber Abschied nehmen ist auch was Schönes. Es tut zwar ein bisschen weh, aber man spürt, dass man jemanden verlässt und man das nicht so gerne möchte. Man geht schweren Herzens. Es ist ja auch schön, dass man so ein Gefühl haben darf und kann, es bedeutet nämlich: Du wirst vermisst.
Abschied nehmen fand ich als Kind immer ganz schrecklich: Am Ende der Schulzeit musste ich im Internat von den Freunden Abschied nehmen und am Ende der Ferien wieder von meinen Eltern. Ich habe da einen kleinen Tick mit dem Abschiednehmen: Ich gehe und sage »Tschüss« – und es kann sein, dass ich in einer Stunde wieder da bin oder auch erst in drei Wochen. Ich marschiere raus, als ob nichts wäre. Ich habe eben schon so viel Abschied genommen in meinem Leben ... Meine Kinder kennen das schon von mir.

Tod

Kinder können sich den Tod nicht vorstellen. Wir Erwachsenen haben schon Schwierigkeiten damit, und Kinder noch mehr – vielleicht, weil sie das ganze Leben noch vor sich haben.
Die erste Begegnung mit dem Tod erleben Kinder meist, wenn ein Haustier stirbt. Ich habe damals für meinen Hund im Kunst-

unterricht ein Kreuz gebastelt, und dann wurde er begraben. Das war ein schwerer Abschied.
Auch beim Thema Tod ist es wichtig, dass die Erwachsenen offen sind. Man darf sich vor den Kindern emotional schwach und verletzlich zeigen, man muss nicht vorgeben, immer stark und unangreifbar zu sein.
Ich habe es oft erlebt, dass Kinder mit eigenen schweren und teilweise sogar tödlichen Krankheiten sehr tapfer umgehen. Wir waren in einer Kinderklinik und haben dort schwerstkranke Kinder erlebt. Trotz dieser bedrückenden Schicksale war diese Krankenstation so bunt und so laut und so voller Leben. Die Kinder haben sich nicht in ihr Schicksal ergeben, sie wollten leben. Die sind rumgerannt, haben manchmal ihre Infusionsflaschen vor sich hergeschoben. Dieser Lebenswille war beeindruckend.

Kranken und Sterbenden beistehen

Mein Vater lag nach einem Verkehrsunfall fast zwei Monate lang im Koma. Ich wollte unbedingt, dass meine Kinder den Großvater besuchen, ihm beistehen und wirklich erleben, was es bedeutet, vollkommen hilflos zu sein. Ich habe sie gefragt, ob sie dazu bereit wären, und sie dann behutsam auf diese Begegnung vorbereitet. Ich habe Ihnen von meinen Erfahrungen als 18-Jähriger erzählt, als ich während des Zivildienstes in einem Krankenhaus oft auf Nachtwache bei älteren Menschen war, die im Sterben lagen. Ich hatte eine sehr religiöse Stationsschwester als Vorgesetzte, die mich darum bat, bei Sterbenden Nachwache zu halten. Abgesehen von einigen wenigen pflegerischen Routinearbeiten musste ich eigentlich nur anwesend sein. Diese Nächte haben mich sehr geprägt. Ich bin überzeugt davon, dass ein Mensch, der nicht mehr bei Bewusstsein ist, trotzdem die Anwesenheit eines anderen spürt. Ich habe als junger Mensch in dieser Klinik einige Menschen bis in den Tod begleitet und erlebt, was in dem Augenblick passiert, wenn ein Mensch stirbt. Dieser Mensch, den ich noch kurz zuvor umsorgt und gepflegt hatte, war nicht mehr da; da lag nur noch eine menschliche Hülle, aber das, was den Menschen ausmachte, war davongegangen. Nennen wir es Seele.

Leben und Tod gehören zusammen

Aus diesem Grund habe ich die Kinder zu ihrem Großvater mitgenommen. Tod und Leben gehören zusammen, aber solange man am Leben ist, gibt es Hoffnung.

Wenn meine Kinder vor dieser Begegnung Angst gehabt hätten, hätte ich das akzeptiert. Ich habe ihnen zugetraut, damit verantwortlich umzugehen, weil das ein Teil des Lebens ist und mir wichtig war, dass sie ihren Großvater in seiner Bedürftigkeit und Hilflosigkeit erleben. Die Kinder waren wunderbar und haben sich rührend um meinen Vater gekümmert. Sie haben ihn massiert, ihm Geschichten erzählt und sogar vorgesungen. Vielleicht hat mein Vater auch deswegen überlebt, weil wir ihn nie aufgegeben haben.

Vita Rufus Beck

Rufus Beck, Jahrgang 1957, studierte an der Universität Heidelberg zunächst Islamwissenschaften, Philosophie und Ethnologie, bevor er sich der Schauspielerei zuwandte.
Seit 1979 arbeitet er als Schauspieler an den größten und renommiertesten Bühnen Deutschlands.
Er hat in 60 Fernsehfilmen und 11 Kinofilmen mitgewirkt. Zu seinen bekanntesten Filmen zählen unter anderem *Der bewegte Mann* und *Die Wilden Fußballkerle.* 2004 spielte er in der Verfilmung von Otfried Preußlers Kinderbuchklassiker *Der Räuber Hotzenplotz* den Zauberer Petrosilius Zwackelmann.

In den letzten Jahren war er auch als Theater- und Showregisseur tätig. Unter anderem hat er als Regisseur, Koautor und als spielender und singender Magier im fantastischen Rockmusical *Tabaluga und das verschenkte Glück* mitgewirkt und ging damit von 2003 bis 2004 auf Deutschlandtournee. In Istanbul schrieb und inszenierte er das internationale Tanzspektakel *Night of the Sultans – Pandoras Legend.*
Seit Mitte der 1990er-Jahre arbeitet Rufus Beck als Interpret und Produzent bei Hörbuchproduktionen mit. Bekannt ist er vor allem als die Stimme von *Harry Potter.* Vier Goldene Schallplatten, vier Platinschallplatten und mehrere Preise wurden ihm für diese Produktionen verliehen. Bei Hörbuch Hamburg gibt der Künstler seine eigene *Edition Rufus Beck* mit ausgewählten Hörbüchern heraus.

Im Oktober 2006 hat er bei der Deutschen Verlags-Anstalt eine Anthologie *Geschichten für uns Kinder* herausgegeben, die von einer gleichnamigen Hörbuchfassung begleitet wird.

Rufus Beck lebt mit seiner Familie in München. Er ist verheiratet und hat drei Kinder.

Froschkönig, Aschenputtel, Frau Holle & Co. – Märchentexte zum Vorlesen

Auf den folgenden Seiten finden Sie alle Texte der besprochenen Märchen in der Originalfassung. Eine Zusammenfassung der Kernaussagen schließt sich am Ende jedes Märchens an.

Vom Fischer und seiner Frau

Es war einmal ein Fischer und seine Frau, die wohnten zusammen in einer kleinen Fischerhütte, dicht an der See, und der Fischer ging alle Tage hin und angelte; und er angelte und angelte. So saß er auch einmal mit seiner Angel und sah immer in das klare Wasser hinein; und so saß er nun und saß.

Da ging die Angel auf den Grund, tief hinunter, und als er sie heraufholte, da holte er einen großen Butt heraus. Da sagte der Butt zu ihm: »Hör mal, Fischer, ich bitte dich, lass mich leben, ich bin gar kein richtiger Butt, ich bin ein verwünschter Prinz. Was hilft dir's, wenn du mich totmachst? Ich würde dir doch nicht recht schmecken; setz mich wieder ins Wasser und lass mich schwimmen!«

»Nun«, sagte der Mann, »du brauchst nicht so viele Worte zu machen; einen Butt, der sprechen kann, werde ich doch wohl schwimmen lassen.« Damit setzte er ihn wieder in das klare Wasser; da ging der Butt auf den Grund und ließ einen langen Streifen Blut hinter sich. Da stand der Fischer auf und ging zu seiner Frau in die kleine Hütte.

»Mann«, sagte die Frau, »hast du heute nichts gefangen?« – »Nein«, sagte der Mann, »ich fing einen Butt, der sagte, er wäre ein verwunschener Prinz, da hab ich ihn wieder schwimmen lassen.« – »Hast du dir denn nichts gewünscht?«, sagte die Frau. »Nein«, sagte der Mann, »was sollt ich mir denn wünschen?« – »Ach«, sagte die Frau, »das ist doch bös, immer hier in dem Hüttchen zu wohnen, das stinkt und ist so eklig; du hättest uns doch ein kleines Häuschen wünschen können. Geh noch mal hin und ruf ihn! Sag ihm, wir wollten ein kleines Häuschen haben, er tut das gewiss.« – »Ach«, sagte der Mann, »was soll ich da noch mal hingehen?«, »I«, sagte die Frau, »du hattest ihn doch gefangen und hast ihn wieder schwimmen lassen, er tut das gewiss. Geh gleich hin!« Der Mann wollte noch nicht recht, wollte aber auch seiner Frau nicht zuwiderhandeln und ging hin an die See.

Als er dorthin kam, war die See ganz grün und gelb und gar nicht mehr so klar. So stellte er sich hin und sagte:

»Manntje, Manntje, Timpe Te,
Buttje, Buttje in der See,
mine Fru, de Ilsebill,
will nich so, as ik wol will.«

Da kam der Butt angeschwommen und sagte: »Na, was will sie denn?« – »Ach«, sagte der Mann, »ich hab dich doch gefangen gehabt; nun sagt meine Frau, ich hätt mir doch was wünschen sollen. Sie mag nicht mehr in ihrer Hütte wohnen, sie will gern ein kleines Häuschen.« – »Geh nur hin«, sagte der Butt, »sie hat es schon.«

Da ging der Mann hin, und seine Frau saß nicht mehr in dem Fischerhüttchen; an seiner Stelle stand jetzt ein kleines Häuschen, und seine Frau saß vor der Türe auf einer Bank. Da nahm ihn seine Frau bei der Hand und sagte zu ihm: »Komm nur herein, sieh, nun ist das doch viel besser!« Da gingen sie hinein, und in dem Häuschen war ein kleiner Vorplatz und eine kleine, allerliebste Stube und Kammer, wo jedem sein Bett stand, und Küche und Speisekammer, alles aufs beste mit Gerätschaften versehen und aufs schönste aufgestellt, Zinnzeug und Messing, was eben so dazugehört. Und dahinter war auch ein kleiner Hof mit Hühnern und Enten und ein kleiner Garten mit Grünzeug und Obst. »Sieh«, sagte die Frau, »ist das nicht nett?« – »Ja«, sagte der Mann, »so soll es bleiben; nun wollen wir recht vergnügt leben.« – »Das wollen wir uns bedenken«, sagte die Frau. Dann aßen sie etwas und gingen zu Bett.

So ging das wohl nun acht oder vierzehn Tage; da sagte die Frau: »Hör, Mann, das Häuschen ist auch gar zu eng, und der Hof und der Garten sind so klein; der Butt hätt uns auch wohl ein größeres Haus schenken können. Ich möchte wohl in einem großen, steinernen Schloss wohnen. Geh hin zum Butt, er soll uns ein Schloss schenken!« – »Ach, wir in einem Schlosse wohnen?« – »I was«, sagte die Frau, »geh du nur hin, der Butt kann das schon tun!« – »Nein, Frau«, sagte der Mann, »der Butt hat uns erst das Häuschen

gegeben; ich mag nun nicht gleich wiederkommen, den Butt könnte das verdrießen.« – »Geh doch«, sagte die Frau, »er kann das recht gut und tut es auch gern; geh du nur hin!«
Dem Mann war sein Herz so schwer, und er wollte nicht; er sagte zu sich selber: »Das ist nicht recht« – aber ging doch hin.
Als er an die See kam, war das Wasser ganz violett und dunkelblau und grau und dick und gar nicht mehr so grün und gelb; doch war es noch still. Da stellte er sich nun hin und sagte:

»Manntje, Manntje, Timpe Te,
Buttje, Buttje in der See,
mine Fru, de Ilsebill,
will nich so, as ik wol will.«

»Na, was will sie denn?«, sagte der Butt. »Ach«, sagte der Mann halb bedrückt, »sie will in einem großen, steinernen Schloss wohnen.«
»Geh nur hin, sie steht vor der Tür«, sagte der Butt.
Da ging der Mann hin und dachte, er wollte nach Haus gehen; als er aber dahin kam, da stand dort ein großer, steinerner Palast, und seine Frau stand oben auf der Treppe und wollte hineingehen; da nahm sie ihn bei der Hand und sagte: »Komm mal herein!« Damit ging er mit ihr hinein, und in dem Schloss war eine große Diele mit einem Estrich aus Marmelstein, und da waren so viele Bediente, die rissen die großen Türen auf; und die Wände waren alle blank und mit schönen Tapeten, und in den Zimmern lauter goldene Stühle und Tische, und kristallene Kronenleuchter hingen von der Decke, und alle Stuben und Kammern waren mit Fußdecken belegt; und das Essen und der allerbeste Wein standen auf den Tischen, als ob sie brechen wollten. Und hinter dem Hause war auch ein großer Hof mit einem Pferde- und Kuhstall und Kutschwagen – alles vom Besten; auch war da ein großer herrlicher Garten mit den schönsten Blumen und Obstbäumen und ein herrlicher Park, wohl eine halbe Meile lang; da waren Hirsche und Rehe und Hasen drin und alles, was man sich nur immer wünschen mochte. »Na«, sagte die Frau, »ist das nun nicht schön?« – »Ach ja«, sagte der Mann, »so soll es auch bleiben; nun wollen wir auch in dem schönen Schloss wohnen und zufrieden sein.« – »Das

wollen wir uns bedenken«, sagte die Frau, »und wollen es beschlafen.« Darauf gingen sie zu Bett.

Am andern Morgen wachte die Frau zuerst auf, es war eben Tag geworden, und sah von ihrem Bett aus das herrliche Land vor sich liegen. Der Mann dehnte und reckte sich noch, da stieß sie ihn mit dem Ellenbogen in die Seite und sagte: »Mann, steh auf und guck mal aus dem Fenster! Sieh, könnten wir nicht König werden über das ganze Land? Geh hin zum Butt, wir wollen König sein!« – »Ach, Frau«, sagte der Mann, »warum wollen wir König sein? Ich mag nicht König sein.« – »Nun«, sagte die Frau, »willst du nicht König sein, so will ich König sein. Geh hin zum Butt, ich will König sein!« – »Ach, Frau«, sagte der Mann, »was willst du König sein? Das mag ich ihm nicht sagen.« – »Warum nicht?«, sagte die Frau, »geh augenblicklich hin, ich muss König sein!« Da ging der Mann hin und war ganz bedrückt, dass seine Frau König werden wollte. Das ist und ist nicht recht, dachte der Mann. Er wollte nicht hingehen, ging aber doch hin.

Und als er an die See kam, da war die See ganz schwarzgrau, und das Wasser quoll so von unten herauf und stank auch ganz faul. Da stellte er sich hin und sagte:

»Manntje, Manntje, Timpe Te,
Buttje, Buttje in der See,
mine Fru, de Ilsebill,
will nich so, as ik wol will.«

»Na, was will sie denn?«, sagte der Butt. »Ach«, sagte der Mann, »sie will König werden.« – »Geh nur hin, sie ist es schon«, sagte der Butt. Da ging der Mann hin, und als er nach dem Palast kam, da war das Schloss viel größer geworden, mit einem großen Turm und herrlichem Zierrat daran; und die Schildwacht stand vor dem Tor, und da waren so viele Soldaten und Pauken und Trompeten. Und als er in das Haus kam, da war alles von purem Marmelstein und Gold und samtne Decken mit großen, goldenen Quasten. Da gingen die Türen von dem Saal auf, wo der ganze Hofstaat war, und seine Frau saß auf einem hohen Thron von Gold und Diamanten und hatte eine große, goldene Krone auf und das Zepter in der

Hand von purem Gold und Edelstein. Und auf beiden Seiten von ihr standen sechs Jungfern in einer Reihe, immer eine einen Kopf kleiner als die andere. Da stellte er sich nun hin und sagte: »Ach, Frau, bist du nun König?« – »Ja«, sagte die Frau, »nun bin ich König.« Da stand er nun und sah sie an, und als er sie nun eine Zeitlang so angesehen hatte, sagte er: »Ach, Frau, was steht dir das gut, dass du König bist. Nun wollen wir uns auch nichts mehr wünschen.« – »Nein, Mann«, sagte die Frau und war ganz unruhig, »mir wird schon Zeit und Weile lang, ich kann das nicht mehr aushalten. Geh hin zum Butt; König bin ich, nun muss ich auch Kaiser werden!« – »Ach, Frau«, sagte der Mann, »warum willst du Kaiser werden?« – »Mann«, sagte sie, »geh zum Butt, ich will Kaiser sein!« – »Ach, Frau«, sagte der Mann, »Kaiser kann er nicht machen, ich mag dem Butt das nicht sagen; Kaiser ist nur einmal im Reich; Kaiser kann der Butt nicht machen; das kann und kann er nicht!«

»Was«, sagte die Frau, »ich bin König, und du bist doch mein Mann; willst du gleich hingehn? Gleich geh hin! Kann er Könige machen, so kann er auch Kaiser machen; ich will und will Kaiser sein; gleich geh hin!« Da musste er hingehen. Als der Mann aber hinging, war ihm ganz bang; und als er so ging, dachte er bei sich: Das geht und geht nicht gut: Kaiser ist zu ausverschämt, der Butt wird am Ende müde.

Indes kam er an die See. Da war die See noch ganz schwarz und dick und fing an, so von unten herauf zu schäumen, dass sie Blasen warf, und es ging so ein Wirbelwind über die See hin, dass sie sich nur so drehte. Und den Mann ergriff ein Grauen. Da stand er nun und sagte:

»Manntje, Manntje, Timpe Te,
Buttje, Buttje in der See,
mine Fru, de Ilsebill,
will nich so, as ik wol will.«

»Na, was will sie denn?«, sagte der Butt. »Ach, Butt«, sagte er, »meine Frau will Kaiser werden.« – »Geh nur hin«, sagte der Butt, »sie ist es schon.« Da ging der Mann hin, und als er ankam, da war das ganze Schloss von poliertem Marmelstein mit Figuren aus Alabaster und goldenen Zierraten. Vor der Tür marschierten die Soldaten, und sie bliesen Trompeten und schlugen Pauken und Trommeln. Aber in dem Hause, da gingen die Barone und Grafen und Herzöge grad so, als ob sie Diener wären, herum; die machten ihm die Türen auf, die von lauter Gold waren. Und als er hereinkam, da saß seine Frau auf einem Thron, der war von einem Stück Gold und war wohl zwei Meilen hoch; und sie hatte eine große, goldene Krone auf, die war drei Ellen hoch und mit Brillanten und Karfunkelsteinen besetzt. In der einen Hand hatte sie das Zepter und in der anderen den Reichsapfel, und auf beiden Seiten neben ihr, da standen die Trabanten so in zwei Reihen, immer einer kleiner als der andere, von dem allergrößten Riesen, der war zwei Meilen hoch, bis zu dem allerwinzigsten Zwerg, der war so groß wie mein kleiner Finger. Und vor ihr standen so viele Fürsten und Herzöge.

Da ging nun der Mann hin und stand zwischen ihnen und sagte: »Frau, bist du nun Kaiser?« – »Ja«, sagte sie, »ich bin Kaiser.« Da stellte er sich nun hin und besah sie sich so recht; und als er sie so eine Zeitlang angesehen hatte, da sagte er: »Ach, Frau, wie steht dir das schön, dass du Kaiser bist!« – »Mann«, sagte sie, »was stehst du da? Ich bin nun Kaiser; nun will ich aber auch Papst werden, geh hin zum Butt!« – »Ach, Frau«, sagte der Mann, »was willst du denn nicht noch alles werden? Papst kannst du nicht werden; den Papst gibt's doch nur einmal in der Christenheit – das kann er doch nicht machen.« – »Mann«, sagte sie, »ich will Papst werden, geh gleich hin, ich muss heut noch Papst werden!« – »Nein, Frau«, sagte der Mann, »das mag ich ihm nicht sagen, das geht nicht gut aus, das ist zu viel verlangt, zum Papst kann dich der Butt nicht machen.« – »Mann, schwatz kein dummes Zeug!«, sagte die Frau, »kann er Kaiser machen, so kann er auch Päpste machen. Geh sofort hin! Ich bin Kaiser, und du bist doch mein Mann – willst du wohl hingehen?« Da wurde ihm ganz bang zumute, und er ging hin. Ihm war aber ganz flau, er zitterte und bebte, und die Knie und Waden schlotterten ihm. Und da strich so ein Wind über das Land, und die Wolken flogen, und es wurde so düster wie gegen den Abend zu; die Blätter wehten von den Bäumen, und das Wasser ging hoch und brauste so, als ob es kochte, und platschte an das Ufer, und in der Ferne sah er die Schiffe, die gaben Notschüsse ab und tanzten und sprangen auf den Wogen. Doch der Himmel war in der Mitte noch so ein bisschen blau, aber an den Seite, da zog es so recht rot auf wie ein schweres Gewitter. Da ging er ganz verzagt hin und stand da in seiner Angst und sagte:

»Manntje, Manntje, Timpe Te,
Buttje, Buttje in der See,
mine Fru, de Ilsebill,
will nich so, as ik wol will.«

»Na, was will sie denn?«, sagte der Butt. »Ach«, sagte der Mann, »sie will Papst werden.« – »Geh nur hin, sie ist es schon«, sagte der Butt.

Da ging er hin, und als er ankam, da war da wie eine große Kirche, von lauter Palästen umgeben. Da drängte er sich durch das Volk; inwendig war aber alles mit tausend und abertausend Lichtern erleuchtet, und seine Frau war ganz in Gold gekleidet und saß auf einem noch viel höheren Thron und hatte drei große, goldene Kronen auf, und um sie herum, da war so viel geistlicher Staat, und zu beiden Seiten von ihr, da standen zwei Reihen Lichter, das größte so dick und groß wie der allergrößte Turm, bis zu dem allerkleinsten Küchenlicht. Und all die Kaiser und Könige, die lagen vor ihr auf den Knien und küssten ihr den Pantoffel. »Frau«, sagte der Mann und sah sie so recht an, »bist du nun Papst?« – »Ja«, sagte sie, »ich bin Papst.« Da ging er hin und sah sie recht an, und da war ihm, als ob er in die helle Sonne sähe. Als er sie so eine Zeitlang angesehen hatte, sagte er: »Ach, Frau, wie gut steht dir das, dass du Papst bist!« Sie saß aber ganz steif wie ein Baum und rührte und regte sich nicht. Da sagte er: »Frau, nun sei zufrieden, dass du Papst bist! Nun kannst du doch nichts mehr werden.« – »Das will ich mir bedenken«, sagte die Frau. Damit gingen sie beide zu Bett; aber sie war nicht zufrieden, und die Gier ließ sie nicht schlafen, sie dachte immer, was sie noch werden könnte.

Der Mann schlief gut und fest, er hatte am Tag viel laufen müssen;

die Frau aber konnte nicht einschlafen und warf sich die ganze Nacht von einer Seite auf die andere und dachte immer drüber nach, was sie wohl noch werden könnte, und konnte sich doch auf nichts mehr besinnen. Indessen wollte die Sonne aufgehen, und als sie das Morgenrot sah, setzte sie sich aufrecht im Bett hin und sah starr da hinein. Und als sie aus dem Fenster die Sonne so heraufkommen sah: »Ha«, dachte sie, »kann ich nicht auch die Sonne und den Mond aufgehen lassen?« – »Mann«, sagte sie und stieß ihn mit dem Ellenbogen in die Rippen, »wach auf, geh hin zum Butt, ich will werden wie der liebe Gott!« Der Mann war noch ganz schlaftrunken, aber er erschrak so, dass er aus dem Bett fiel. Er meinte, er hätte sich verhört und rieb sich die Augen aus und sagte: »Ach, Frau, was sagst du?« – »Mann«, sagte sie, »wenn ich nicht die Sonne und den Mond kann aufgehen lassen – das kann ich nicht aushalten, und ich habe dann keine ruhige Stunde mehr, dass ich sie nicht selbst kann aufgehen lassen.« Dabei sah sie ihn ganz böse an, dass ihn ein Schauder überlief. »Gleich geh hin; ich will werden wie der liebe Gott!« – »Ach, Frau«, sagte der Mann und fiel vor ihr auf die Knie, »das kann der Butt nicht. Kaiser und Papst kann er machen; ich bitte dich, geh in dich und bleibe Papst!« Da kam die Bosheit über sie; die Haare flogen ihr so wild um den Kopf, und sie schrie: »Ich halte das nicht aus! Und ich halte das nicht länger aus; willst du hingehen?« Da zog er sich die Hosen an und lief davon wie unsinnig.

Draußen aber ging der Sturm und brauste, dass er kaum auf den Füßen stehen konnte. Die Häuser und die Bäume wurden umgeweht, und die Berge bebten, und die Felsenstücke rollten in die See, und der Himmel war ganz pechschwarz, und es donnerte und blitzte, und die See ging in so hohen schwarzen Wogen wie Kirchtürme und Berge, und oben hatten sie alle eine weiße Schaumkrone. Da schrie er, und er konnte sein eigenes Wort nicht hören:

»Manntje, Manntje, Timpe Te,
Buttje, Buttje in der See,
mine Fru, de Ilsebill,
will nich so, as ik wol will.«

»Na, was will sie denn?«, sagte der Butt. »Ach«, sagte er, »sie will werden wie der liebe Gott.« – »Geh nur hin, sie sitzt schon wieder in der Fischerhütte.«
Da sitzen sie noch bis auf den heutigen Tag.

Die Kernaussagen im Überblick

- Maßlosigkeit rächt sich. Wer sich nicht beschränken kann, muss sich nicht wundern, wenn er irgendwann alles verliert.
- Herzenswünsche tragen das Sehnen in sich. Strohfeuer-Wünsche dagegen sind geprägt vom Immermehr und der Austauschbarkeit. Beschenkt zu werden wird zur Selbstverständlichkeit; Vorfreude und Dankbarkeit können dabei nicht entstehen.
- Verantwortung für das Unglück trägt nicht nur der, dessen Wünsche unermesslich sind, sondern auch derjenige, der den andern nicht bremst, keine Grenze definiert und sich zum Erfüllungsgehilfen der Gier macht.

Die Bremer Stadtmusikanten

Es hatte ein Mann einen Esel, der schon lange Jahre die Säcke unverdrossen zur Mühle getragen hatte, dessen Kräfte aber nun zu Ende gingen, so dass er zur Arbeit immer untauglicher ward. Da dachte der Herr daran, ihn aus dem Futter zu schaffen, aber der Esel merkte, dass kein guter Wind wehte, lief fort und machte sich auf den Weg nach Bremen. Dort, meinte er, könnte er ja Stadtmusikant werden. Als er ein Weilchen fortgegangen war, fand er einen Jagdhund auf dem Wege liegen, der jappte wie einer, der sich müde gelaufen hat. »Nun, was jappst du so, Packan?«, fragte der Esel. – »Ach«, sagte der Hund, »weil ich alt bin und jeden Tag schwächer werde, auch auf der Jagd nicht mehr fort kann, hat mich mein Herr totschlagen wollen, da hab ich Reißaus genommen; aber womit soll ich nun mein Brot verdienen?« – »Weißt du was?«, sprach der Esel, »ich gehe nach Bremen und werde dort Stadtmusikant, geh mit und lass dich auch bei der Musik annehmen. Ich spiele die Laute, und du schlägst die Pauken.« Der Hund war's zufrieden, und sie gingen weiter. Es dauerte nicht lange, da saß eine Katze an dem Weg und machte ein Gesicht wie drei Tage Regenwetter. »Nun, was ist dir in die Quere gekommen, alter Bartputzer?«, sprach der Esel. – »Wer kann da lustig sein, wenn's einem an den Kragen geht«, antwortete die Katze, »weil ich nun zu Jahren komme, meine Zähne stumpf werden und ich lieber hinter dem Ofen sitze und spinne, als nach Mäusen herumzujagen, hat mich meine Frau ersäufen wollen; ich habe mich zwar noch fortgemacht, aber nun ist guter Rat teuer, wo soll ich hin?« – »Geh mit uns nach Bremen, du verstehst dich doch auf die Nachtmusik, da kannst du ein Stadtmusikant werden.« Die Katze hielt das für gut und ging mit. Darauf kamen die drei Landesflüchtigen an einem Hof vorbei; da saß auf dem Tor der Haushahn und schrie aus Leibeskräften. »Du schreist einem durch Mark und Bein«, sprach der Esel, »was hast du vor?« – »Da hab ich gut Wetter prophezeit«, sprach der Hahn, »weil Unserer Lieben Frauen Tag ist, wo sie dem Christkindlein die Hemdchen gewaschen hat und sie trocknen will; aber weil morgen zum Sonntag Gäste kommen, so hat die Hausfrau doch kein Erbarmen und hat der Köchin gesagt, sie wollte mich morgen in der Suppe essen, und da soll ich mir heut Abend den Kopf abschneiden lassen. Nun schrei ich aus vollem Hals, solang ich noch kann.« – »Ei was, du Rotkopf«, sagte der Esel, »zieh lieber mit uns fort, wir gehen nach Bremen, etwas Besseres als den Tod findest du überall; du hast eine gute Stimme, und wenn wir zusammen musizieren, so muss es eine Art haben.« Dem Hahn gefiel das, und sie gingen alle viere zusammen fort.

Sie konnten aber die Stadt Bremen in einem Tag nicht erreichen und kamen abends in einen Wald, wo sie übernachten wollten. Der Esel und der Hund legten sich unter einen großen Baum, die Katze und der Hahn machten sich in die Äste, der Hahn aber flog bis in die Spitze. Ehe er einschlief, sah er sich noch einmal nach allen vier Winden um; da deuchte ihn, er sähe in der Ferne ein Fünkchen brennen, und er rief seinen Gesellen zu, es müsste nicht gar weit ein Haus sein; denn es scheine ein Licht. Sprach der Esel: »So müssen wir uns aufmachen und noch hingehen; denn hier ist die Herberge schlecht.« Der Hund meinte, ein paar Knochen und etwas Fleisch dran täten ihm auch gut. Also machten sie sich auf den Weg nach der Gegend, wo das Licht war, und sahen es bald heller schimmern, und es ward immer größer, bis sie vor ein hell erleuchtetes Räuberhaus kamen. Der Esel als der Größte näherte sich dem Fenster und schaute hinein. »Was siehst du, Grauschimmel?«, fragte der Hahn. »Was ich sehe?«, antwortete der Esel, »einen gedeckten Tisch mit schönem Essen und Trinken, und Räuber sitzen daran und lassen's sich wohl sein.« – »Das wäre was für uns«, sprach der Hahn. »Ja, ja, ach, wären wir da!«, sagte der Esel. Da ratschlagten die Tiere, wie sie es anfangen müssten, um die Räuber hinauszujagen, und fanden endlich ein Mittel. Der Esel musste sich mit den Vorderfüßen auf das Fenster stellen, der Hund auf des Esels Rücken springen, die Katze auf den Hund klettern, und endlich flog der Hahn hinauf und setzte sich der Katze auf den Kopf. Wie das geschehen war, fingen sie auf ein Zeichen insgesamt an, ihre Musik zu machen: Der Esel schrie, der Hund bellte, die Katze miaute, und der Hahn krähte; dann stürzten sie durch das Fenster in die Stube hinein, dass die Scheiben klirrten. Die Räuber fuhren bei dem entsetzlichen Geschrei in die Höhe, meinten nicht anders, als ein Gespenst käme herein, und flohen in größter Furcht. Nun setzten sich die vier Gesellen an den Tisch, nahmen mit dem vorlieb, was übrig geblieben war, und aßen, als wenn sie vier Wochen hungern sollten.

Wie die vier Spielleute fertig waren, löschten sie das Licht aus und suchten sich eine Schlafstätte, jeder nach seiner Natur und Bequemlichkeit. Der Esel legte sich auf den Mist, der Hund hinter die Tür, die Katze auf den Herd bei der warmen Asche, und der Hahn setzte sich auf den Hahnenbalken. Und weil sie müde waren, schliefen sie auch bald ein. Als Mitternacht vorbei war und die Räuber von weitem sahen, dass kein Licht mehr im Haus brannte, auch alles ruhig schien, sprach der Hauptmann: »Wir hätten uns doch nicht sollen ins Bockshorn jagen lassen«, und hieß einen hingehen und das Haus untersuchen. Der Abgeschickte fand alles still, ging in die Küche, ein Licht anzuzünden, und weil er die glühenden, feurigen Augen der Katze für lebendige Kohlen ansah, hielt er ein Schwefelhölzchen daran, dass es Feuer fangen sollte. Aber die Katze verstand keinen Spaß, sprang ihm ins Gesicht, spie und kratzte. Da erschrak er gewaltig, lief und wollte zur Hintertür hinaus, aber der Hund, der dalag, sprang auf und biss ihn ins Bein. Und als er über den Hof an dem Miste vorbeirannte, gab ihm der Esel noch einen tüchtigen Schlag mit dem Hinterfuß; der Hahn aber, der vom Lärmen aus dem Schlaf geweckt und munter geworden war, rief vom Balken herab: »Kikeriki!« Da lief der Räuber, was er konnte, zu seinem Hauptmann zurück und sprach: »Ach, in dem Haus sitzt eine gräuliche Hexe, die hat mich angehaucht und mit ihren langen Fingern mir das Gesicht zerkratzt; und vor der Tür steht ein Mann mit einem Messer, der hat mich ins Bein gestochen; und auf dem Hof liegt ein schwarzes Ungetüm, das hat mit einer Holzkeule auf mich losgeschlagen; und oben auf dem Dache, da sitzt der Richter, der rief: ›Bringt mir den Schelm her!‹ Da machte ich, dass ich fortkam.« Von nun an getrauten sich die Räuber nicht weiter in das Haus, den vier Bremer Musikanten gefiel's aber so wohl darin, dass sie nicht wieder herauswollten. Und der das zuletzt erzählt hat, dem ist der Mund noch warm.

Die Kernaussagen im Überblick

- Auch wenn das Leben dir übel mitspielt, musst du nicht verzagen. Du hast es in deiner Hand, aus jeder Situation das Beste zu machen.
- Die eigene Lebensperspektive ist entscheidend. Die Ziele, die jeder für sich selbst festlegt, müssen sich nicht nach der Meinung der anderen richten.
- Gemeinschaft macht mutig und stark. Man kann nicht alles allein schaffen, sondern braucht Freunde. Besonders in schwierigen Situationen.

- Die Talente, die jeder mit auf die Welt bringt, entfalten oft erst im Zusammenspiel mit anderen ihre Wirkung.
- Um unser Glück zu finden, müssen wir manchmal ungewöhnliche Wege gehen.
- Älter zu werden heißt nicht, nutzlos zu sein.

Die Bienenkönigin

Zwei Königssöhne gingen einmal auf Abenteuer und gerieten in ein wildes, wüstes Leben, so dass sie gar nicht wieder nach Haus kamen. Der jüngste, welcher der Dummling hieß, machte sich auf und suchte seine Brüder; aber wie er sie endlich fand, verspotteten sie ihn, dass er mit seiner Einfalt sich durch die Welt schlagen wollte, und sie zwei könnten nicht durchkommen und wären doch viel klüger. Sie zogen alle drei miteinander fort und kamen an einen Ameisenhaufen. Die zwei ältesten wollten ihn aufwühlen und sehen, wie die kleinen Ameisen in der Angst herumkröchen und ihre Eier forttrügen, aber der Dummling sagte: »Lasst die Tiere in Frieden, ich leid's nicht, dass ihr sie stört.« Da gingen sie weiter und kamen an einen See, auf dem schwammen viele, viele Enten. Die zwei Brüder wollten ein paar fangen und braten, aber der Dummling ließ es nicht zu und sprach: »Lasst die Tiere in Frieden, ich leid's nicht, dass ihr sie tötet.« Endlich kamen sie an ein Bienennest, darin war so viel Honig, dass er am Stamm herunterlief. Die zwei wollten Feuer unter den Baum legen und die Bienen ersticken, damit sie den Honig wegnehmen könnten. Der Dummling hielt sie aber wieder ab und sprach: »Lasst die Tiere in Frieden, ich leid's nicht, dass ihr sie verbrennt.« Endlich kamen die drei Brüder in ein Schloss, wo in den Ställen lauter steinerne Pferde standen, auch war kein Mensch zu sehen, und sie gingen durch alle Säle, bis sie vor eine Tür ganz am Ende kamen, davor hingen drei Schlösser; es war aber mitten in der Tür ein Lädlein, dadurch konnte man in die Stube sehen. Da sahen sie ein graues Männchen, das an einem Tisch saß. Sie riefen es an, einmal, zweimal, aber es hörte nicht, endlich riefen sie zum dritten Mal, da stand es auf, öffnete die Schlösser und kam heraus. Es sprach aber kein Wort, sondern führte sie zu einem reichbesetzten Tisch, und als sie gegessen und getrunken hatten, brachte es einen jeglichen in sein eigenes Schlafgemach. Am andern Morgen kam das graue Männchen zu dem ältesten, winkte und leitete ihn zu einer steinernen Tafel, darauf standen drei Aufgaben geschrieben, wodurch das Schloss erlöst werden könnte. Die erste war: In dem Wald unter dem Moos lagen die Perlen der Königstochter, tausend an der Zahl, die mussten aufgesucht werden, und wenn vor Sonnenuntergang noch eine einzige fehlte, so ward der, welcher gesucht hatte, zu Stein. Der älteste ging hin und suchte den ganzen Tag, als aber der Tag zu Ende war, hatte er erst hundert gefunden; es geschah, wie auf der Tafel stand, er ward in Stein verwandelt. Am folgenden Tag unternahm der zweite Bruder das Abenteuer, es ging ihm aber nicht viel besser als dem ältesten, er fand nicht mehr als zweihundert Perlen und ward zu Stein. Endlich kam auch an den Dummling die Reihe, der suchte im Moos, es war aber so schwer, die Perlen zu finden, und es ging so langsam. Da setzte er sich auf einen Stein und weinte. Da kam der Ameisenkönig, dem er einmal das Leben erhalten hatte, mit fünftausend Ameisen, und es währte gar nicht lange, so hatten die kleinen Tiere die Perlen gefunden. Die zweite Aufgabe aber war, den Schlüssel zu der Schlafkammer der Königstochter aus dem See zu holen. Wie der Dummling zum See kam, schwammen die Enten, die er einmal gerettet hatte, heran, tauchten unter und holten den Schlüssel aus der Tiefe. Die dritte Aufgabe aber war die schwerste – aus den drei schlafenden Töchtern des Königs sollte die jüngste und die liebste herausgesucht werden. Sie glichen sich aber vollkommen und waren durch nichts verschieden, als dass sie, bevor sie eingeschlafen waren, verschiedene Süßigkeiten gegessen hatten, die älteste ein Stück Zucker, die zweite ein wenig Sirup, die jüngste einen Löffel voll Honig. Da kam die Bienenkönigin von den Bienen, die der

Dummling vor dem Feuer geschützt hatte, und versuchte den Mund von allen dreien; zuletzt blieb sie auf dem Mund sitzen, der Honig gegessen hatte, und so erkannte der Königssohn die Rechte. Da war der Zauber vorbei, alles war aus dem Schlaf erlöst, und wer von Stein war, erhielt seine menschliche Gestalt wieder. Und der Dummling vermählte sich mit der jüngsten und liebsten und ward König nach ihres Vaters Tod; seine zwei Brüder aber erhielten die beiden andern Schwestern.

Die Kernaussagen im Überblick

- Jemanden zu respektieren heißt, seine ganz bestimmten Fähigkeiten zu sehen und zu achten.
- Wer anderen Achtung entgegenbringt, kann später, in der Not, auf seine Unterstützung hoffen.
- Respekt verdienen vor allem die Schwächeren. Der »Dummling« und die Tiere sind in dem Märchen die aktiven und produktiven Kräfte. Sie helfen sich gegenseitig und erlösen die kaltherzigen »Verstandesmenschen« aus der Versteinerung.

Hänsel und Gretel

Vor einem großen Wald wohnte ein armer Holzhacker mit seiner Frau und seinen zwei Kindern; das Bübchen hieß Hänsel und das Mädchen Gretel. Er hatte wenig zu beißen und zu brechen, und einmal, als große Teuerung ins Land kam, konnte er auch das tägliche Brot nicht mehr schaffen. Wie er sich nun abends im Bette Gedanken machte und sich vor Sorgen herumwälzte, seufzte er und sprach zu seiner Frau: »Was soll aus uns werden? Wie können wir unsere armen Kinder ernähren, da wir für uns selbst nichts mehr haben?«

»Weißt du was, Mann«, antwortete die Frau, »wir wollen morgen in aller Frühe die Kinder hinaus in den Wald führen, wo er am dicksten ist, da machen wir ihnen ein Feuer an und geben jedem noch ein Stückchen Brot; dann gehen wir an unsere Arbeit und lassen sie allein. Sie finden den Weg nicht wieder nach Haus, und wir sind sie los.« – »Nein, Frau«, sagte der Mann, »das tue ich nicht; wie sollt ich's übers Herz bringen, meine Kinder im Walde allein zu lassen; die wilden Tiere würden bald kommen und sie zerreißen.« – »O du Narr«, sagte sie, »dann müssen wir alle viere hungers sterben«, und ließ ihm keine Ruhe, bis er einwilligte. »Aber die armen Kinder dauern mich doch«, sagte der Mann.
Die zwei Kinder hatten vor Hunger auch nicht einschlafen können und hatten gehört, was die Stiefmutter zum Vater gesagt hatte. Gretel weinte bittere Tränen und sprach zu Hänsel: »Nun ist's um uns geschehen.« – »Still, Gretel«, sprach Hänsel, »gräme dich nicht, ich will uns schon helfen.« Und als die Alten eingeschlafen waren, stand er auf, zog sein Röcklein an, machte die Untertür auf und schlich sich hinaus. Da schien der Mond ganz helle, und die weißen Kieselsteine, die vor dem Haus lagen, glänzten wie lauter Batzen. Hänsel bückte sich und steckte so viele in sein Rocktäschlein, wie nur hineinwollten. Dann ging er wieder zurück, sprach zu Gretel: »Sei getrost, liebes Schwesterchen, und schlaf nur ruhig ein, Gott wird uns nicht verlassen«, und legte sich wieder in sein Bett.
Als der Tag anbrach, kam schon die Frau und weckte die beiden Kinder: »Steht auf, ihr Faulenzer, wir wollen in den Wald gehen und Holz holen.« Dann gab sie jedem ein Stückchen Brot und sprach: »Da habt ihr etwas für den Mittag, aber esst's nicht vorher auf, weiter kriegt ihr nichts.« Gretel nahm das Brot unter die Schürze, weil Hänsel die Steine in der Tasche hatte. Danach machten sie sich alle zusammen auf den Weg nach dem Wald. Als sie ein Weilchen gegangen waren, stand Hänsel still und guckte nach dem Haus zurück und tat das wieder und immer wieder. Der Vater sprach: »Hänsel, was guckst du da und bleibst zurück, hab Acht und vergiss deine Beine nicht.« – »Ach, Vater«, sagte Hänsel, »ich sehe nach meinem weißen Kätzchen, das sitzt oben auf dem Dach

und will mir ade sagen.« Die Frau sprach: »Narr, das ist dein Kätzchen nicht, das ist die Morgensonne, die auf den Schornstein scheint.« Hänsel aber hatte nicht nach dem Kätzchen gesehen, sondern immer einen von den blanken Kieselsteinen aus seiner Tasche auf den Weg geworfen.

Als sie mitten in den Wald gekommen waren, sprach der Vater: »Nun sammelt Holz, ihr Kinder, ich will ein Feuer anmachen, damit ihr nicht friert.« Hänsel und Gretel trugen Reisig zusammen, einen kleinen Berg hoch. Das Reisig ward angezündet, und als die Flamme recht hoch brannte, sagte die Frau: »Nun legt euch ans Feuer, ihr Kinder, und ruht euch aus, wir gehen in den Wald und hauen Holz. Wenn wir fertig sind, kommen wir wieder und holen euch ab.«

Hänsel und Gretel saßen am Feuer, und als der Mittag kam, aß jedes sein Stücklein Brot. Und weil sie die Schläge der Holzaxt hörten, so glaubten sie, ihr Vater wäre in der Nähe. Es war aber nicht die Holzaxt, es war ein Ast, den er an einen dürren Baum gebunden hatte und den der Wind hin und her schlug. Und als sie so lange gesessen hatten, fielen ihnen die Augen vor Müdigkeit zu, und sie schliefen fest ein.

Als sie endlich erwachten, war es schon finstere Nacht. Gretel fing an zu weinen und sprach: »Wie sollen wir nun aus dem Wald kommen?« Hänsel aber tröstete sie: »Wart nur ein Weilchen, bis der Mond aufgegangen ist, dann wollen wir den Weg schon finden.« Und als der volle Mond aufgestiegen war, so nahm Hänsel sein Schwesterchen an der Hand und ging den Kieselsteinen nach, die schimmerten wie neu geschlagene Batzen und zeigten ihnen den Weg. Sie gingen die ganze Nacht hindurch und kamen bei anbrechendem Tag wieder zu ihres Vaters Haus. Sie klopften an die Tür, und als die Frau aufmachte und sah, dass es Hänsel und Gretel waren, sprach sie: »Ihr bösen Kinder, was habt ihr so lange im Walde geschlafen, wir haben geglaubt, ihr wolltet gar nicht wiederkommen.« Der Vater aber freute sich; denn es war ihm zu Herzen gegangen, dass er sie so allein zurückgelassen hatte.

Nicht lange danach war wieder Not in allen Ecken, und die Kinder hörten, wie die Mutter nachts im Bette zu dem Vater sprach: »Alles ist wieder aufgezehrt, wir haben noch einen halben Laib Brot, hernach hat das Lied ein Ende. Die Kinder müssen fort, wir wollen sie tiefer in den Wald hineinführen, damit sie den Weg nicht wieder herausfinden; es ist sonst keine Rettung für uns.« Dem Mann fiel's schwer aufs Herz, und er dachte: ›Es wäre besser, dass du den letzten Bissen mit deinen Kindern teiltest.‹ Aber die Frau hörte auf nichts, was er sagte. Wer A sagt, muss auch B sagen, und weil er das erste Mal nachgegeben hatte, so musste er es auch zum zweiten Mal.

Die Kinder waren aber noch wach gewesen und hatten das Gespräch mit angehört. Als die Alten schliefen, stand Hänsel wieder auf, wollte hinaus und Kieselsteine auflesen wie das vorige Mal, aber die Frau hatte die Tür verschlossen. Er tröstete sein Schwesterchen und sprach: »Weine nicht, Gretel, und schlaf nur ruhig, der liebe Gott wird uns schon helfen.«

Am frühen Morgen kam die Frau und holte die Kinder aus dem Bette. Sie erhielten ihr Stückchen Brot, das war aber noch kleiner als das vorige Mal. Auf dem Wege nach dem Wald bröckelte es Hänsel in der Tasche, stand oft still und warf ein Bröcklein auf die Erde. »Hänsel, was stehst du und guckst dich um«, sagte der Vater, »geh deiner Wege.« – »Ich sehe nach meinem Täubchen, das sitzt auf dem Dache und will mir ade sagen«, antwortete Hänsel. »Narr«, sagte die Frau, »das ist dein Täubchen nicht, das ist die Morgensonne, die auf den Schornstein oben scheint.« Hänsel aber warf nach und nach alle Bröcklein auf den Weg.

Die Frau führte die Kinder noch tiefer in den Wald, wo sie ihr Lebtag noch nicht gewesen waren. Da ward wieder ein großes Feuer angemacht, und die Mutter sagte: »Bleibt nur da sitzen, ihr Kinder, und wenn ihr müde seid, könnt ihr ein wenig schlafen. Wir gehen in den Wald und hauen Holz, und abends, wenn wir fertig sind, kommen wir und holen euch ab.« Als es Mittag war, teilte Gretel ihr Brot mit Hänsel, der sein Stück auf den Weg gestreut hatte. Dann schliefen sie ein, und der Abend verging, aber niemand kam zu den armen Kindern. Sie erwachten erst in der finstern Nacht, und Hänsel tröstete sein Schwesterchen und sagte: »Wart nur,

Gretel, bis der Mond aufgeht, dann werden wir die Brotbröcklein sehen, die ich ausgestreut habe, die zeigen uns den Weg nach Haus.« Als der Mond kam, machten sie sich auf, aber sie fanden kein Bröcklein mehr; denn die vieltausend Vögel, die im Walde und im Felde umherfliegen, die hatten sie weggepickt. Hänsel sagte zu Gretel: »Wir werden den Weg schon finden«, aber sie fanden ihn nicht. Sie gingen die ganze Nacht und noch einen Tag vom Morgen bis zum Abend, aber sie kamen aus dem Wald nicht heraus und waren so hungrig; denn sie hatten nichts als die paar Beeren, die auf der Erde standen. Und weil sie so müde waren, dass die Beine sie nicht mehr tragen wollten, so legten sie sich unter einen Baum und schliefen ein.

Nun war's schon der dritte Morgen, dass sie ihres Vaters Haus verlassen hatten. Sie fingen wieder an zu gehen, aber sie gerieten immer tiefer in den Wald, und wenn nicht bald Hilfe kam, so mussten sie verschmachten.

Als es Mittag war, sahen sie ein schönes schneeweißes Vöglein auf einem Ast sitzen, das sang so schön, dass sie stehen blieben und ihm zuhörten. Und als es fertig war, schwang es seine Flügel und flog vor ihnen her, und sie gingen ihm nach, bis sie zu einem Häuschen gelangten, auf dessen Dach es sich setzte, und als sie ganz nah herankamen, so sahen sie, dass das Häuslein aus Brot gebaut war und mit Kuchen gedeckt; aber die Fenster waren von hellem Zucker. »Da wollen wir uns dranmachen«, sprach Hänsel, »und eine gesegnete Mahlzeit halten. Ich will ein Stück vom Dach essen, Gretel, du kannst vom Fenster essen, das schmeckt süß.« Hänsel reichte in die Höhe und brach sich ein wenig vom Dach ab, um zu versuchen, wie es schmeckte, und Gretel stellte sich an die Scheiben und knupperte daran. Da rief eine feine Stimme aus der Stube heraus:

»Knupper, knupper, kneischen,
wer knuppert an meinem Häuschen?«
Die Kinder antworteten:
»Der Wind, der Wind,
das himmlische Kind«,

und aßen weiter, ohne sich irremachen zu lassen. Hänsel, dem das Dach sehr gut schmeckte, riss sich ein großes Stück davon herunter, und Gretel stieß eine ganze runde Fensterscheibe heraus. Da ging auf einmal die Tür auf, und eine steinalte Frau, die sich auf eine Krücke stützte, kam herausgeschlichen.

Hänsel und Gretel erschraken so gewaltig, dass sie fallen ließen, was sie in den Händen hielten. Die Alte aber wackelte mit dem Kopfe und sprach: »Ei, ihr lieben Kinder, wer hat euch hierher gebracht? Kommt nur herein und bleibt bei mir, es geschieht euch kein Leid.« Sie fasste beide an der Hand und führte sie in ihr Häuschen. Da ward gutes Essen aufgetragen, Milch und Pfannekuchen mit Zucker, Äpfel und Nüsse. Hernach wurden zwei schöne Bettlein weiß gedeckt, und Hänsel und Gretel legten sich hinein und meinten, sie wären im Himmel.

Die Alte hatte sich nur so freundlich angestellt, sie war aber eine böse Hexe, die den Kindern auflauerte, und hatte das Brothäuslein bloß gebaut, um sie herbeizulocken. Wenn eins in ihre Gewalt kam, so machte sie es tot, kochte es und aß es, und das war ihr ein Festtag. Die Hexen haben rote Augen und können nicht weit sehen, aber sie haben eine feine Witterung wie die Tiere und merken's, wenn Menschen herankommen. Als Hänsel und Gretel in ihre Nähe kamen, da lachte sie boshaft und sprach höhnisch: »Die habe ich, die sollen mir nicht wieder entwischen.« Frühmorgens, ehe die Kinder erwacht waren, stand sie schon auf, und als sie beide so lieblich ruhen sah, mit den vollen roten Backen, so murmelte sie vor sich hin: »Das wird ein guter Bissen werden.« Da packte sie Hänsel mit ihrer dürren Hand und trug ihn in einen kleinen Stall und sperrte ihn mit einer Gittertür ein. Er mochte schreien, wie er wollte, es half ihm nichts. Dann ging sie zur Gretel, rüttelte sie wach und rief: »Steh auf, Faulenzerin, trag Wasser und koch deinem Bruder etwas Gutes, der sitzt draußen im Stall und soll fett werden. Wenn er fett ist, so will ich ihn essen.« Gretel fing an, bitterlich zu weinen, aber es war alles vergeblich, sie musste tun, was die böse Hexe verlangte.

Nun ward dem armen Hänsel das beste Essen gekocht, aber Gretel bekam nichts als Krebsschalen. Jeden Morgen schlich die Alte zu

dem Ställchen und rief: »Hänsel, streck deine Finger heraus, damit ich fühle, ob du bald fett bist.« Hänsel streckte ihr aber ein Knöchlein heraus, und die Alte, die trübe Augen hatte, konnte es nicht sehen und meinte, es wären Hänsels Finger, und verwunderte sich, dass er gar nicht fett werden wollte. Als vier Wochen herum waren und Hänsel immer mager blieb, da überkam sie die Ungeduld, und sie wollte nicht länger warten. »Heda, Gretel«, rief sie dem Mädchen zu, »sei flink und trag Wasser. Hänsel mag fett oder mager sein, morgen will ich ihn schlachten und kochen.« Ach, wie jammerte das arme Schwesterchen, als es das Wasser tragen musste. »Lieber Gott, hilf uns doch«, rief sie aus, »hätten uns nur die wilden Tiere im Wald gefressen, so wären wir doch zusammen gestorben.« – »Spar nur dein Geplärre«, sagte die Alte, »es hilft dir alles nichts.«
Frühmorgens musste Gretel heraus, den Kessel mit Wasser aufhängen und Feuer anzünden. »Erst wollen wir backen«, sagte die Alte, »ich habe den Backofen schon eingeheizt und den Teig geknetet.« Sie stieß das arme Gretel hinaus zu dem Backofen, aus dem die Feuerflammen schon herausschlugen. »Kriech hinein«, sagte die Hexe, »und sieh zu, ob recht eingeheizt ist, damit wir das Brot hineinschieben können.« Und wenn Gretel darin war, wollte sie den Ofen zumachen, und Gretel sollte darin braten, und dann wollte sie's auch aufessen. Aber Gretel merkte, was sie im Sinn hatte, und sprach: »Ich weiß nicht, wie ich's machen soll; wie komm ich da hinein?« – »Dumme Gans«, sagte die Alte, »die Öffnung ist groß genug, siehst du wohl, ich könnte selbst hinein«, krabbelte heran und steckte den Kopf in den Backofen. Da gab ihr Gretel einen Stoß, dass sie weit hineinfuhr, machte die eiserne Tür zu und schob den Riegel vor. Hu, da fing sie an zu heulen, ganz grauselig; aber Gretel lief fort, und die gottlose Hexe musste elendiglich verbrennen.
Gretel aber lief schnurstracks zum Hänsel, öffnete sein Ställchen und rief: »Hänsel, wir sind erlöst, die alte Hexe ist tot.« Da sprang Hänsel heraus wie ein Vogel aus dem Käfig, wenn ihm die Tür aufgemacht wird. Wie haben sie sich gefreut und sind sich um den Hals gefallen! Und weil sie sich nicht mehr zu fürchten brauchten,

so gingen sie in das Haus der Hexe hinein, da standen in allen Ecken Kasten mit Perlen und Edelsteinen. »Die sind noch besser als Kieselsteine«, sagte Hänsel und steckte in seine Taschen, was hineinwollte, und Gretel sagte: »Ich will auch etwas mit nach Hause bringen«, und füllte sich sein Schürzchen voll.

»Aber jetzt wollen wir fort«, sagte Hänsel, »damit wir aus dem Hexenwald herauskommen.« Als sie aber ein paar Stunden gegangen waren, gelangten sie an ein großes Wasser. »Wir können nicht hinüber«, sprach Hänsel, »ich sehe keinen Steg und keine Brücke.« – »Hier fährt auch kein Schiffchen«, antwortete Gretel, »aber da schwimmt eine weiße Ente, wenn ich die bitte, so hilft sie uns hinüber.«

Da rief sie:

»Entchen, Entchen,
da steht Gretel und Hänsel.
Kein Steg und keine Brücke,
nimm uns auf deinen weißen Rücken.«

Das Entchen kam auch heran, und Hänsel setzte sich auf und bat sein Schwesterchen, sich zu ihm zu setzen. »Nein«, antwortete Gretel, »es wird dem Entchen zu schwer, es soll uns nacheinander hinüberbringen.« Das tat das gute Tierchen, und als sie glücklich drüben waren und ein Weilchen fortgingen, da kam ihnen der Wald immer bekannter vor, und endlich erblickten sie von weitem ihres Vaters Haus. Da fingen sie an zu laufen, stürzten in die Stube hinein und fielen ihrem Vater um den Hals. Der Mann hatte keine frohe Stunde gehabt, seitdem er die Kinder im Walde gelassen hatte, die Frau aber war gestorben. Gretel schüttete sein Schürzchen aus, dass die Perlen und Edelsteine in der Stube herumsprangen, und Hänsel warf eine Hand voll nach der andern aus seiner Tasche dazu. Da hatten alle Sorgen ein Ende, und sie lebten in lauter Freude zusammen. Mein Märchen ist aus, dort läuft eine Maus, wer sie fängt, darf sich eine große, große Pelzkappe daraus machen.

Die Kernaussagen im Überblick

- Selbst in den schlimmsten Phasen des Lebens gibt es die Möglichkeit für einen glücklichen Ausgang.
- Du selbst kannst dein Schicksal in die Hand nehmen. Du hast Handlungsspielraum, bist nicht ausgeliefert, sondern kannst aktiv werden.
- Auch – oder vor allem – in kritischen Situationen hilft ein kühler Kopf, um kreativ nach Lösungen zu suchen.
- Teamwork lohnt sich. Geschwister, Freunde, Verwandte ... In der Not ist es gut, nicht allein zu sein.
- Du darfst Vertrauen haben, in das Schicksal und in deine eigene Kraft.

Das hässliche junge Entlein

Es war wunderschön auf dem Lande; es war Sommer, das Korn stand gelb, der Hafer grün, das Heu war unten auf den grünen Wiesen in Schobern aufgesetzt, und da ging der Storch auf seinen langen, roten Beinen und plapperte Ägyptisch, denn diese Sprache hatte er von seiner Mutter gelernt. Rings um den Acker und die Wiese waren große Wälder und mitten in den Wäldern tiefe Seen, ja, es war wirklich herrlich da draußen! Mitten im Sonnenschein lag dort ein altes Rittergut, von tiefen Kanälen umgeben, und von der Mauer bis zum Wasser herunter wuchsen große Klettenblätter, die so hoch waren, dass kleine Kinder unter den höchsten aufrecht stehen konnten; es war aber so wild darin wie im tiefsten Walde. Hier saß eine Ente, die ihre Jungen ausbrüten musste, auf dem Neste; aber es wurde ihr fast zu langweilig, ehe die Jungen kamen, dazu bekam sie selten Besuch; die andern Enten schwammen lieber in den Kanälen umher, als dass sie hinaufliefen, sich unter ein Blatt zu setzen und mit ihr zu schnattern.

Endlich borst ein Ei nach dem andern, »Piep, piep!«, sagte es, und alle Eidotter waren lebendig geworden, und die jungen Entlein steckten den Kopf heraus.

»Rapp, rapp!«, sagte sie, und so rappelten sich alle, was sie konnten, und sahen nach allen Seiten unter den grünen Blättern, und die Mutter ließ sie sehen, so viel sie wollten, denn das Grüne ist gut für die Augen.

»Wie groß ist doch die Welt!«, sagten alle Jungen; denn nun hatten sie freilich ganz anders Platz als vorher, da sie noch drinnen im Ei lagen.

»Glaubt ihr, dass dies die ganze Welt sei?«, sagte die Mutter. »Die erstreckt sich noch weit über die andere Seite des Gartens, gerade hinein in des Pfarrers Feld, aber da bin ich noch nie gewesen! Ihr seid doch alle beisammen?«, fuhr sie fort, und so stand sie auf. »Nein, ich habe noch nicht alle, das größte Ei liegt noch da. Wie lange soll das noch währen? Jetzt bin ich es bald überdrüssig!« Und so setzte sie sich wieder.

»Nun, wie geht es?«, fragte eine alte Ente, die gekommen war, um ihr einen Besuch abzustatten.

»Es dauert so lange mit dem einen Ei!«, sagte die Ente, die da saß; »es will nicht entzweigehen; doch blicke nur auf die andern hin, sind sie nicht die niedlichsten Entlein, die man je gesehen hat? Sie gleichen allesamt ihrem Vater; der Bösewicht kommt nicht, mich zu besuchen.«

»Lass mich das Ei sehen, das nicht bersten will!«, sagte die Alte. »Glaube mir, es ist ein Kalekutenei; ich bin auch einmal so angeführt worden und hatte meine große Sorge und Not mit den Jungen, denn ihnen ist bange vor dem Wasser. Ich konnte sie nicht hineinbekommen, ich rappte und schnappte, aber es half nichts. Lass mich das Ei sehen. Ja, das ist ein Kalekutenei, lass du das liegen und bringe lieber den andern Kindern das Schwimmen bei.«

»Ich will doch noch ein bisschen darauf sitzen«, sagte die Ente, »habe ich nun so lange gesessen, kann ich auch noch einige Zeit sitzen.«

»Nach Belieben«, sagte die alte Ente und ging von dannen.
Endlich borst das große Ei.
»Piep, piep!«, sagte das Junge und kroch heraus; es war groß und hässlich. Die Ente betrachtete es. »Das ist doch ein gewaltig großes Entlein«, sagte sie; »keins von den andern sieht so aus; sollte es doch ein kalekutisches Kücklein sein? Nun, wir wollen bald dahinterkommen; in das Wasser muss es, ob ich es auch selbst hineinstoßen soll.«
Am nächsten Tage war schönes, herrliches Wetter. Die Sonne schien auf all die grünen Kletten. Die Entleinmutter ging mit ihrer ganzen Familie zu dem Kanal hinunter; platsch; da sprang sie in das Wasser. »Rapp, rapp!«, sagte sie, und ein Entlein nach dem andern plumpste hinein; das Wasser schlug ihnen über dem Kopfe zusammen, aber sie kamen gleich wieder empor und schwammen so prächtig, die Beine gingen von selbst, und alle waren sie darin, selbst das hässliche, graue Junge schwamm mit.
»Nein, es ist kein Kalekut«, sagte sie; »sieh, wie herrlich es die Beine gebraucht, wie gerade es sich hält, es ist mein eigenes Kind. Im Grunde ist es doch ganz hübsch, wenn man es nur recht betrachtet. Rapp, rapp! – Kommt nur mit mir, ich werde euch in die große Welt führen, euch im Entenhof vorstellen, aber haltet euch immer nahe zu mir, damit niemand auf euch trete, und nehmt euch vor den Katzen in Acht!«
Und so kamen sie in den Entenhof hinein. Da drinnen war ein schrecklicher Lärm, denn da waren zwei Familien, die sich um einen Aalkopf bissen, und am Ende bekam ihn doch die Katze.
»Seht, so geht es in der Welt zu!«, sagte die Entenmutter und wetzte ihren Schnabel, denn sie wollte auch den Aalkopf haben. »Braucht nur die Beine!«, sagte sie. »Seht, dass ihr euch rappeln könnt, und neigt euren Hals vor der alten Ente dort; sie ist die vornehmste von allen hier, sie ist aus spanischem Geblüt, deswegen ist sie so dick; und seht ihr, sie hat einen roten Lappen um das Bein, das ist etwas außerordentlich Schönes und die größte Auszeichnung, die einer Ente zuteil werden kann; das bedeutet so viel, dass man sie nicht verlieren will und dass sie von Tieren und Menschen erkannt werden soll! Rappelt euch; setzt die Füße nicht einwärts. Ein

wohlerzogenes Entlein setzt die Füße weit voneinander, gerade wie Vater und Mutter: Seht, so! Nun neigt euren Hals und sagt: ›Rapp!‹«

Und das taten sie; aber die anderen Enten ringsherum betrachteten sie und sagten ganz laut: »Sieh da! Nun sollen wir noch den Anhang haben, als ob wir nicht schon genug wären, und pfui, wie das eine Entlein aussieht, das wollen wir nicht dulden!« Und sogleich flog eine Ente hin und biss es in den Nacken.

»Lass es in Ruhe!«, sagte die Mutter. »Es tut ja niemand etwas.«

»Ja, aber es ist so groß und ungewöhnlich«, sagte die beißende Ente, »und deshalb muss es gepufft werden.«

»Es sind hübsche Kinder«, sagte die Ente mit dem Lappen um das Bein. »Alle zusammen schön, bis auf das eine, das ist nicht geglückt; ich möchte wünschen, dass sie es umarbeiten könnte.«

»Das geht nicht, Ihro Gnaden«, sagte die Entleinmutter; »es ist nicht hübsch, aber es hat ein gutes Gemüt und schwimmt so herrlich wie eins von den andern, ja, ich darf sagen, noch etwas besser; ich denke, es wird hübsch heranwachsen und mit der Zeit etwas kleiner werden; es hat so lange in dem Ei gelegen und deshalb nicht die rechte Gestalt bekommen!« Und so zupfte sie es im Nacken und glättete das Gefieder. »Es ist überdies ein Enterich«, sagte sie, »und darum macht es nicht so viel aus. Ich denke, er wird gute Kräfte bekommen, er schlägt sich schon durch.«

»Die andern Entlein sind niedlich«, sagte die Alte. »Tut nun, als ob ihr zu Hause wäret, und findet ihr einen Aalkopf, so könnt ihr mir ihn bringen.«

Und so waren sie wie zu Hause.

Aber das arme Entlein, das zuletzt aus dem Ei gekrochen war und so hässlich aussah, wurde gebissen, gestoßen und zum Besten gehalten, und das sowohl von den Enten wie von den Hühnern. »Es ist zu groß«, sagten sie allesamt, und der kalekutische Hahn, der mit Sporen zur Welt gekommen war und deshalb glaubte, dass er Kaiser sei, blies sich wie ein Fahrzeug mit vollen Segeln auf, ging gerade auf das Entlein los, und dann kollerte er und wurde ganz rot am Kopfe.

Das arme Entlein wusste weder, wo es stehen, noch wo es gehen sollte; es war betrübt, weil es hässlich aussah und vom ganzen Entenhofe verspottet wurde.

So ging es den ersten Tag, und später wurde es schlimmer und schlimmer. Das Entlein wurde von allen gejagt, selbst seine Geschwister waren böse darauf und sagten immer: »Wenn die Katze dich nur fangen möchte, du hässliches Geschöpf!«, und die Mutter sagte: »Wenn du nur weit fort wärest!« Die Enten bissen es, und die Hühner schlugen es, und ein Mädchen, das die Tiere füttern sollte, stieß mit dem Fuße danach.

Da lief und flatterte es über das Gehege; die kleinen Vögel in den Büschen flogen erschrocken auf. ›Das geschieht, weil ich hässlich bin!‹, dachte das Entlein und schloss die Augen, lief aber gleichwohl weiter; so kam es hinaus zu dem großen Moor, wo die wilden Enten wohnten. Hier lag es die ganze Nacht, es war sehr müde und kummervoll.

Am Morgen flogen die wilden Enten auf, und sie betrachteten den neuen Kameraden. »Was bist du für einer?«, fragten sie, und das Entlein wandte sich nach allen Seiten und grüßte, so gut es konnte. »Du bist außerordentlich hässlich!«, sagten die wilden Enten. »Aber das kann uns gleichgültig sein, wenn du nur nicht in unsere Familie hineinheiratest.« Das Arme dachte wirklich nicht daran, sich zu verheiraten, wenn es nur die Erlaubnis hatte, im Schilfe zu liegen und etwas Moorwasser zu trinken.

So lag es ganze zwei Tage. Da kamen zwei wilde Gänse oder richtiger wilde Gänseriche dorthin; es war noch nicht lange her, dass sie aus dem Ei gekrochen waren, und deshalb waren sie auch so keck.

»Höre, Kamerad«, sagten sie, »du bist so hässlich, dass wir dich gut leiden mögen; willst du mitziehen und Zugvogel sein? Hier nahebei in einem anderen Moor gibt es einige liebliche, wilde Gänse, alle zusammen Fräulein, die da ›Rapp‹ sagen können. Du bist im Stande, dein Glück zu machen, so hässlich du auch bist!«

»Piff, paff!«, ertönte es, und die beiden wilden Gänseriche fielen tot in das Schilf nieder, und das Wasser wurde blutrot. »Piff, paff!«, erscholl es wieder, und ganze Scharen wilder Gänse flogen aus dem Schilfe auf, und dann knallte es wieder. Es war große Jagd:

Die Jäger lagen rings um das Rohr herum, ja, einige saßen oben in den Baumzweigen, die sich weit über das Schilf hinstreckten. Der blaue Dampf zog gleich Wolken in die dunklen Bäume hinein und ging weit über das Wasser hin; zum Moor kamen die Jagdhunde: platsch! platsch! – das Schilf und das Rohr neigten sich nach allen Seiten.

Das war ein Schreck für das arme Entlein; es wendete den Kopf, um ihn unter den Flügel zu stecken, und im selben Augenblick stand ein fürchterlich großer Hund dicht bei dem Entlein. Die Zunge hing ihm lang aus dem Halse heraus, und die Augen leuchteten gräulich hässlich; er streckte seinen Rachen dem Entlein gerade entgegen, zeigte ihm die scharfen Zähne und, platsch, platsch, ging er wieder, ohne es zu packen.

»Oh, Gott sei Dank«, seufzte das Entlein, »ich bin so hässlich, dass mich selbst der Hund nicht beißen mag!«

So lag es ganz still, während der Bleihagel durch das Schilf sauste und Schuss auf Schuss knallte.

Erst spät am Tage wurde es still, aber das arme Junge wagte noch nicht, sich zu erheben; es wartete noch mehrere Stunden, bevor es sich umsah, und dann eilte es fort aus dem Moor, so schnell es konnte; es lief über Feld und Wiese, und es war ein Sturm, dass es ihm schwer wurde, von der Stelle zu kommen.

Gegen Abend erreichte es eine kleine Bauernhütte, die war so baufällig, dass sie selbst nicht wusste, nach welcher Seite sie fallen sollte, und darum blieb sie stehen. Der Sturm umsauste das Entlein so, dass es sich niedersetzen musste, um sich dagegenzustemmen; und es wurde schlimmer und schlimmer; da bemerkte es, dass die Tür aus der einen Angel gegangen war und so schief hing, dass es durch die Öffnung in die Stube hineinschlüpfen konnte, und das tat es.

Hier wohnte eine alte Frau mit ihrer Katze und ihrem Huhn, und die Katze, die sie Söhnchen nannte, konnte einen Buckel machen und spinnen, sie sprühte sogar Funken, wenn man sie gegen die Haare streichelte. Das Huhn hatte ganz kleine, niedrige Beine, und deshalb wurde es Küchelchen Kurzbein genannt; es legte gut Eier, und die Frau liebte es wie ihr eigenes Kind.

Am Morgen bemerkte man sogleich das fremde Entlein, und die Katze fing an zu spinnen und das Huhn zu glucken.
»Was ist das?«, sagte die Frau und sah sich rings um, aber sie sah nicht gut, und so glaubte sie, dass das Entlein eine fette Ente sei, die sich verirrt habe. »Das ist ja ein seltsamer Fang!«, sagte sie. »Nun kann ich Enteneier bekommen. Wenn es nur kein Enterich ist! Das müssen wir erproben.«
Und so wurde das Entlein für drei Wochen auf Probe angenommen, aber da kamen keine Eier. Und die Katze war Herr im Hause, und das Huhn war die Frau, und immer sagten sie: »Wir und die Welt!«, denn sie glaubten, dass sie die Hälfte seien, und zwar der allerbeste Teil.
Das Entlein glaubte, dass man auch eine andere Meinung haben könne, aber das litt das Huhn nicht.
»Kannst du Eier legen?«, fragte es.
»Nein!«
»So wirst du deinen Mund halten!«
Und die Katze sagte: »Kannst du einen krummen Buckel machen, spinnen und Funken sprühen?«
»Nein!«
»So darfst du auch keine Meinung haben, wenn vernünftige Leute sprechen!«
Das Entlein saß im Winkel und war bei schlechter Laune; da fiel es ihm ein, an die frische Luft und den Sonnenschein zu denken; es bekam so sonderbare Lust, auf dem Wasser zu schwimmen, dass es nicht unterlassen konnte, dies der Henne zu sagen.
»Was fehlt dir?«, fragte die. »Du hast nichts zu tun, deshalb bekommst du die Grillen! Lege Eier oder spinne, so gehen sie vorüber.«
»Aber es ist so schön, auf dem Wasser zu schwimmen«, sagte das Entlein, »so herrlich, es über dem Kopfe zusammenschlagen zu lassen und auf den Grund niederzutauchen!«
»Ja, das ist ein großes Vergnügen!«, sagte die Henne. »Du bist wohl verrückt geworden! Frage die Katze danach – sie ist die klügste, die ich kenne –, ob sie es liebt, auf dem Wasser zu schwimmen oder unterzutauchen; ich will nicht von mir sprechen. Frage selbst

unsere Herrschaft, die alte Frau, klüger als sie ist niemand auf der Welt! Glaubst du, dass sie Lust hat, zu schwimmen und das Wasser über dem Kopfe zusammenschlagen zu lassen?«

»Ihr versteht mich nicht!«, sagte die Ente.

»Wir verstehen dich nicht? Wer soll dich denn verstehen können? Du wirst doch wohl nicht klüger sein wollen als die Katze und die Frau, mich will ich nicht erwähnen! Bilde dir nichts ein, Kind, und danke deinem lieben Schöpfer für all das Gute, das man dir erwiesen hat! Bist du nicht in eine warme Stube gekommen und hast einen Umgang, von dem du etwas lernen kannst? Aber du bist ein Schwätzer, und es ist nicht erfreulich, mit dir umzugehen. Mir kannst du glauben, ich meine es gut mit dir, ich sage dir Unannehmlichkeiten, und daran kann man seine wahren Freunde erkennen! Sieh zu, dass du Eier legen oder spinnen und Funken sprühen lernst!«

»Ich glaube, ich gehe hinaus in die weite Welt!«, sagte das Entlein.

»Ja, tue das!«, sagte das Huhn. Und so ging das Entlein.

Es schwamm auf dem Wasser, es tauchte unter, aber von allen Tieren wurde es wegen seiner Hässlichkeit übersehen.

Nun kam der Herbst, die Blätter im Walde wurden gelb und braun, der Wind riss sie ab, so dass sie umhertanzten, und oben in der Luft war es sehr kalt; die Wolken hingen schwer von Hagel und Schneeflocken. Auf dem Zaun stand ein Rabe und schrie: »Au, au!« vor lauter Kälte – ja, man konnte ordentlich frieren, wenn man daran dachte.

Das arme Entlein hatte es wahrlich nicht gut. Eines Abends, als die Sonne schön unterging, kam ein ganzer Schwarm herrlicher großer Vögel aus dem Busche; das Entlein hatte nie solche schönen gesehen. Sie waren ganz blendend weiß, mit langen, geschmeidigen Hälsen, es waren Schwäne. Sie stießen einen ganz eigentümlichen Ton aus, breiteten ihre prächtigen, langen Flügel aus und flogen von der kalten Gegend fort nach warmen Ländern, nach offenen Seen. Sie stiegen sehr hoch, und dem hässlichen kleinen Entlein wurde es sonderbar zumute; es drehte sich im Wasser wie ein Rad rundherum, streckte den Hals hoch in die Luft nach ihnen aus und stieß einen so lauten und sonderbaren Schrei aus, dass es sich selbst davor fürchtete.

Oh, es konnte die so schönen und die so glücklichen Vögel nicht mehr vergessen, und sobald es sie nicht mehr erblickte, tauchte es gerade bis auf den Grund, und als es wieder heraufkam, war es wie außer sich. Es wusste nicht, wie alle die Vögel hießen, nicht, wohin sie flogen, aber doch war es ihnen gut, wie es nie jemandem gewesen. Es beneidete sie durchaus nicht; wie konnte es ihm einfallen, sich solche Lieblichkeit zu wünschen! Es wäre schon froh gewesen, wenn die Enten es unter sich geduldet hätten, das arme, hässliche Tier!

Der Winter wurde immer kälter; das Entlein musste im Wasser herumschwimmen, um nicht völlig einzufrieren; aber in der Nacht wurde das Loch, worin es schwamm, kleiner und kleiner; es fror, dass es knackte; das Entlein musste fortwährend die Beine gebrauchen, damit das Wasser sich nicht schloss; zuletzt wurde es matt und fror so im Eise fest.

Des Morgens früh kam ein Landmann, der dies sah; er schlug mit seinem Holzschuh das Eis in Stücke und trug das Entlein heim zu seiner Frau.

Da wurde es wiederbelebt. Die Kinder wollten mit ihm spielen, aber das Entlein glaubte, sie wollten ihm etwas zuleide tun, und fuhr in der Angst gerade in den Milchnapf hinein, so dass die Milch in die Stube hinausspritzte. Die Frau schrie und schlug die Hände zusammen, worauf es in das Butterfass, dann hinunter in die Milchtonne und dann wieder aufflog.

Wie sah es da aus!

Die Frau schlug mit der Feuerzange danach, die Kinder rannten einander über den Haufen, um das Entlein zu fangen; sie lachten und schrien! Gut war es, dass die Tür aufstand und es zwischen die Reiser in den frisch gefallenen Schnee schlüpfen konnte; da lag es ganz ermattet.

Aber all die Not und das Elend, die das Entlein in dem harten Winter erdulden musste, zu erzählen, würde zu trübe sein. Es lag im Moor, zwischen dem Rohre, als die Sonne wieder warm zu scheinen begann; die Lerchen sangen, es war herrlicher Frühling.

Da konnte auf einmal das Entlein seine Flügel schwingen, sie brausten stärker als früher und trugen es kräftig davon; und ehe es das selbst recht wusste, befand es sich in einem großen Garten, wo die Apfelbäume in Blüte standen, wo der Flieder duftete und seine langen, grünen Zweige gerade bis zu den gekrümmten Kanälen hinunterneigte. Oh, hier war es schön und frühlingsfrisch! Gerade vorn aus dem Dickicht kamen drei prächtige weiße Schwäne; sie brausten mit den Federn und schwammen leicht auf dem Wasser. Das Entlein kannte die prächtigen Tiere und wurde von einer eigentümlichen Traurigkeit befallen.

»Ich will zu ihnen hinfliegen, zu den königlichen Vögeln, und sie werden mich totschlagen, weil ich so hässlich bin und mich ihnen zu nähern wage; aber das ist ja gleichviel! Besser, von ihnen getötet, als von den Enten gezwackt, von den Hühnern geschlagen, von dem Mädchen, das den Hühnerhof hütet, gestoßen zu werden und im Winter Mangel zu leiden.« Es flog hinaus in das Wasser und schwamm den prächtigen Schwänen entgegen; diese erblickten es und schossen mit brausenden Federn drauflos. »Tötet mich nur!«, sagte das arme Tier und neigte seinen Kopf der Wasserfläche zu und erwartete den Tod. Aber was erblickte es in dem klaren Wasser? Es sah sein eigenes Bild unter sich, das kein plumper, schwarzgrauer Vogel mehr war, hässlich und garstig, sondern selbst ein Schwan.

Es schadet nichts, in einem Entenhofe geboren zu sein, wenn man nur in einem Schwanenei gelegen hat.

Es fühlte sich ordentlich erfreut über all die Not und die Drangsal, die es erduldet hatte; jetzt erkannte es erst sein Glück an all der Herrlichkeit, die es begrüßte.

Die großen Schwäne umschwammen es und streichelten es mit dem Schnabel.

Im Garten kamen da einige kleine Kinder, die warfen Brot und Korn in das Wasser, und das kleinste rief: »Da ist ein Neuer!« Und die anderen Kinder jubelten mit: »Ja, es ist ein Neuer angekommen!« Sie klatschten in die Hände und tanzten umher, liefen zum Vater und zu der Mutter, und es wurden Brot und Kuchen in das Wasser geworfen, und sie sagten alle: »Der Neue ist der schönste, so jung und so prächtig!« Und die alten Schwäne neigten sich vor ihm.

Da fühlte er sich beschämt und steckte den Kopf unter seine Flügel; er wusste selbst nicht, was er beginnen sollte, er war allzu glücklich, aber durchaus nicht stolz; denn ein gutes Herz wird nie stolz! Er dachte daran, wie er verfolgt und verhöhnt worden war, und hörte nun alle sagen, dass er der schönste dieser schönen Vögel sei; selbst der Flieder bog sich mit den Zweigen gerade zu ihm in das Wasser hinunter, und die Sonne schien warm und mild. Da brausten seine Federn, der schlanke Hals hob sich, und aus vollem Herzen jubelte er: »So viel Glück habe ich mir nicht träumen lassen, als ich noch das hässliche Entlein war!«

Die Kernaussagen im Überblick

- Die »Fassade« ist nicht alles. Was einen Menschen ausmacht, ist nicht immer sichtbar.
- Vorschnelle Urteile sind oft nicht zutreffend. Man darf sich Zeit lassen, um einen Menschen zu bewerten.
- Wer sich jetzt nicht akzeptiert fühlt von den anderen, muss nicht bis an sein Lebensende als Einzelgänger herumlaufen. Seine Persönlichkeit wird Anerkennung finden.
- Sich nach erlittenem Unrecht durch Rachegedanken aufzureiben tut nicht gut. Wärmende, bejahende Gefühle sind stärker und produktiver als jede Form von Hass.

Das tapfere Schneiderlein

An einem Sommermorgen saß ein Schneiderlein auf seinem Tisch am Fenster, war guter Dinge und nähte aus Leibeskräften. Da kam eine Bauersfrau die Straße herab und rief: »Gut Mus feil! Gut Mus feil!«

Das klang dem Schneiderlein lieblich in den Ohren, es steckte sein zartes Haupt zum Fenster hinaus und rief: »Hier herauf, liebe Frau, hier wird sie die Ware los.« Die Frau stieg die drei Treppen mit ihrem schweren Korbe zu dem Schneider herauf und musste die Töpfe sämtlich vor ihm auspacken. Er besah sie alle, hob sie in die Höhe, hielt die Nase dran und sagte endlich: »Das Mus scheint mir gut, wieg sie mir doch vier Lot ab, liebe Frau, wenn's auch ein Viertelpfund ist, kommt es mir nicht darauf an.« Die Frau, welche gehofft hatte, einen guten Absatz zu finden, gab ihm, was er verlangte, ging aber ganz ärgerlich und brummig fort. »Nun, das Mus soll mir Gott gesegnen«, rief das Schneiderlein, »und soll mir Kraft und Stärke geben«, holte das Brot aus dem Schrank, schnitt sich ein Stück über den ganzen Laib und strich das Mus darüber. »Das wird nicht bitter schmecken«, sprach es, »aber erst will ich das Wams fertig machen, eh ich anbeiße.«

Es legte das Brot neben sich, nähte weiter und machte vor Freude immer größere Stiche. Indes stieg der Geruch von dem süßen Mus hinauf an die Wand, wo die Fliegen in großer Menge saßen, so dass sie herangelockt wurden und sich scharenweise darauf niederließen. »Ei, wer hat euch eingeladen?«, sprach das Schneiderlein und jagte die ungebetenen Gäste fort. Die Fliegen aber ließen sich nicht abweisen, sondern kamen wieder.

Da lief dem Schneiderlein endlich, wie man sagt, die Laus über die Leber, es langte aus seiner Hölle nach einem Tuchlappen und: »Wart, ich will es euch geben!«, schlug es unbarmherzig drauf. Als es abzog und zählte, so lagen nicht weniger als sieben vor ihm tot und streckten die Beine. »Bist du so ein Kerl?«, sprach es und musste selbst seine Tapferkeit bewundern. »Das soll die ganze

Stadt erfahren.« Und in der Hast schnitt sich das Schneiderlein einen Gürtel, nähte ihn und stickte mit großen Buchstaben darauf: »Siebene auf einen Streich!« – »Ei, was Stadt«, sprach es weiter, »die ganze Welt soll's erfahren!« Und sein Herz wackelte ihm wie ein Lämmerschwänzchen.

Der Schneider band sich den Gürtel um den Leib und wollte in die Welt hinaus, weil er meinte, die Werkstätte sei zu klein für seine Tapferkeit. Eh er abzog, suchte er im Haus herum, ob nichts da wäre, was er mitnehmen könnte, er fand aber nichts als einen alten Käs, den steckte er ein. Vor dem Tore bemerkte er einen Vogel, der sich im Gesträuch gefangen hatte, der musste zu dem Käse in die Tasche. Nun nahm er den Weg tapfer zwischen die Beine, und weil er leicht und bebend war, fühlte er keine Müdigkeit. Der Weg führte ihn auf einen Berg, und als er den höchsten Gipfel erreicht hatte, so saß da ein gewaltiger Riese und schaute sich ganz gemächlich um.

Das Schneiderlein ging beherzt auf ihn zu, redete ihn an und sprach: »Guten Tag, Kamerad, gelt, du sitzest da und besiehst dir die weitläufige Welt. Ich bin eben auf dem Wege dahin und will mich versuchen. Hast du Lust mitzugehen?« Der Riese sah den Schneider verächtlich an und sprach: »Du Lump! Du miserabler Kerl!« – »Das wäre!«, antwortete das Schneiderlein, knöpfte den Rock auf und zeigte dem Riesen den Gürtel, »da kannst du lesen, was ich für ein Mann bin.« Der Riese las: »Siebene auf einen Streich«, meinte, das wären Menschen gewesen, die der Schneider erschlagen hätte, und kriegte ein wenig Respekt vor dem kleinen Kerl. Doch wollte er ihn erst prüfen, nahm einen Stein in die Hand und drückte ihn zusammen, dass das Wasser heraustropfte. »Das mach mir nach«, sprach der Riese, »wenn du Stärke hast.« – »Ist's weiter nichts?«, sagte das Schneiderlein, »das ist bei unsereinem Spielwerk«, griff in die Tasche, holte den weichen Käs und drückte ihn, dass der Saft herauslief. »Gelt«, sprach er, »das war ein wenig besser?« Der Riese wusste nicht, was er sagen sollte, und konnte es von dem Männlein nicht glauben. Da hob der Riese einen Stein auf und warf ihn so hoch, dass man ihn mit Augen kaum noch sehen konnte: »Nun, du Erpelmännchen, das tu mir nach.« – »Gut

geworfen«, sagte der Schneider, »aber der Stein hat doch wieder zur Erde herabfallen müssen; ich will dir einen werfen, der soll gar nicht wiederkommen«, griff in die Tasche, nahm den Vogel und warf ihn in die Luft. Der Vogel, froh über seine Freiheit, stieg auf, flog fort und kam nicht wieder. »Wie gefällt dir das Stückchen, Kamerad?«, fragte der Schneider. »Werfen kannst du wohl«, sagte der Riese, »aber nun wollen wir sehen, ob du im Stande bist, etwas Ordentliches zu tragen.« Er führte das Schneiderlein zu einem mächtigen Eichbaum, der da gefällt auf dem Boden lag, und sagte: »Wenn du stark genug bist, so hilf mir den Baum tragen.« – »Gerne«, antwortete der kleine Mann, »nimm du nur den Stamm, ich will die Äste mit dem Gezweig aufheben und tragen, das ist doch das Schwerste.«
Der Riese nahm den Stamm auf die Schulter, der Schneider aber setzte sich auf einen Ast, und der Riese, der sich nicht umsehen konnte, musste den ganzen Baum und das Schneiderlein noch obendrein forttragen. Es war da hinten ganz lustig und guter Dinge, pfiff das Liedchen: ›Es ritten drei Schneider zum Tore hinaus‹, als wäre das Baumtragen ein Kinderspiel. Der Riese, nachdem er ein Stück Wegs die schwere Last fortgeschleppt hatte, konnte nicht weiter und rief: »Hör, ich muss den Baum fallen lassen.« Der Schneider sprang herab, fasste den Baum mit beiden Armen, als wenn er ihn getragen hätte, und sprach zum Riesen: »Du bist ein so großer Kerl und kannst den Baum nicht einmal tragen.«
Sie gingen zusammen weiter, und als sie an einem Kirschbaum vorbeikamen, fasste der Riese die Krone des Baumes, wo die zeitigsten Früchte hingen, bog sie herab, gab sie dem Schneider in die Hand und hieß ihn essen. Das Schneiderlein aber war viel zu schwach, um den Baum zu halten, und als der Riese losließ, fuhr der Baum in die Höhe, und der Schneider ward mit in die Luft geschnellt.
Als er wieder ohne Schaden herabgefallen war, sprach der Riese: »Was ist das, hast du nicht Kraft, die schwache Gerte zu halten?« – »An der Kraft fehlt es nicht«, antwortete das Schneiderlein, »meinst du, das wäre etwas für einen, der siebene mit einem Streich getroffen hat? Ich bin über den Baum gesprungen, weil die Jäger

da unten in das Gebüsch schießen. Spring nach, wenn du's vermagst.« Der Riese machte den Versuch, konnte aber nicht über den Baum kommen, sondern blieb in den Ästen hängen.

Der Riese sprach: »Wenn du so ein tapferer Kerl bist, so komm mit in unsere Höhle und übernachte bei uns.« Als sie in der Höhle anlangten, saßen da noch andere Riesen beim Feuer, und jeder hatte ein gebratenes Schaf in der Hand und aß davon. Das Schneiderlein sah sich um und dachte: ›Es ist doch hier viel weitläufiger als in meiner Werkstatt.‹ Der Riese wies ihm ein Bett an und sagte, er sollte sich hineinlegen und ausschlafen. Dem Schneiderlein war aber das Bett zu groß; es legte sich nicht hinein, sondern kroch in eine Ecke. Als es Mitternacht war und der Riese meinte, das Schneiderlein läge in tiefem Schlafe, so stand er auf, nahm eine große Eisenstange und schlug das Bett mit einem Schlag durch und meinte, er hätte dem Grashüpfer den Garaus gemacht. Mit dem frühsten Morgen gingen die Riesen in den Wald und hatten das Schneiderlein ganz vergessen; da kam es auf einmal ganz lustig und verwegen dahergeschritten. Die Riesen erschraken und liefen in Hast fort.

Das Schneiderlein zog weiter, immer seiner spitzen Nase nach. Nachdem es lange gewandert war, kam es in den Hof eines königlichen Palastes, und da es Müdigkeit empfand, so legte es sich ins Gras und schlief ein. Während es da lag, kamen die Leute, betrachteten es von allen Seiten und lasen auf dem Gürtel: ›Siebene auf einen Streich.‹ – »Ach«, sprachen sie, »was will der große Kriegsheld hier mitten im Frieden? Das muss ein mächtiger Herr sein.« Sie gingen und meldeten es dem König und meinten, wenn Krieg ausbrechen sollte, wäre das ein wichtiger und nützlicher Mann, den man um keinen Preis fortlassen dürfte. Dem König gefiel der Rat, und er schickte einen von seinen Hofleuten an das Schneiderlein ab, der sollte ihm, wenn es aufgewacht wäre, Kriegsdienste anbieten.

Der Abgesandte blieb bei dem Schläfer stehen, wartete, bis er seine Glieder streckte und die Augen aufschlug, und brachte dann seinen Antrag vor. »Ebendeshalb bin ich hierhergekommen«, antwortete er, »ich bin bereit, in des Königs Dienste zu treten.« Also ward er ehrenvoll empfangen und ihm eine besondere Wohnung angewiesen.

Die Kriegsleute aber waren dem Schneiderlein unhold und wünschten, es wäre tausend Meilen weit weg. »Was soll daraus werden?«, sprachen sie untereinander. »Wenn wir Zank mit ihm kriegen und er haut zu, so fallen auf jeden Streich siebene. Da kann unsereiner nicht bestehen.« Also fassten sie einen Entschluss, begaben sich allesamt zum König und baten um ihren Abschied. »Wir sind nicht gemacht«, sprachen sie, »neben einem Mann auszuhalten, der siebene auf einen Streich schlägt.« Der König war traurig, dass er um des einen willen alle seine treuen Diener verlieren sollte, und wäre ihn gerne wieder los gewesen. Aber er getraute sich nicht, ihm den Abschied zu geben, weil er fürchtete, er möchte ihn samt seinem Volke totschlagen und sich auf den königlichen Thron setzen.

Er sann lange hin und her; endlich fand er einen Rat. Er schickte zu dem Schneiderlein und ließ ihm sagen, weil es ein so großer Kriegsheld wäre, so wollte er ihm ein Anerbieten machen. In einem Walde seines Landes hausten zwei Riesen, die mit Rauben, Morden, Sengen und Brennen großen Schaden stifteten; niemand dürfte sich ihnen nahen, ohne sich in Lebensgefahr zu setzen. Wenn er diese beiden Riesen überwände und tötete, so wollte er ihm seine einzige Tochter zur Gemahlin geben und das halbe Königreich zur Ehesteuer; auch sollten hundert Reiter mitziehen und ihm Beistand leisten. ›Das wäre so etwas für einen Mann, wie du bist‹, dachte das Schneiderlein, ›eine schöne Königstochter und ein halbes Königreich wird einem nicht alle Tage angeboten.‹ – »O ja«, gab er zur Antwort, »die Riesen will ich schon bändigen und habe die hundert Reiter dabei nicht nötig, wer siebene auf einen Streich trifft, fürchtet sich nicht vor zweien.«

Das Schneiderlein zog aus, und die hundert Reiter folgten ihm. Als es zu dem Rand des Waldes kam, sprach es zu seinen Begleitern: »Bleibt hier nur halten, ich will schon allein mit den Riesen fertig werden.« Dann sprang es in den Wald hinein und schaute sich rechts und links um. Über ein Weilchen erblickte es beide Riesen, sie lagen unter einem Baume und schliefen und schnarchten dabei, dass sich die Äste auf und nieder bogen. Das Schneiderlein, nicht faul, las beide Taschen voll Steine und stieg damit auf den Baum. Als es in der Mitte war, rutschte es auf einen Ast, bis es gerade über die Schläfer zu sitzen kam, und ließ dem einen Riesen einen Stein nach dem andern auf die Brust fallen. Der Riese spürte lange nichts, doch endlich wachte er auf, stieß seinen Gesellen an und sprach: »Was schlägst du mich?« – »Du träumst«, sagte der andere, »ich schlage dich nicht.« Sie legten sich wieder zum Schlaf, da warf der Schneider auf den zweiten einen Stein herab. »Was soll das«, rief der andere, »warum wirfst du mich?« – »Ich werfe dich nicht«, antwortete der erste und brummte. Sie zankten sich eine Weile herum, doch weil sie müde waren, ließen sie's gut sein, und die Augen fielen ihnen wieder zu. Das Schneiderlein fing sein Spiel von neuem an, suchte den dicksten Stein aus und warf ihn dem ersten Riesen mit aller Gewalt auf die Brust. »Das ist zu arg!«, schrie der, sprang wie ein Unsinniger auf und stieß seinen Gesellen wider den Baum, dass dieser zitterte. Der andere zahlte mit gleicher Münze, und sie gerieten in solche Wut, dass sie Bäume ausrissen, aufeinander losschlugen, so lang, bis sie endlich beide zugleich tot auf die Erde fielen.

Nun sprang das Schneiderlein herab. »Ein Glück nur«, sprach es, »dass sie den Baum, auf dem ich saß, nicht ausgerissen haben, sonst hätte ich wie ein Eichhörnchen auf einen andern springen müssen!« Es zog sein Schwert und versetzte jedem ein paar tüchtige Hiebe in die Brust; dann ging es hinaus zu den Reitern und sprach: »Die Arbeit ist getan, ich habe beiden den Garaus gemacht. Aber hart ist es hergegangen, sie haben in der Not Bäume ausgerissen und sich gewehrt, doch das hilft alles nichts, wenn einer kommt wie ich.« – »Seid Ihr denn nicht verwundet?«, fragten die Reiter. »Das hat gute Wege«, antwortete der Schneider, »kein Haar haben sie mir gekrümmt.« Die Reiter wollten ihm keinen Glauben beimessen und ritten in den Wald hinein. Da fanden sie die Riesen in ihrem Blute schwimmend, und ringsherum lagen die ausgerissenen Bäume.

Das Schneiderlein verlangte von dem König die versprochene Belohnung; den aber reute sein Versprechen, und er sann aufs Neue, wie er sich den Helden vom Halse schaffen könnte. »Ehe du meine Tochter und das halbe Reich erhältst«, sprach er zu ihm, »musst du noch eine Heldentat vollbringen. In dem Walde läuft ein Einhorn, das großen Schaden anrichtet, das musst du erst einfangen.« – »Vor einem Einhorne fürchte ich mich noch weniger als vor zwei Riesen; siebene auf einen Streich, das ist meine Sache.« Es nahm sich einen Strick und eine Axt mit, ging hinaus in den Wald und hieß abermals die, welche ihm zugeordnet waren, draußen warten. Es brauchte nicht lange zu suchen, das Einhorn kam bald daher und sprang geradezu auf den Schneider los, als wollte es ihn ohne Umstände aufspießen.

»Sachte, sachte«, sprach er, »so geschwind geht das nicht«, blieb stehen und wartete, bis das Tier ganz nahe war, dann sprang er behändiglich hinter den Baum. Das Einhorn rannte mit aller Kraft gegen den Baum und spießte sein Horn so fest in den Stamm, dass es nicht Kraft genug hatte, es wieder herauszuziehen, und so war es gefangen. »Jetzt hab ich das Vöglein«, sagte der Schneider, kam hinter dem Baum hervor, legte dem Einhorn den Strick erst um den Hals, dann hieb er mit der Axt das Horn aus dem Baum, und als alles in Ordnung war, führte er das Tier ab und brachte es dem König.

Der König wollte ihm den verheißenen Lohn noch nicht gewähren und machte eine dritte Forderung. Der Schneider sollte ihm vor der Hochzeit erst ein Wildschwein fangen, das in dem Wald großen Schaden tat; die Jäger sollten ihm Beistand leisten. »Gerne«, sprach der Schneider, »das ist ein Kinderspiel.« Die Jäger nahm er nicht mit in den Wald, und sie waren's wohl zufrieden; denn das Wildschwein hatte sie schon mehrmals so empfangen, dass sie keine Lust hatten, ihm nachzustellen.

Als das Schwein den Schneider erblickte, lief es mit schäumendem Munde und wetzenden Zähnen auf ihn zu und wollte ihn zur Erde werfen. Der flüchtige Held aber sprang in eine Kapelle, die in der Nähe war, und gleich oben zum Fenster in einem Satze wieder hinaus.

Das Schwein war hinter ihm hergelaufen, er aber hüpfte außen herum und schlug die Tür hinter ihm zu; da war das wütende Tier gefangen, das viel zu schwer und unbehilflich war, um zum Fenster hinauszuspringen. Das Schneiderlein rief die Jäger herbei, die mussten den Gefangenen mit eigenen Augen sehen. Der Held aber begab sich zum Könige, der nun sein Versprechen halten musste, ihm seine Tochter und das halbe Königreich übergab. Nach einiger Zeit hörte die junge Königin in der Nacht, wie ihr Gemahl im Traume sprach: »Junge, mach mir das Wams und flick mir die Hosen, oder ich will dir die Elle über die Ohren schlagen.«

Da merkte sie, in welcher Gasse der junge Herr geboren war, klagte ihrem Vater ihr Leid und bat, er möchte ihr von dem Manne abhelfen, der nichts anderes als ein Schneider wäre. Der König sprach ihr Trost zu und sagte: »Lass in der nächsten Nacht deine Schlafkammer offen; meine Diener sollen außen stehen und, wenn er eingeschlafen ist, hineingehen, ihn binden und auf ein Schiff tragen, das ihn in die weite Welt führt.« Die Frau war damit zufrieden, des Königs Waffenträger aber, der alles mit angehört hatte, war dem jungen Herrn gewogen und hinterbrachte ihm den ganzen Anschlag. »Dem Ding will ich einen Riegel vorschieben«, sagte das Schneiderlein. Abends legte es sich zu gewöhnlicher Zeit mit seiner Frau zu Bett. Als sie glaubte, es sei eingeschlafen, stand sie auf, öffnete die Tür und legte sich wieder.

Das Schneiderlein, das sich nur stellte, als wenn es schlief, fing an, mit heller Stimme zu rufen: »Junge, mach mir das Wams und flick mir die Hosen, oder ich will dir die Elle über die Ohren schlagen! Ich habe siebene mit einem Streich getroffen, zwei Riesen getötet, ein Einhorn fortgeführt und ein Wildschwein gefangen und sollte mich vor denen fürchten, die draußen vor der Kammer stehen?« Als diese den Schneider also sprechen hörten, überkam sie eine große Furcht; sie liefen voller Angst davon, und also war und blieb das Schneiderlein sein Lebtag ein König.

Die Kernaussagen im Überblick

- Man muss sich nicht verstecken vor der Welt. Auch kleine Leistungen sind es wert, dass man sich darüber freut.
- Schwierige Aufgaben bewältigt zu haben schenkt Selbstvertrauen. Und aus Selbstvertrauen entsteht Mut.
- Verstandeskraft ist manchmal wichtiger als körperliche Stärke. Durch Nachdenken und gezieltes Vorgehen lassen sich sogar Riesen bezwingen.
- Logik ist gut, Kreativität ist besser. Ohne seine Geistesblitze hätte das Schneiderlein die Aufgaben nicht lösen können.

Hans im Glück

Hans hatte sieben Jahre bei seinem Herrn gedient, da sprach er zu ihm: »Herr, meine Zeit ist herum, nun wollte ich gerne wieder heim zu meiner Mutter, gebt mir meinen Lohn.« Der Herr antwortete: »Du hast mir treu und ehrlich gedient; wie der Dienst war, so soll der Lohn sein«, und gab ihm ein Stück Gold, das so groß wie Hansens Kopf war. Hans zog sein Tüchlein aus der Tasche, wickelte den Klumpen hinein, setzte ihn auf die Schulter und machte sich auf den Weg nach Haus. Wie er so dahinging und immer ein Bein vor das andere setzte, kam ihm ein Reiter in die Augen, der frisch und fröhlich auf einem munteren Pferd vorbeitrabte. »Ach«, sprach Hans ganz laut, »was ist das Reiten ein schönes Ding! Da sitzt einer wie auf einem Stuhl, stößt sich an keinem Stein, spart die Schuh und kommt fort, er weiß nicht wie.« Der Reiter, der das gehört hatte, hielt an und rief: »Ei, Hans, warum läufst du auch zu Fuß?« – »Ich muss ja wohl«, antwortete er, »da habe ich einen Klumpen heimzutragen. Es ist zwar Gold, aber ich kann den Kopf dabei nicht geradhalten, auch drückt mir's auf die Schulter.« – »Weißt du was«, sagte der Reiter, »wir wollen tauschen, ich gebe dir mein Pferd, und du gibst mir deinen Klumpen.« – »Von

Herzen gern«, sprach Hans, »aber ich sage Euch, Ihr müsst Euch damit schleppen.« Der Reiter stieg ab, nahm das Gold und half dem Hans hinauf, gab ihm die Zügel fest in die Hände und sprach: »Wenn's nun recht geschwind soll gehen, so musst du mit der Zunge schnalzen und hopp hopp rufen.«

Hans war seelenfroh, als er auf dem Pferde saß und so frank und frei dahinritt. Über ein Weilchen fiel's ihm ein, es sollte noch schneller gehen, und er fing an, mit der Zunge zu schnalzen und hopp hopp zu rufen. Das Pferd setzte sich in starken Trab, und ehe sich's Hans versah, war er abgeworfen und lag in einem Graben, der die Äcker von der Landstraße trennte. Das Pferd wäre auch durchgegangen, wenn es nicht ein Bauer aufgehalten hätte, der des Weges kam und eine Kuh vor sich hertrieb. Hans suchte seine Glieder zusammen und machte sich wieder auf die Beine. Er war aber verdrießlich und sprach zu dem Bauer: »Es ist ein schlechter Spaß, das Reiten, zumal, wenn man auf so eine Mähre gerät wie diese, ich setze mich nun und nimmermehr wieder auf. Da lob ich mir Eure Kuh, da kann einer mit Gemächlichkeit hinterhergehen und hat obendrein seine Milch, Butter und Käse jeden Tag gewiss. Was gäb ich darum, wenn ich so eine Kuh hätte!« – »Nun«, sprach der Bauer, »geschieht Euch so ein großer Gefallen, so will ich Euch wohl die Kuh für das Pferd vertauschen.« Hans willigte mit tausend Freuden ein, der Bauer schwang sich aufs Pferd und ritt eilig davon.

Hans trieb seine Kuh ruhig vor sich her und bedachte den glücklichen Handel. »Hab ich nur ein Stück Brot, und daran wird mir's doch nicht fehlen, so kann ich, sooft mir's beliebt, Butter und Käse dazu essen; hab ich Durst, so melk ich meine Kuh und trinke Milch. Herz, was verlangst du mehr?« Als er zu einem Wirtshaus kam, machte er Halt, aß in der großen Freude alles, was er bei sich hatte, sein Mittag- und Abendbrot, auf und ließ sich für seine letzten paar Heller ein halbes Glas Bier einschenken. Dann trieb er seine Kuh weiter, immer nach dem Dorfe seiner Mutter zu. Die Hitze ward drückender, je näher der Mittag kam, und Hans befand sich in einer Heide, die wohl noch eine Stunde dauerte.

Da ward es ihm ganz heiß, so dass ihm vor Durst die Zunge am

Gaumen klebte. Dem Ding ist zu helfen, dachte Hans, jetzt will ich meine Kuh melken und mich an der Milch laben. Er band sie an einen dürren Baum, und da er keinen Eimer hatte, so stellte er seine Ledermütze unter, aber wie er sich auch bemühte, es kam kein Tropfen Milch zum Vorschein. Und weil er sich ungeschickt dabei anstellte, so gab ihm das ungeduldige Tier endlich mit einem der Hinterfüße einen solchen Schlag vor den Kopf, dass er zu Boden taumelte und eine Zeitlang sich gar nicht besinnen konnte, wo er war. Glücklicherweise kam gerade ein Metzger des Weges, der auf einem Schubkarren ein junges Schwein liegen hatte. »Was sind das für Streiche!«, rief er und half dem guten Hans auf. Hans erzählte, was vorgefallen war. Der Metzger reichte ihm seine Flasche und sprach: »Da trinkt einmal und erholt Euch. Die Kuh will wohl keine Milch geben, das ist ein altes Tier, das höchstens noch zum Ziehen taugt oder zum Schlachten.« – »Ei, ei«, sprach Hans und strich sich die Haare über den Kopf, »wer hätte das gedacht! Es ist freilich gut, wenn man so ein Tier im Haus abschlachten kann, was gibt's für Fleisch! Aber ich mache mir aus dem Kuhfleisch nicht viel, es ist mir nicht saftig genug. Ja, wer so ein junges Schwein hätte! Das schmeckt anders, dabei noch die Würste.« – »Hört, Hans«, sprach der Metzger, »Euch zuliebe will ich tauschen und will Euch das Schwein für die Kuh lassen.« – »Gott lohn Euch Eure Freundschaft«, sprach Hans, übergab ihm die Kuh, ließ sich das Schweinchen losmachen und den Strick in die Hand geben.

Hans zog weiter und überdachte, wie ihm doch alles nach Wunsch ginge, begegnete ihm eine Verdrießlichkeit, so würde sie doch gleich wieder gutgemacht. Es gesellte sich danach ein Bursch zu ihm, der trug eine schöne weiße Gans unter dem Arm. Sie boten einander die Zeit, und Hans fing an, von seinem Glück zu erzählen und wie er immer so vorteilhaft getauscht hätte. Der Bursch erzählte ihm, dass er die Gans zu einem Kindstaufschmaus brächte. »Hebt einmal«, fuhr er fort und packte sie bei den Flügeln, »wie schwer sie ist, die ist aber auch acht Wochen lang genudelt worden. Wer in den Braten beißt, muss sich das Fett von beiden Seiten abwischen.« – »Ja«, sprach Hans und wog sie mit der einen Hand,

»die hat ihr Gewicht, aber ein Schwein ist auch keine Sau.« Indessen sah sich der Bursch nach allen Seiten ganz bedenklich um, schüttelte auch wohl mit dem Kopf. »Hört«, fing er darauf an, »mit Eurem Schweine mag's nicht ganz richtig sein. In dem Dorfe, durch das ich gekommen bin, ist eben dem Schulzen eins aus dem Stalle gestohlen worden. Ich fürchte, ich fürchte, Ihr habt's da in der Hand. Sie haben Leute ausgeschickt, und es wäre ein schlimmer Handel, wenn sie Euch mit dem Schwein erwischten. Das Geringste ist, dass Ihr ins finstere Loch gesteckt werdet.«

Dem guten Hans ward bang: »Ach Gott«, sprach er, »helft mir aus der Not, Ihr wisst hierherum bessern Bescheid, nehmt mein Schwein da und lasst mir Eure Gans.« – »Ich muss schon etwas aufs Spiel setzen«, antwortete der Bursche, »aber ich will doch nicht schuld sein, dass Ihr ins Unglück geratet.« Er nahm also das Seil in die Hand und trieb das Schwein schnell auf einen Seitenweg fort, der gute Hans aber ging, seiner Sorgen entledigt, mit der Gans unter dem Arme der Heimat zu. »Wenn ich's recht überlege«, sprach er mit sich selbst, »habe ich noch Vorteil bei dem Tausch: erstlich den guten Braten, hernach die Menge von Fett, die heraustråufeln wird, das gibt Gänsefettbrot auf ein Vierteljahr, und endlich die schönen, weißen Federn, die lass ich mir in mein Kopfkissen stopfen, und darauf will ich wohl ungewiegt einschlafen.«

Als er durch das letzte Dorf gekommen war, stand da ein Scherenschleifer mit seinem Karren, sein Rad schnurrte, und er sang dazu:

»Ich schleife die Schere und drehe geschwind
und hänge mein Mäntelchen nach dem Wind.«

Hans blieb stehen, sah ihm zu und sagte: »Euch geht's wohl, weil Ihr so lustig bei Eurem Schleifen seid.« – »Ja«, antwortete der Scherenschleifer, »das Handwerk hat einen güldenen Boden. Ein rechter Schleifer findet, sooft er in die Tasche greift, auch Geld darin. Aber wo habt Ihr die schöne Gans gekauft?« – »Die hab ich nicht gekauft, sondern für mein Schwein eingetauscht.« – »Und das Schwein?« – »Das hab ich für eine Kuh gekriegt.« – »Und die Kuh?« – »Die hab ich für ein Pferd bekommen.« – »Und das Pferd?«

– »Dafür hab ich einen Klumpen Gold, so groß wie mein Kopf, gegeben.« – »Und das Gold?« – »Ei, das war mein Lohn für sieben Jahre Dienst.« – »Ihr habt Euch jederzeit zu helfen gewusst«, sprach der Schleifer, »könnt Ihr's nun dahin bringen, dass Ihr das Geld in der Tasche springen hört, wenn Ihr aufsteht, so habt Ihr Euer Glück gemacht.« – »Wie soll ich das anfangen?«, sprach Hans. »Ihr müsst ein Schleifer werden wie ich; dazu gehört nichts als ein Wetzstein, das andere findet sich schon von selbst. Da hab ich einen, der ist zwar ein wenig schadhaft, dafür sollt Ihr mir aber auch weiter nichts als Eure Gans geben; wollt Ihr das?« – »Wie könnt Ihr noch fragen?«, antwortete Hans. »Ich werde ja zum glücklichsten Menschen auf Erden; habe ich Geld, sooft ich in die Tasche greife, was brauche ich da länger zu sorgen?« Er reichte ihm die Gans hin und nahm den Wetzstein in Empfang. »Nun«, sprach der Schleifer und hob einen gewöhnlichen schweren Feldstein, der neben ihm lag, auf, »da habt Ihr noch einen tüchtigen Stein dazu, auf dem sich's gut schlagen lässt und Ihr Eure alten Nägel gerade klopfen könnt. Nehmt ihn und hebt ihn ordentlich auf.«

Hans lud den Stein auf und ging mit vergnügtem Herzen weiter; seine Augen leuchteten vor Freude; »ich muss in einer Glückshaut geboren sein«, rief er aus, »alles, was ich wünsche, trifft mir ein wie einem Sonntagskind.« Indessen, weil er seit Tagesanbruch auf den Beinen gewesen war, begann er müde zu werden; auch plagte ihn der Hunger, da er allen Vorrat auf einmal in der Freude über die erhandelte Kuh aufgezehrt hatte. Er konnte endlich nur mit Mühe weitergehen und musste jeden Augenblick Halt machen; dabei drückten ihn die Steine ganz erbärmlich. Da konnte er sich des Gedankens nicht erwehren, wie gut es wäre, wenn er sie gerade jetzt nicht zu tragen brauchte. Wie eine Schnecke kam er zu einem Feldbrunnen geschlichen, wollte da ruhen und sich mit einem frischen Trunk laben. Damit er aber die Steine im Niedersitzen nicht beschädigte, legte er sie bedächtig neben sich auf den Rand des Brunnens. Darauf setzte er sich nieder und wollte sich zum Trinken bücken, da versah er's, stieß ein klein wenig an, und beide Steine plumpsten hinab. Hans, als er sie mit seinen Augen in die Tiefe hatte versinken sehen, sprang vor Freuden auf, kniete dann nieder und dankte Gott mit Tränen in den Augen, dass er ihm auch diese Gnade noch erwiesen und ihn auf eine so gute Art von den schweren Steinen befreit hätte, die ihm allein noch hinderlich gewesen wären. »So glücklich wie ich«, rief er aus, »gibt es keinen Menschen unter der Sonne.« Mit leichtem Herzen und frei von aller Last sprang er nun fort, bis er daheim bei seiner Mutter war.

Die Kernaussagen im Überblick

- Der materielle Wert ist nicht das, was den Menschen wirklich glücklich macht.
- Freiheit kann wichtiger sein als Besitz.
- Der naive, nicht berechnende Blick schenkt Freude an den kleinen Dingen des Lebens.
- Ob etwas kostbar oder weniger kostbar ist, hängt nicht immer vom Geldwert, sondern oft von der Situation ab.
- Wer auch für weniger wertvolle Dinge Dankbarkeit empfinden kann, ist vor Neid und Missgunst gefeit.
- Optimismus macht das Leben leichter.

Der gestiefelte Kater

Ein Müller hatte drei Söhne, seine Mühle, einen Esel und einen Kater; die Söhne mussten mahlen, der Esel Getreide holen und Mehl forttragen und die Katze die Mäuse wegfangen. Als der Müller starb, teilten sich die drei Söhne die Erbschaft, der älteste bekam die Mühle, der zweite den Esel, der dritte den Kater, weiter blieb nichts für ihn übrig. Da war er traurig und sprach zu sich selbst: »Ich hab es doch am allerschlimmsten gekriegt, mein ältester Bruder kann mahlen, mein zweiter kann auf seinem Esel reiten, was kann ich mit dem Kater anfangen? Lass ich mir ein Paar Pelzhandschuhe aus seinem Fell machen, so ist's vorbei.« – »Hör«, fing der Kater an, der alles verstanden hatte, was er gesagt, »du brauchst mich nicht zu töten um ein Paar schlechter Handschuhe, lass mir nur ein Paar Stiefel machen, dass ich ausgehen und mich unter den Leuten sehen lassen kann, dann soll dir bald geholfen sein.« Der Müllerssohn verwunderte sich, dass der Kater so sprach, weil aber eben der Schuster vorbeiging, rief er ihn herein und ließ ihm ein Paar Stiefel anmessen. Als sie fertig waren, zog sie der Kater an, nahm einen Sack, machte den Boden desselben voll Korn, oben aber eine Schnur daran, womit man ihn zuziehen konnte, dann warf er ihn über den Rücken und ging auf zwei Beinen wie ein Mensch zur Tür hinaus.

Dazumal regierte ein König in dem Land, der aß die Rebhühner so gern. Es war aber eine Not, dass keine zu kriegen waren. Der ganze Wald war voll, aber sie waren so scheu, dass kein Jäger sie erreichen konnte. Das wusste der Kater und gedachte seine Sache besser zu machen; als er in den Wald kam, tat er den Sack auf, breitete das Korn auseinander, die Schnur aber legte er ins Gras und leitete sie hinter eine Hecke. Dann versteckte er sich und lauerte. Die Rebhühner kamen bald gelaufen, fanden das Korn und eins nach dem andern hüpfte in den Sack hinein. Als eine gute Anzahl darin war, zog der Kater den Strick zu, lief herzu und drehte ihnen den Hals um; dann ging er geradeswegs nach des Königs Schloss. Die Wache rief: »Halt! Wohin?« – »Zu dem König«, antwortete der Kater kurzweg. – »Bist du toll, ein Kater zum König?« – »Lass ihn nur gehen«, sagte ein anderer, »der König hat doch oft Langeweile, vielleicht macht ihm der Kater mit seinem Brummen und Spinnen Vergnügen.« Als der Kater vor den König kam, machte er eine Reverenz und sagte: »Mein Herr, der Graf«, dabei nannte er einen langen und vornehmen Namen, »lässt sich dem Herrn König empfehlen und schickt ihm hier Rebhühner, die er eben in Schlingen gefangen hat.« Der König erstaunte über die schönen Rebhühner, wusste sich vor Freude nicht zu lassen und befahl, dem Kater so viel Gold aus der Schatzkammer in den Sack zu tun, als er tragen könne: »Das bring deinem Herrn und dank ihm für sein Geschenk.«

Der arme Müllerssohn aber saß zu Haus am Fenster, stützte den Kopf auf die Hand und dachte, dass er nun sein Letztes für die Stiefel des Katers weggegeben, und was werde ihm der schon Großes dafür bringen können. Da trat der Kater herein, warf den Sack vom Rücken, schnürte ihn auf und schüttete das Gold vor den Müller hin: »Da hast du etwas für die Stiefel, der König lässt dich auch grüßen und dir viel Dank sagen.« Der Müller war froh über den Reichtum, ohne dass er noch recht begreifen konnte, wie es zugegangen war. Der Kater aber, während er seine Stiefel auszog, erzählte ihm alles, dann sagte er: »Du hast zwar jetzt Geld genug, aber dabei soll es nicht bleiben, morgen zieh ich meine Stiefel wieder an, du sollst noch reicher werden, dem König hab ich auch gesagt, dass du ein Graf bist.« Am andern Tag ging der Kater, wie er gesagt hatte, wohlgestiefelt wieder auf die Jagd und brachte dem König einen reichen Fang. So ging es alle Tage, und der Kater brachte alle Tage Gold heim und ward so beliebt wie einer bei dem König, dass er aus und ein gehen durfte und im Schloss herumstreichen, wo er wollte. Einmal stand der Kater in der Küche des Königs beim Herd und wärmte sich, da kam der Kutscher und fluchte: »Ich wünsch, der König mit der Prinzessin wär beim Henker! Ich wollt ins Wirtshaus gehen und einmal trinken und Karten spielen, da soll ich sie spazieren fahren an den See.« Wie der Kater das hörte, schlich er nach Haus und sagte zu seinem Herrn: »Wenn du willst ein Graf und reich werden, so komm mit mir hinaus an den See und bad dich darin.« Der Müller wusste nicht, was er dazu sagen sollte, doch folgte er dem Kater, zog sich splitternackend aus und sprang ins Wasser. Der Kater aber nahm seine Kleider und versteckte sie. Kaum war er damit fertig, da kam der König dahergefahren; der Kater fing sogleich an, erbärmlich zu lamentieren: »Ach! Allergnädigster König! Mein Herr, der hat sich hier im See gebadet, da ist ein Dieb gekommen und hat ihm die Kleider gestohlen, nun ist der Herr Graf im Wasser und kann nicht heraus, und wenn er länger darin bleibt, wird er sich erkälten und sterben.« Wie der König das hörte, ließ er

Halt machen, und einer von seinen Leuten musste zurückjagen und von des Königs Kleidern holen. Der Herr Graf zog die prächtigsten Kleider an, und weil ihm ohnehin der König wegen der Rebhühner, die er meinte von ihm empfangen zu haben, gewogen war, so musste er sich zu ihm in die Kutsche setzen. Die Prinzessin war auch nicht bös darüber, denn der junge Graf gefiel ihr recht gut.

Der Kater aber war vorausgegangen und zu einer großen Wiese gekommen, wo über hundert Leute waren und Heu machten. »Wem ist die Wiese, ihr Leute?«, fragte der Kater. – »Dem großen Zauberer.« – »Hört, jetzt wird der König bald vorbeifahren, wenn der fragt, wem die Wiese gehört, so antwortet: ›Dem Grafen‹; und wenn ihr das nicht tut, so werdet ihr alle totgeschlagen.« – Darauf ging der Kater weiter und kam an ein Kornfeld, so groß, dass es niemand übersehen konnte, da standen mehr als zweihundert Leute und schnitten das Korn. »Wem ist das Korn, ihr Leute?« – »Dem Zauberer.« – »Hört, jetzt wird der König vorbeifahren, wenn er fragt, wem das Korn gehört, so antwortet: ›Dem Grafen‹; und wenn ihr das nicht tut, so werdet ihr alle totgeschlagen.« – Endlich kam der Kater an einen prächtigen Wald, da standen mehr als dreihundert Leute, fällten die großen Eichen und machten Holz. »Wem ist der Wald, ihr Leute?« – »Dem Zauberer.« – »Hört, jetzt wird der König vorbeifahren, wenn er fragt, wem der Wald gehört, so antwortet: ›Dem Grafen‹; und wenn ihr das nicht tut, so werdet ihr alle umgebracht.«

Der Kater ging noch weiter, die Leute sahen ihm alle nach, und weil er so wunderlich aussah und wie ein Mensch in Stiefeln daherging, fürchteten sie sich vor ihm. Er kam bald an des Zauberers Schloss, trat kecklich hinein und vor ihn hin. Der Zauberer sah ihn verächtlich an und fragte ihn, was er wolle. Der Kater machte eine Reverenz und sagte: »Ich habe gehört, dass du in jedes Tier nach deinem Gefallen dich verwandeln könntest; was einen Hund, Fuchs oder auch Wolf betrifft, da will ich es wohl glauben, aber von einem Elefant, das scheint mir ganz unmöglich, und deshalb bin ich gekommen, um mich selbst zu überzeugen.« Der Zauberer sagte stolz: »Das ist mir eine Kleinigkeit«, und war in dem Augenblick in einen Elefant verwandelt. »Das ist viel, aber auch in einen Löwen?« – »Das ist auch nichts«, sagte der Zauberer und stand als ein Löwe vor dem Kater.

Der Kater stellte sich erschrocken und rief: »Das ist unglaublich und unerhört, dergleichen hätt ich mir nicht im Traume in die Gedanken kommen lassen; aber noch mehr als alles andere wäre es, wenn du dich auch in ein so kleines Tier, wie eine Maus ist, verwandeln könntest, du kannst gewiss mehr als irgendein Zauberer auf der Welt, aber das wird dir doch zu hoch sein.« Der Zauberer war ganz freundlich durch die süßen Worte und sagte: »O ja, liebes Kätzchen, das kann ich auch«, und sprang als eine Maus im Zimmer herum. Der Kater war hinter ihr her, fing die Maus und fraß sie auf.

Der König aber war mit dem Grafen und der Prinzessin weiter spazieren gefahren und kam zu der großen Wiese. »Wem gehört das Heu?«, fragte der König. – »Dem Herrn Grafen«, riefen alle, wie der Kater ihnen befohlen hatte. – »Ihr habt da ein schön Stück Land, Herr Graf«, sagte er. Darnach kamen sie an das große Kornfeld. »Wem gehört das Korn, ihr Leute?« – »Dem Herrn Grafen.« – »Ei! Herr Graf! Große, schöne Ländereien!« – Darauf zu dem Wald: »Wem gehört das Holz, ihr Leute?« – »Dem Herrn Grafen.« – Der König verwunderte sich noch mehr und sagte: »Ihr müsst ein reicher Mann sein, Herr Graf, ich habe keinen so prächtigen Wald.«

Endlich kamen sie an das Schloss, der Kater stand oben an der Treppe, und als der Wagen unten hielt, sprang er herab, machte die Tür auf und sagte: »Herr König, Ihr gelangt hier in das Schloss meines Herrn, des Grafen, den diese Ehre für sein Lebtag glücklich machen wird.« Der König stieg aus und verwunderte sich über das prächtige Gebäude, das fast größer und schöner war als sein Schloss; der Graf aber führte die Prinzessin hinauf in den Saal.

Da ward die Prinzessin dem Grafen versprochen, und als der König starb, ward er König, der gestiefelte Kater aber sein erster Minister.

Die Kernaussagen im Überblick

- So wie der Müllerssohn, der dem Kater Stiefel schenkte: Manchmal muss man Dinge tun, deren Sinn sich nicht auf den ersten Blick erschließt.
- Ehrgeiz ist nicht giftig. Er hilft, die Ziele im Leben zu erkennen, und macht erfinderisch, um sie zu erreichen.
- Wissen ist Macht. Die richtigen Informationen zur richtigen Zeit und vorausschauendes Handeln können den Weg ebnen.
- Nicht nur für sich selbst, sondern auch für andere zu kämpfen kann Glück und Zufriedenheit schenken.
- Gute Umgangsformen öffnen die Türen und können helfen, die Ziele zu erreichen.

Frau Holle

Eine Witwe hatte zwei Töchter, davon war die eine schön und fleißig, die andere hässlich und faul. Sie hatte aber die hässliche und faule, weil sie ihre rechte Tochter war, viel lieber, und die andere musste alle Arbeit tun. Das arme Mädchen musste sich täglich auf die große Straße bei einem Brunnen setzen und musste so viel spinnen, dass ihm das Blut aus den Fingern sprang. Nun trug es sich zu, dass die Spule einmal ganz blutig war; da bückte es sich damit in den Brunnen und wollte sie abwaschen, sie sprang ihm aber aus der Hand und fiel hinab. Es weinte, lief zur Stiefmutter und erzählte ihr das Unglück. Sie schalt es aber so heftig und war so unbarmherzig, dass sie sprach: »Hast du die Spule hinunterfallen lassen, so hol sie auch wieder herauf.« Da ging das Mädchen zu dem Brunnen zurück und wusste nicht, was es anfangen sollte, und in seiner Herzensangst sprang es in den Brunnen hinein, um die Spule zu holen. Es verlor die Besinnung, und als es erwachte und wieder zu sich selber kam, war es auf einer schönen Wiese, wo die Sonne schien und viel tausend Blumen standen. Auf dieser Wiese ging es fort und kam zu einem Backofen, der war voller Brot; das Brot aber rief: »Ach, zieh mich raus, zieh mich raus, sonst verbrenn ich, ich bin schon längst ausgebacken.« Da trat es herzu und holte mit dem Brotschieber alles nacheinander heraus. Danach ging es weiter und kam zu einem Baum, der hing voller Äpfel und rief ihm zu: »Ach, schüttel mich, schüttel mich, wir Äpfel sind alle miteinander reif.« Da schüttelte es den Baum, dass die Äpfel fielen, als regneten sie, und schüttelte, bis keiner mehr oben war; und als es alle in einen Haufen zusammengelegt hatte, ging es wieder weiter.

Endlich kam es zu einem kleinen Haus, daraus guckte eine alte Frau, weil sie aber so große Zähne hatte, ward ihm Angst, und es wollte fortlaufen. Die alte Frau aber rief ihm nach: »Was fürchtest du dich, liebes Kind? Bleib bei mir, wenn du alle Arbeit tun willst, so soll dir's gut gehn. Du musst nur Acht geben, dass du mein Bett gut machst und es fleißig aufschüttelst, dass die Federn fliegen. Dann schneit es in der Welt; ich bin die Frau Holle.« Weil die Alte so gut zusprach, willigte es ein und gab sich in ihren Dienst. Es besorgte auch alles nach ihrer Zufriedenheit und schüttelte ihr das Bett immer gewaltig auf, dass die Federn wie Schneeflocken umherflogen; dafür hatte es auch ein gutes Leben bei ihr, kein böses Wort und alle Tage Gesottenes und Gebratenes.

Nun war es eine Zeitlang bei der Frau Holle, da ward es traurig und wusste anfangs selbst nicht, was ihm fehlte, endlich merkte es, dass es Heimweh war; obwohl es ihm hier vieltausendmal besser ging als zu Haus. Endlich sagte es zu ihr: »Ich habe den Jammer nach Haus gekriegt, und wenn es mir auch noch so gut hier unten geht, so kann ich doch nicht länger bleiben, ich muss wieder hinauf zu den Meinigen.« Die Frau Holle sagte: »Es gefällt mir, dass du wieder nach Haus verlangst, und weil du mir so treu gedient hast, so will ich dich selbst wieder hinaufbringen.« Sie nahm es darauf bei der Hand und führte es vor ein großes Tor. Das Tor ward aufgetan, und wie das Mädchen gerade darunter stand,

fiel ein gewaltiger Goldregen, und alles Gold blieb an ihm hängen, so dass es über und über davon bedeckt war. »Das sollst du haben, weil du so fleißig gewesen bist«, sprach die Frau Holle und gab ihm auch die Spule wieder, die ihm in den Brunnen gefallen war. Darauf ward das Tor verschlossen, und das Mädchen befand sich oben auf der Welt, nicht weit von seiner Mutter Haus.
Und als es in den Hof kam, saß der Hahn auf dem Brunnen und rief:

»Kikeriki,
unsere goldene Jungfrau ist wieder hie.«

Da ging es hinein zu seiner Mutter, und weil es so mit Gold bedeckt ankam, ward es von ihr und der Schwester gut aufgenommen.
Das Mädchen erzählte alles, was ihm begegnet war, und als die Mutter hörte, wie es zu dem großen Reichtum gekommen war, wollte sie der andern hässlichen und faulen Tochter gerne dasselbe Glück verschaffen.
Sie musste sich an den Brunnen setzen und spinnen, und damit ihre Spule blutig ward, stach sie sich in die Finger und stieß die Hand in die Dornhecke. Dann warf sie die Spule in den Brunnen und sprang selber hinein. Sie kam wie die andere auf die schöne Wiese und ging auf demselben Pfade weiter. Als sie zu dem Backofen gelangte, schrie das Brot wieder: »Ach, zieh mich raus, zieh mich raus, sonst verbrenn ich, ich bin schon längst ausgebacken.« Die Faule aber antwortete: »Da hätt ich Lust, mich schmutzig zu machen«, und ging fort. Bald kam sie zu dem Apfelbaum, der rief: »Ach, schüttel mich, schüttel mich, wir Äpfel sind alle miteinander reif.« Sie antwortete aber: »Du kommst mir recht, es könnte mir einer auf den Kopf fallen«, und ging damit weiter. Als sie vor der Frau Holle Haus kam, fürchtete sie sich nicht, weil sie von ihren großen Zähnen schon gehört hatte, und verdingte sich gleich zu ihr. Am ersten Tag tat sie sich Gewalt an, war fleißig und folgte der Frau Holle, wenn sie ihr etwas sagte, denn sie dachte an das viele Gold, das sie ihr schenken würde; am zweiten Tag aber fing sie schon an zu faulenzen, am dritten noch mehr, da wollte sie

morgens gar nicht aufstehen. Sie machte auch der Frau Holle das Bett nicht, wie sich's gebührte, und schüttelte es nicht, dass die Federn aufflogen. Das ward die Frau Holle bald müde und sagte ihr den Dienst auf. Die Faule war das wohl zufrieden und meinte, nun würde der Goldregen kommen; die Frau Holle führte sie auch zu dem Tor, als sie aber darunter stand, ward statt des Goldes ein großer Kessel voll Pech ausgeschüttet. »Das ist zur Belohnung deiner Dienste«, sagte die Frau Holle und schloss das Tor zu.
Da kam die Faule heim, aber sie war ganz mit Pech bedeckt, und der Hahn auf dem Brunnen, als er sie sah, rief:

»Kikeriki,
unsere schmutzige Jungfrau ist wieder hie.«

Das Pech aber blieb fest an ihr hängen und wollte, solange sie lebte, nicht abgehen.

Die Kernaussagen im Überblick

- Leben heißt Entscheidungen zu treffen. Immer wieder.
- Ist eine Rolle oder ein Image festgelegt, ist es schwer, daraus auszubrechen.
- Fleiß bedeutet, ein offenes Ohr für die Mitwelt zu haben: Wo werde ich gebraucht?
- Fleißig zu sein hat nicht immer mit Berechnung zu tun. Auch Mitempfinden kann der Motor für Fleiß sein.
- Engagement ohne soziale Kontrolle bedeutet Reife.
- Sich anzustrengen lohnt sich.

Der Froschkönig oder der eiserne Heinrich

In den alten Zeiten, wo das Wünschen noch geholfen hat, lebte ein König, dessen Töchter waren alle schön, aber die jüngste war so schön, dass die Sonne selber, die doch so vieles gesehen hat, sich verwunderte, sooft sie ihr ins Gesicht schien. Nahe bei dem Schlosse des Königs lag ein großer, dunkler Wald, und in dem Walde, unter einer alten Linde war ein Brunnen. Wenn nun der Tag recht heiß war, so ging das Königskind hinaus in den Wald und setzte sich an den Brunnen, und wenn es Langeweile hatte, so nahm es eine goldene Kugel, warf sie in die Höhe und fing sie wieder; und das war sein liebstes Spielwerk.

Nun trug es sich einmal zu, dass die goldene Kugel der Königstochter nicht in ihr Händchen fiel, das sie in die Höhe gehalten hatte, sondern vorbei auf die Erde schlug und geradezu ins Wasser hineinrollte. Die Königstochter folgte ihr mit den Augen nach, aber die Kugel verschwand, und der Brunnen war tief, so tief, dass man keinen Grund sah. Da fing sie an zu weinen und weinte immer lauter und konnte sich gar nicht trösten. Und wie sie so klagte, rief ihr jemand zu: »Was hast du vor, Königstochter, du schreist ja, dass sich ein Stein erbarmen möchte.« Sie sah sich um, woher die Stimme käme, da erblickte sie einen Frosch, der seinen dicken hässlichen Kopf aus dem Wasser streckte. »Ach, du bist's, alter Wasserpatscher«, sagte sie, »ich weine über meine goldene Kugel, die mir in den Brunnen hinabgefallen ist.« – »Sei still und weine nicht«, antwortete der Frosch, »ich kann wohl Rat schaffen, aber was gibst du mir, wenn ich dein Spielwerk wieder heraufhole?« – »Was du haben willst, lieber Frosch«, sagte sie, »meine Kleider, meine Perlen und Edelsteine, auch noch die goldene Krone, die ich trage.« Der Frosch antwortete: »Deine Kleider, deine Perlen und Edelsteine und deine goldene Krone, die mag ich nicht, aber wenn du mich lieb haben willst, und ich soll dein Geselle und Spielkamerad sein, an deinem Tischlein neben dir sitzen, von deinem goldenen Tellerlein essen, aus deinem Becherlein trinken, in deinem Bettlein schlafen; wenn du mir das versprichst, so will ich hinuntersteigen und dir die goldene Kugel wieder heraufholen.« – »Ach ja«, sagte sie, »ich verspreche dir alles, was du willst, wenn du mir nur die Kugel wiederbringst.« Sie dachte aber: ›Was der einfältige Frosch schwätzt, der sitzt im Wasser bei seinesgleichen und quakt und kann keines Menschen Geselle sein.‹

Der Frosch, als er die Zusage erhalten hatte, tauchte seinen Kopf unter, sank hinab, und über ein Weilchen kam er wieder heraufgerudert, hatte die Kugel im Maul und warf sie ins Gras. Die Königstochter war voll Freude, als sie ihr schönes Spielwerk wieder erblickte, hob es auf und sprang damit fort. »Warte, warte«, rief der Frosch, »nimm mich mit, ich kann nicht so laufen wie du.« Aber es half ihm nichts! Sie hörte nicht darauf, eilte nach Haus und hatte bald den armen Frosch vergessen, der wieder in seinen Brunnen hinabsteigen musste.

Am andern Tage, als sie mit dem König und allen Hofleuten sich zur Tafel gesetzt hatte und von ihrem goldenen Tellerlein aß, da kam, plitsch platsch, plitsch platsch, etwas die Marmortreppe heraufgekrochen, und als es oben angelangt war, klopfte es an der Tür und rief: »Königstochter, jüngste, mach mir auf!« Sie lief und wollte sehen, wer draußen wäre, als sie aber aufmachte, so saß der Frosch davor. Da warf sie die Tür hastig zu, setzte sich wieder an den Tisch, und es war ihr ganz angst. Der König sah wohl, dass ihr das Herz gewaltig klopfte, und sprach: »Mein Kind, was fürchtest du dich, steht etwa ein Riese vor der Tür und will dich holen?« – »Ach nein«, antwortete sie, »es ist kein Riese, sondern ein garstiger Frosch.« – »Was will der Frosch von dir?« – »Ach, lieber Vater, als ich gestern im Wald bei dem Brunnen saß und spielte, da fiel meine goldene Kugel ins Wasser. Und weil ich so weinte, hat sie der Frosch wieder heraufgeholt, und weil er es durchaus verlangte, so versprach ich ihm, er sollte mein Geselle werden, ich dachte aber nimmermehr, dass er aus seinem Wasser herauskönnte. Nun ist er draußen und will zu mir herein.« Indem klopfte es zum zweiten Mal und rief:

»Königstochter, jüngste,
mach mir auf,

weißt du nicht, was gestern
du zu mir gesagt
bei dem kühlen Brunnenwasser?
Königstochter, jüngste,
mach mir auf.«

Da sagte der König: »Was du versprochen hast, das musst du auch halten; geh nur und mach ihm auf.« Sie ging und öffnete die Tür, da hüpfte der Frosch herein, ihr immer auf dem Fuße nach, bis zu ihrem Stuhl. Da saß er und rief: »Heb mich herauf zu dir.« Sie zauderte, bis es endlich der König befahl. Als der Frosch erst auf dem Stuhl war, wollte er auf den Tisch, und als er da saß, sprach er: »Nun schieb mir dein goldenes Tellerlein näher, damit wir zusammen essen.« Das tat sie zwar, aber man sah wohl, dass sie's nicht gerne tat. Der Frosch ließ sich's gut schmecken, aber ihr blieb fast jedes Bisslein im Halse. Endlich sprach er: »Ich habe mich satt gegessen und bin müde, nun trag mich in dein seiden Bettlein, da wollen wir uns schlafen legen.« Die Königstochter fing an zu weinen und fürchtete sich vor dem kalten Frosch, den sie sich nicht anzurühren getraute und der nun in ihrem schönen reinen Bettlein schlafen sollte. Der König aber ward zornig und sprach: »Wer dir geholfen hat, als du in der Not warst, den sollst du hernach nicht verachten.« Da packte sie ihn mit zwei Fingern, trug ihn hinauf und setzte ihn in eine Ecke. Als sie aber im Bett lag, kam er gekrochen und sprach: »Ich bin müde, ich will schlafen so gut wie du; heb mich herauf, oder ich sag's deinem Vater.« Da ward sie erst bitterböse, holte ihn herauf und warf ihn mit allen Kräften wider die Wand: »Nun wirst du Ruhe haben, du garstiger Frosch!«
Als er aber herabfiel, war er kein Frosch, sondern ein Königssohn mit schönen und freundlichen Augen. Der ward nun nach ihres Vaters Willen ihr lieber Geselle und Gemahl. Da erzählte er ihr, er wäre von einer bösen Hexe verwünscht worden, und niemand hätte ihn aus dem Brunnen erlösen können als sie allein, und morgen wollten sie zusammen in sein Reich gehen. Dann schliefen sie ein, und am andern Morgen kam ein Wagen herangefahren, mit acht weißen Pferden bespannt, die hatten weiße Straußfedern auf dem

Kopf und gingen in goldenen Ketten, und hinten stand der Diener des jungen Königs, das war der treue Heinrich. Der treue Heinrich hatte sich so betrübt, als sein Herr war in einen Frosch verwandelt worden, dass er drei eiserne Bande hatte um sein Herz legen lassen, damit es ihm nicht vor Weh und Traurigkeit zerspränge. Der Wagen aber sollte den jungen König in sein Reich abholen; der treue Heinrich hob beide hinein, stellte sich wieder hinten auf und war voller Freude über die Erlösung. Und als sie ein Stück Wegs gefahren waren, hörte der Königssohn, dass es hinter ihm krachte, als wäre etwas zerbrochen. Da drehte er sich um und rief:

»Heinrich, der Wagen bricht.«
»Nein, Herr, der Wagen nicht,
es ist ein Band von meinem Herzen,
das da lag in großen Schmerzen,
als Ihr in dem Brunnen saßt,
als Ihr eine Fretsche (Frosch) wast (wart).«

Noch einmal und noch einmal krachte es auf dem Weg, und der Königssohn meinte immer, der Wagen bräche, aber es waren nur die Bande, die vom Herzen des treuen Heinrich absprangen, weil sein Herr erlöst und glücklich war.

Die Kernaussagen im Überblick

- Ein Versprechen zu geben bedeutet Verantwortung zu übernehmen. Leichtfertige und vorschnelle Versprechen können weder Bindungen festigen noch Freundschaften aufbauen.
- Zuverlässigkeit ist ein Zeichen von Reife. Wenn ich mich an Abmachungen halte, zeige ich damit, dass ich den anderen wahrnehme und achte.
- Wer Unzuverlässigkeit erlebt, hat das Recht, Verlässlichkeit zu fordern. Ein gegebenes Versprechen ist bindend.
- Rebellion verschafft Reife.

Schneeweißchen und Rosenrot

Eine arme Witwe lebte einsam in einem Hüttchen, und vor dem Hüttchen war ein Garten, darin standen zwei Rosenbäumchen, davon trug das eine weiße, das andere rote Rosen. Und sie hatte zwei Kinder, die glichen den beiden Rosenbäumchen, und das eine hieß Schneeweißchen, das andere Rosenrot. Sie waren aber so fromm und gut, so arbeitsam und unverdrossen, als je zwei Kinder auf der Welt gewesen sind. Schneeweißchen war nur stiller und sanfter als Rosenrot. Rosenrot sprang lieber in den Wiesen und Feldern umher, suchte Blumen und fing Sommervögel. Schneeweißchen aber saß daheim bei der Mutter, half ihr im Hauswesen oder las ihr vor, wenn nichts zu tun war. Die beiden Kinder hatten einander so lieb, dass sie sich immer an den Händen fassten, sooft sie zusammen ausgingen. Und wenn Schneeweißchen sagte: »Wir wollen uns nicht verlassen«, so antwortete Rosenrot: »Solange wir leben, nicht.« Und die Mutter setzte hinzu: »Was das eine hat, soll's mit dem andern teilen.« Oft liefen sie im Walde allein umher und sammelten rote Beeren, aber kein Tier tat ihnen etwas zuleid, sondern sie kamen vertraulich herbei. Das Häschen fraß ein Kohlblatt aus ihren Händen, das Reh graste an ihrer Seite, der Hirsch sprang ganz lustig vorbei und die Vögel blieben auf den Ästen sitzen und sangen. Kein Unfall traf sie; wenn sie sich im Walde verspätet hatten und die Nacht sie überfiel, so legten sie sich nebeneinander auf das Moos und schliefen, bis der Morgen kam, und die Mutter wusste das und hatte ihretwegen keine Sorge. Einmal, als sie im Walde übernachtet hatten und das Morgenrot sie aufweckte, da sahen sie ein schönes Kind in einem weißen, glänzenden Kleidchen neben ihrem Lager sitzen. Es stand auf und blickte sie freundlich an, sprach aber nichts und ging in den Wald hinein. Und als sie sich umsahen, so hatten sie ganz nahe bei einem Abgrunde geschlafen und wären gewiss hineingefallen, wenn sie in der Dunkelheit noch ein paar Schritte weitergegangen wären. Die Mutter aber sagte ihnen, das müsste der Engel gewesen sein, der gute Kinder bewache.

Schneeweißchen und Rosenrot hielten das Hüttchen der Mutter so reinlich, dass es eine Freude war. Im Sommer besorgte Rosenrot das Haus und stellte der Mutter jeden Morgen, ehe sie aufwachte, einen Blumenstrauß vors Bett, darin war von jedem Bäumchen eine Rose. Im Winter zündete Schneeweißchen das Feuer an und hing den Kessel an den Feuerhaken, und der Kessel war von Messing, glänzte aber wie Gold, so rein war er gescheuert. Abends, wenn die Flocken fielen, sagte die Mutter: »Geh, Schneeweißchen, und schieb den Riegel vor«, und dann setzten sie sich an den Herd, und die Mutter nahm die Brille und las aus einem großen Buche vor, und die beiden Mädchen hörten zu und spannen; neben ihnen lag ein Lämmchen auf dem Boden, und hinter ihnen auf einer Stange saß ein weißes Täubchen und hatte seinen Kopf unter die Flügel gesteckt.

Eines Abends, als sie so vertraulich beisammensaßen, klopfte jemand an die Tür, als wollte er eingelassen sein. Die Mutter sprach: »Geschwind, Rosenrot, mach auf, es wird ein Wanderer sein, der Obdach sucht.« Rosenrot ging und schob den Riegel weg und dachte, es wäre ein armer Mann, aber der war es nicht, es war ein Bär, der seinen dicken, schwarzen Kopf zur Tür hereinsteckte. Rosenrot schrie laut und sprang zurück; das Lämmchen blökte, das Täubchen flatterte auf und Schneeweißchen versteckte sich hinter der Mutter Bett. Der Bär aber fing an zu sprechen und sagte: »Fürchtet euch nicht, ich tue euch nichts zuleid, ich bin halb erfroren und will mich nur ein wenig bei euch wärmen.« – »Du armer Bär«, sprach die Mutter, »leg dich ans Feuer und gib nur Acht, dass dir dein Pelz nicht brennt.« Dann rief sie: »Schneeweißchen, Rosenrot, kommt hervor, der Bär tut euch nichts, er meint's ehrlich.« Da kamen sie beide heran, und nach und nach näherten sich auch das Lämmchen und Täubchen und hatten keine Furcht. Der Bär sprach: »Ihr Kinder, klopft mir den Schnee ein wenig aus dem Pelzwerk«, und sie holten den Besen und kehrten dem Bär das Fell rein; er aber streckte sich ans Feuer und brummte ganz vergnügt und behaglich. Nicht lange, so wurden sie ganz vertraut und trieben Mutwillen mit dem unbeholfenen Gast. Sie zausten ihm das Fell mit den Händen, setzten ihre Füßchen auf seinen

Rücken und walgerten ihn hin und her, oder sie nahmen eine Haselrute und schlugen auf ihn los, und wenn er brummte, so lachten sie. Der Bär ließ sich's gerne gefallen, nur wenn sie's zu arg machten, rief er: »Lasst mich am Leben, ihr Kinder:

Schneeweißchen, Rosenrot,
schlägst dir den Freier tot.«

Als Schlafenszeit war und die andern zu Bett gingen, sagte die Mutter zu dem Bär: »Du kannst da am Herd liegen bleiben, so bist du vor der Kälte und dem bösen Wetter geschützt.« Sobald der Tag graute, ließen ihn die Kinder hinaus, und er trabte durch den Schnee in den Wald hinein. Von nun an kam der Bär jeden Abend zu der bestimmten Stunde, legte sich an den Herd und erlaubte den Kindern, Kurzweil mit ihm zu treiben, so viel sie wollten; und sie waren so gewöhnt an ihn, dass die Tür nicht eher zugeriegelt ward, bis der schwarze Gesell angelangt war.

Als das Frühjahr herangekommen und draußen alles grün war, sagte der Bär eines Morgens zu Schneeweißchen: »Nun muss ich fort und darf den ganzen Sommer nicht wiederkommen.« – »Wo gehst du denn hin, lieber Bär?«, fragte Schneeweißchen. »Ich muss in den Wald und meine Schätze vor den bösen Zwergen hüten. Im Winter, wenn die Erde hart gefroren ist, müssen sie wohl unten bleiben und können sich nicht durcharbeiten, aber jetzt, wenn die Sonne die Erde aufgetaut hat, da steigen sie herauf, suchen und stehlen; was einmal in ihren Händen ist und in ihren Höhlen liegt, das kommt so leicht nicht wieder an des Tages Licht.« Schneeweißchen war ganz traurig über den Abschied, und als es ihm die Tür aufriegelte und der Bär sich hinausdrängte, blieb er an dem Türhaken hängen, und ein Stück seiner Haut riss auf, und da war es Schneeweißchen, als hätte es Gold durchschimmern sehen, aber es war seiner Sache nicht gewiss. Der Bär lief eilig fort und war bald verschwunden.

Nach einiger Zeit schickte die Mutter die Kinder in den Wald, Reisig zu sammeln. Da fanden sie draußen einen großen Baum, der lag gefällt auf dem Boden, und an dem Stamme sprang zwischen

dem Gras etwas auf und ab, sie konnten aber nicht unterscheiden, was es war. Als sie näher kamen, sahen sie einen Zwerg mit einem alten, verwelkten Gesicht und einem ellenlangen, schneeweißen Bart. Das Ende des Bartes war in eine Spalte des Baumes eingeklemmt, und der Kleine sprang hin und her wie ein Hündchen an einem Seil und wusste nicht, wie er sich helfen sollte. Er glotzte die Mädchen mit seinen roten, feurigen Augen an und schrie: »Was steht ihr da! Könnt ihr nicht herbeigehen und mir Beistand leisten?« – »Was hast du angefangen, kleines Männchen?«, fragte Rosenrot. »Dumme, neugierige Gans«, antwortete der Zwerg, »den Baum habe ich mir spalten wollen, um kleines Holz in der Küche zu haben; bei den dicken Klötzen verbrennt gleich das bisschen Speise, das unsereiner braucht, der nicht so viel hinunterschlingt wie ihr grobes, gieriges Volk. Ich hatte den Keil schon glücklich hineingetrieben, und es wäre alles nach Wunsch gegangen, aber das verwünschte Holz war zu glatt und sprang unversehens heraus, und der Baum fuhr so geschwind zusammen, dass ich meinen schönen, weißen Bart nicht mehr herausziehen konnte; nun steckt er drin, und ich kann nicht fort. Da lachen die albernen, glatten Milchgesichter! Pfui, was seid ihr garstig!«
Die Kinder gaben sich alle Mühe, aber sie konnten den Bart nicht herausziehen, er steckte zu fest. »Ich will laufen und Leute herbeiholen«, sagte Rosenrot. »Wahnsinnige Schafsköpfe«, schnarrte der Zwerg, »wer wird gleich Leute herbeirufen, ihr seid mir schon um zwei zu viel; fällt euch nichts Besseres ein?« – »Sei nur nicht ungeduldig«, sagte Schneeweißchen, »ich will schon Rat schaffen«, holte sein Scherchen aus der Tasche und schnitt das Ende des Bartes ab. Sobald der Zwerg sich frei fühlte, griff er nach einem Sack, der zwischen den Wurzeln des Baumes steckte und mit Gold gefüllt war, hob ihn heraus und brummte vor sich hin: »Ungehobeltes Volk, schneidet mir ein Stück von meinem stolzen Barte ab! Lohn's euch der Kuckuck!« Damit schwang er seinen Sack auf den Rücken und ging fort, ohne die Kinder nur noch einmal anzusehen.
Einige Zeit danach wollten Schneeweißchen und Rosenrot ein Gericht Fische angeln. Als sie nahe bei dem Bach waren, sahen sie,

dass etwas wie eine große Heuschrecke nach dem Wasser zu hüpfte, als wollte es hineinspringen. Sie liefen heran und erkannten den Zwerg. »Wo willst du hin?«, sagte Rosenrot, »du willst doch nicht ins Wasser?« – »Solch ein Narr bin ich nicht«, schrie der Zwerg, »seht ihr nicht? Der verwünschte Fisch will mich hineinziehen!« Der Kleine hatte dagesessen und geangelt, und unglücklicherweise hatte der Wind seinen Bart mit der Angelschnur verflochten. Als gleich darauf ein großer Fisch anbiss, fehlten dem schwachen Geschöpf die Kräfte, ihn herauszuziehen, der Fisch behielt die Oberhand und riss den Zwerg zu sich hin. Zwar hielt er sich an allen Halmen und Binsen, aber das half nicht viel, und er war in beständiger Gefahr, ins Wasser gezogen zu werden. Die Mädchen kamen zu rechter Zeit, hielten ihn fest und versuchten, den Bart von der Schnur loszumachen, aber vergebens. Bart und Schnur waren fest ineinander verwirrt. Es blieb nichts übrig, als das Scherchen hervorzuholen und den Bart abzuschneiden, wobei ein kleiner Teil desselben verloren ging. Als der Zwerg das sah, schrie er sie an: »Ist das Manier, ihr Lorche, einem das Gesicht zu schänden? Nicht genug, dass ihr mir den Bart unten abgestutzt habt, jetzt schneidet ihr mir den besten Teil davon ab, ich darf mich vor den Meinigen gar nicht sehen lassen. Dass ihr laufen müsstet und die Schuhsohlen verloren hättet!« Dann holte er einen Sack Perlen, der im Schilfe lag, und ohne noch etwas zu sagen, verschwand er damit hinter einem Stein.

Es trug sich zu, dass bald hernach die Mutter die beiden Mädchen nach der Stadt schickte, Zwirn, Nadeln, Schnüre und Bänder einzukaufen. Der Weg führte sie über eine Heide, auf der hier und da mächtige Felsenstücke zerstreut lagen. Da sahen sie einen großen Vogel in der Luft schweben, der langsam über ihnen kreiste, sich immer tiefer herabsenkte und endlich nicht weit bei einem Felsen niederstieß. Gleich darauf hörten sie einen durchdringenden, jämmerlichen Schrei. Sie liefen herzu und sahen mit Schrecken, dass der Adler ihren alten Bekannten, den Zwerg, gepackt hatte und ihn forttragen wollte. Die mitleidigen Kinder hielten das Männchen fest und zerrten sich so lange mit dem Adler herum, bis er seine Beute fahren ließ. Als der Zwerg sich von dem Schrecken erholt hatte, schrie er mit seiner kreischenden Stimme: »Konntet ihr nicht säuberlicher mit mir umgehen? Gerissen habt ihr an meinem dünnen Röckchen, dass es überall zerfetzt und durchlöchert ist, unbeholfenes und täppisches Gesindel, das ihr seid!« Dann nahm er einen Sack mit Edelsteinen und schlüpfte wieder in seine Höhle. Die Mädchen waren an seinen Undank schon gewöhnt, setzten ihren Weg fort und verrichteten ihr Geschäft in der Stadt. Als sie beim Heimweg wieder auf die Heide kamen, überraschten sie den Zwerg, der auf einem reinlichen Plätzchen seinen Sack mit Edelsteinen ausgeschüttet und nicht gedacht hatte, dass so spät noch jemand daherkommen würde. Die Abendsonne schien über die glänzenden Steine, sie schimmerten und leuchteten so prächtig in allen Farben, dass die Kinder stehen blieben und sie betrachteten. »Was steht ihr da und habt Maulaffen feil?«, schrie der Zwerg, und sein aschgraues Gesicht ward zinnoberrot vor Zorn. Er wollte mit seinen Scheltworten fortfahren, als sich ein lautes Brummen hören ließ und ein schwarzer Bär aus dem Walde herbeitrabte. Erschrocken sprang der Zwerg auf, aber er konnte nicht mehr zu seinem Schlupfwinkel gelangen, der Bär war schon in seiner Nähe. Da rief er in Herzensangst: »Lieber Herr Bär, verschont mich, ich will Euch alle meine Schätze geben, sehet, die schönen Edelsteine, die da liegen. Schenkt mir das Leben, was habt Ihr an mir kleinem, schmächtigem Kerl? Ihr spürt mich nicht zwischen den Zähnen; da, die beiden gottlosen Mädchen packt, das sind für Euch zarte Bissen, die fresst in Gottes Namen.« Der Bär kümmerte sich um seine Worte nicht, gab dem boshaften Geschöpf einen Schlag mit der Tatze, und es regte sich nicht mehr.

Die Mädchen waren fortgesprungen, aber der Bär rief ihnen nach: »Schneeweißchen und Rosenrot, fürchtet euch nicht, wartet, ich will mit euch gehen.« Da erkannten sie seine Stimme und blieben stehen, und als der Bär bei ihnen war, fiel die Bärenhaut ab, und er stand da als ein schöner Mann, ganz in Gold gekleidet. »Ich bin eines Königs Sohn«, sprach er, »und war von dem gottlosen Zwerg, der mir meine Schätze gestohlen hatte, verwünscht, als ein wilder Bär in dem Walde zu laufen, bis ich durch seinen Tod erlöst würde. Jetzt hat er seine wohlverdiente Strafe empfangen.«

Schneeweißchen ward mit ihm vermählt und Rosenrot mit seinem Bruder, und sie teilten die großen Schätze miteinander, die der Zwerg in seiner Höhle zusammengetragen hatte. Die alte Mutter lebte noch lange Jahre glücklich bei ihren Kindern. Die zwei Rosenbäumchen aber nahm sie mit, und sie standen vor ihrem Fenster und trugen jedes Jahr die schönsten Rosen, weiß und rot.

Die Kernaussagen im Überblick

- Im Leben begegnen wir oft Undankbarkeit. Wir dürfen sie nicht ernst nehmen. Denn sie zeigt nur die Defizite in der Psyche desjenigen, der die wertvollen Momente im Leben nicht erkennt.
- Dankbarkeit ist ein Zeichen von Optimismus. Wer glücklich ist, der kann auch dankbar sein.
- Äußere Zeichen von Dank sind angenehm und gehören zu den Spielregeln des Zusammenlebens. Wichtiger noch ist die Fähigkeit, Dankbarkeit zu empfinden.

König Drosselbart

Ein König hatte eine Tochter, die war über alle Maßen schön, aber dabei so stolz und übermütig, dass ihr kein Freier gut genug war. Sie wies einen nach dem andern ab und trieb noch dazu Spott mit ihnen. Einmal ließ der König ein großes Fest anstellen und ladete dazu aus der Nähe und Ferne die heiratslustigen Männer ein. Sie wurden alle in eine Reihe nach Rang und Stand geordnet; erst kamen die Könige, dann die Herzöge, die Fürsten, Grafen und Freiherrn, zuletzt die Edelleute. Nun ward die Königstochter durch die Reihen geführt, aber an jedem hatte sie etwas auszusetzen. Der eine war ihr zu dick. »Das Weinfass!«, sprach sie.

Der andere zu lang. »Lang und schwank hat keinen Gang.« Der dritte zu kurz. »Kurz und dick hat kein Geschick.« Der vierte zu blass. »Der bleiche Tod!« Der fünfte zu rot. »Der Zinshahn!« Der sechste war nicht gerade genug. »Grünes Holz, hinterm Ofen getrocknet!« Und so hatte sie an einem jeden etwas auszusetzen, besonders aber machte sie sich über einen guten König lustig, dem das Kinn ein wenig krumm gewachsen war. »Ei«, rief sie und lachte, »der hat ein Kinn wie die Drossel einen Schnabel«, und seit der Zeit bekam er den Namen Drosselbart. Der alte König aber, als er sah, dass seine Tochter nichts tat, als über die Leute spotten, und alle Freier verschmähte, ward er zornig und schwur, sie sollte den ersten besten Bettler zum Manne nehmen, der vor seine Tür käme.

Ein paar Tage darauf hub ein Spielmann an, unter dem Fenster zu singen, um damit ein geringes Almosen zu verdienen. Als es der König hörte, sprach er: »Lasst ihn heraufkommen.«

Da trat der Spielmann in seinen schmutzigen, verlumpten Kleidern herein, sang vor dem König und seiner Tochter und bat, als er fertig war, um eine milde Gabe. Der König sprach: »Dein Gesang hat mir so wohlgefallen, dass ich dir meine Tochter da zur Frau geben will.« Die Königstochter erschrak, aber der König sagte: »Ich habe den Eid getan, dich dem ersten besten Bettelmann zu geben, den will ich auch halten.«

Es half keine Einrede, der Pfarrer ward geholt, und sie musste sich gleich mit dem Spielmann trauen lassen. Als das geschehen war, sprach der König: »Nun schickt sich's nicht, dass du als ein Bettelweib noch länger in meinem Schloss bleibst, du kannst nur mit deinem Manne fortziehen.«

Der Bettelmann führte sie an der Hand hinaus, und sie musste mit ihm zu Fuß fortgehen. Als sie in einen großen Wald kamen, da fragte sie:

»Ach, wem gehört der schöne Wald?«
»Der gehört dem König Drosselbart;
hättst du'n genommen, so wär er dein.«
»Ich arme Jungfer zart,
ach, hätt ich genommen den König Drosselbart!«

Darauf kamen sie über eine Wiese; da fragte sie wieder:

»Wem gehört die schöne grüne Wiese?«
»Sie gehört dem König Drosselbart;
hättst du'n genommen, so wär sie dein.«
»Ich arme Jungfer zart,
ach, hätt ich genommen den König Drosselbart!«

Dann kamen sie durch eine große Stadt; da fragte sie wieder:

»Wem gehört diese schöne große Stadt?«
»Sie gehört dem König Drosselbart;
hättst du'n genommen, so wär sie dein.«
»Ich arme Jungfer zart,
ach, hätt ich genommen den König Drosselbart!«

»Es gefällt mir gar nicht«, sprach der Spielmann, »dass du dir immer einen andern zum Mann wünschest, bin ich dir nicht gut genug?« Endlich kamen sie an ein ganz kleines Häuschen, da sprach sie:

»Ach Gott, was ist das Haus so klein!
Wem mag das elende, winzige Häuschen sein?«

Der Spielmann antwortete: »Das ist mein und dein Haus, wo wir zusammen wohnen.« Sie musste sich bücken, damit sie zu der niedrigen Tür hineinkam. »Wo sind die Diener?«, sprach die Königstochter. »Was Diener!«, antwortete der Bettelmann, »du musst selber tun, was du willst getan haben. Mach nur gleich Feuer an und stell Wasser auf, dass du mir mein Essen kochst.« Die Königstochter verstand aber nichts vom Feueranmachen und Kochen, und der Bettelmann musste selber mit Hand anlegen, dass es noch so leidlich ging. Als sie die schmale Kost verzehrt hatten, legten sie sich zu Bett, aber am Morgen trieb er sie schon ganz früh heraus, weil sie das Haus besorgen sollte. Ein paar Tage lebten sie auf diese Art schlecht und recht und zehrten ihren Vorrat auf. Da sprach der Mann: »Frau, so geht's nicht länger, dass wir hier zehren und nichts verdienen. Du sollst Körbe flechten.« Er ging aus, schnitt Weiden und brachte sie heim. Da fing sie an zu flechten, aber die harten Weiden stachen ihr die zarten Hände wund. »Ich sehe, das geht nicht«, sprach der Mann, »spinn lieber, vielleicht kannst du das besser.« Sie setzte sich hin und versuchte zu spinnen, aber der harte Faden schnitt ihr bald in die weichen Finger, dass das Blut daran herunterlief. »Siehst du«, sprach der Mann, »du taugst zu keiner Arbeit, mit dir bin ich schlimm angekommen. Nun will ich's versuchen und einen Handel mit Töpfen und irdenem Geschirr anfangen. Du sollst dich auf den Markt setzen und die Ware feilhalten.« ›Ach‹, dachte sie, ›wenn auf den Markt Leute aus meines Vaters Reich kommen, wie werden sie mich verspotten!‹ Aber es half nichts, sie musste sich fügen, wenn sie nicht hungers sterben wollten. Das erste Mal ging's gut; denn die Leute kauften der Frau, weil sie schön war, gern ihre Ware ab und bezahlten, was sie forderte; ja, viele gaben ihr das Geld und ließen ihr die Töpfe noch dazu. Nun lebten sie von dem Erworbenen, solang es dauerte; da handelte der Mann wieder eine Menge neues Geschirr ein. Sie setzte sich damit an eine Ecke des Marktes und hielt es feil. Da kam plötzlich ein trunkener Husar dahergejagt und ritt geradezu in die Töpfe hinein, dass alles in tausend Scherben zersprang. Sie fing an zu weinen und wusste vor Angst nicht, was sie anfangen sollte. »Ach, wie wird mir's ergehen«, rief sie, »was wird mein Mann dazu sagen?« Sie lief heim und erzählte ihm das Unglück. »Wer setzt sich auch an die Ecke des Marktes mit irdenem Geschirr!«, sprach der Mann. »Lass nur das Weinen, ich sehe wohl, du bist zu keiner ordentlichen Arbeit zu gebrauchen. Da bin ich in unseres Königs Schloss gewesen und habe gefragt, ob sie nicht eine Küchenmagd brauchen könnten, und sie haben mir versprochen, sie wollten dich dazu nehmen; dafür bekommst du freies Essen.«

Nun ward die Königstochter eine Küchenmagd und musste die sauerste Arbeit tun. Sie machte sich in beiden Taschen ein Töpfchen fest, darin brachte sie nach Haus, was ihr von dem Übriggebliebenen zuteil ward, und davon nährten sie sich. Es trug sich zu, dass die Hochzeit des ältesten Königssohnes gefeiert werden sollte, da ging die arme Frau hinauf, stellte sich vor die Saaltür und wollte zusehen. Als nun die Lichter angezündet waren und immer einer schöner als der andere hereintrat und alles voll Pracht und Herrlichkeit war, da dachte sie mit betrübtem Herzen an ihr Schicksal und verwünschte ihren Stolz, der sie in so große Armut gestürzt hatte. Von den köstlichen Speisen, die da ein und aus getragen wurden und von welchen der Geruch zu ihr aufstieg, warfen ihr Diener manchmal ein paar Brocken zu, die tat sie in ihr Töpfchen und wollte es heimtragen. Auf einmal trat der Königssohn herein, war in Samt und Seide gekleidet und hatte goldene Ketten um den Hals. Und als er die schöne Frau in der Tür stehen sah, ergriff er sie bei der Hand und wollte mit ihr tanzen, aber sie weigerte sich und erschrak; denn sie sah, dass es der König Drosselbart war, der um sie gefreit und den sie mit Spott abgewiesen hatte. Ihr Sträuben half nichts, er zog sie in den Saal. Da zerriss das Band, an welchem die Taschen hingen, und die Töpfe fielen heraus, dass die Suppe floss und die Brocken umhersprangen. Und wie das die Leute sahen, entstand ein allgemeines Gelächter und Spotten, und sie war so beschämt, dass sie sich lieber tausend Klafter unter die Erde gewünscht hätte. Sie sprang zur Tür hinaus und wollte entfliehen, aber auf der Treppe holte sie ein Mann ein und brachte sie zurück. Und wie sie ihn ansah, war es wieder der König Drosselbart. Er sprach ihr freundlich zu: »Fürchte dich nicht, ich und der Spielmann, der mit dir in dem elenden Häuschen gewohnt hat, sind eins. Dir zuliebe habe ich mich so verstellt, und der Husar, der dir die Töpfe entzweigeritten hat, bin ich auch gewesen. Das alles ist geschehen, um deinen stolzen Sinn zu beugen und dich für deinen Hochmut zu strafen, womit du mich verspottet hast.« Da weinte sie bitterlich und sagte: »Ich habe großes Unrecht getan und bin nicht wert, deine Frau zu sein.« Er aber sprach: »Tröste dich, die bösen Tage sind vorüber, jetzt wollen wir unsere Hochzeit feiern.« Da kamen die Kammerfrauen und taten ihr die prächtigsten Kleider an, und ihr Vater kam und der ganze Hof und wünschten ihr Glück zu ihrer Vermählung mit dem König Drosselbart, und die rechte Freude fing jetzt erst an.

Ich wollte, du und ich, wir wären auch dabei gewesen.

Die Kernaussagen im Überblick

- Gerechtigkeit kann weh tun. Wer gern Prügel austeilt, muss damit rechnen, selbst verletzt zu werden.
- Demütigungen haben ihren Ursprung nicht immer in Boshaftigkeit. Sie können auch einer Leichtfertigkeit und Unbekümmertheit entspringen, sind aber trotzdem schmerzhaft.
- Gerechtigkeit und Ungerechtigkeit liegen oft beieinander. Was dem einen gerecht erscheint, ist für den andern schreiendes Unrecht.
- Was richtig und was falsch, gerecht und ungerecht ist, lernt man weniger durch Worte als durch eigenes Erleben.

Die kluge Bauerntochter

Es war einmal ein armer Bauer, der hatte kein Land, nur ein kleines Häuschen und eine Tochter. Da sprach die Tochter: »Wir sollten den Herrn König um ein Stückchen Rodland bitten.« Da der König von ihrer Armut hörte, schenkte er ihnen auch ein Eckchen Rasen, den hackten sie und ihr Vater um und wollten ein wenig Korn und derart Frucht darauf säen. Als sie den Acker beinah herumhatten, so fanden sie in der Erde einen Mörser von purem Gold. »Hör«, sagte der Vater zu dem Mädchen, »weil unser Herr König so gnädig gewesen ist, so müssen wir ihm den Mörser dafür geben.« Die Tochter aber wollt es nicht bewilligen und sagte: »Vater, wenn wir den Mörser haben und haben den Stößer nicht, dann müssen wir auch den Stößer herbeischaffen, darum schweigt lieber still.« Er wollte ihr aber nicht gehorchen, nahm den Mörser, trug ihn zum Herrn König und sagte, den hätte er gefunden in der Heide, ob er ihn als eine Verehrung annehmen wollte. Der König nahm den Mörser und fragte, ob er nichts mehr gefunden hätte. »Nein«, antwortete der Bauer. Da sagte der König, er sollte nun auch den Stößer herbeischaffen. Der Bauer sprach, den hätten sie nicht gefunden; aber das half ihm so viel, als hätt er's in den Wind gesagt, er ward ins Gefängnis gesetzt und sollte so lange da sitzen, bis er den Stößer herbeigeschafft hätte. Die Bedienten mussten ihm täglich Wasser und Brot bringen, da hörten sie, wie der Mann alsfort schrie: »Ach, hätt ich meiner Tochter gehört! Ach, ach, hätt ich meiner Tochter gehört!« Da gingen sie zum König und berichteten, wie der Gefangene alsfort schrie: »Ach, hätt ich doch meiner Tochter gehört!«, und wie er nicht essen und nicht trinken wollte. Da befahl er den Bedienten, sie sollten den Gefangenen vor ihn bringen, und da fragte ihn der Herr König, warum er alsfort schrie: »›Ach, hätt ich meiner Tochter gehört!‹ Was hat Eure Tochter denn gesagt?« – »Ja, sie hat gesprochen, ich sollte den Mörser nicht bringen, sonst müsst ich auch den Stößer schaffen.« – »Habt Ihr so eine kluge Tochter, so lasst sie einmal herkommen.« Also musste sie vor den König kommen, der fragte sie, ob sie denn so klug wäre, und sagte, er wollte ihr ein Rätsel aufgeben, wenn sie das treffen könnte, dann wollte er sie heiraten. Da sprach sie gleich, ja, sie wollt's erraten. Da sagte der König: »Komm zu mir, nicht gekleidet, nicht nackend, nicht geritten, nicht gefahren, nicht in dem Weg, nicht außer dem Weg, und wenn du das kannst, will ich dich heiraten.« Da ging sie hin und zog sich splitternackend aus, da war sie nicht gekleidet, nahm ein großes Fischgarn und setzte sich hinein und wickelte es ganz um sich herum, da war sie nicht nackend, borgte einen Esel fürs Geld und band dem Esel das Fischgarn an den Schwanz, darin er sie fortschleppen musste, und das war nicht geritten und nicht gefahren. Der Esel musste sie aber in dem Fahrgleise schleppen, so dass sie nur mit der großen Zehe auf die Erde kam, und das war nicht in dem Wege und nicht außer dem Wege. Und wie sie daherkam, sagte der König, sie hätte das Rätsel getroffen, und es wäre alles erfüllt. Da ließ er ihren Vater los aus dem Gefängnis und nahm sie als seine Gemahlin und befahl ihr das Ganze königliche Gut an.

Nun waren etliche Jahre herum, als der Herr König einmal auf die Parade zog, da trug es sich zu, dass Bauern mit ihren Wagen vor dem Schloss hielten, die hatten Holz verkauft; etliche hatten Ochsen vorgespannt und etliche Pferde. Da war ein Bauer, der hatte drei Pferde, davon kriegte eins ein junges Füllchen, das lief weg und legte sich mitten zwischen zwei Ochsen, die vor dem Wagen waren. Als nun die Bauern zusammenkamen, fingen sie an sich zu zanken und zu lärmen, und der Ochsenbauer wollte das Füllchen behalten und sagte, die Ochsen hätten's gehabt; und der andere sagte, nein, seine Pferde hätten's gehabt, und es wäre sein. Der Zank kam vor den König, und er tat den Ausspruch, wo das Füllen gelegen hätte, da sollt es bleiben; und also bekam's der Ochsenbauer, dem's doch nicht gehörte. Da ging der andere weg, weinte und lamentierte über sein Füllchen. Nun hatte er gehört, dass die Frau Königin so gnädig wäre, weil sie auch von armen Bauersleuten gekommen wäre, ging zu ihr und bat sie, ob sie ihm nicht helfen könnte, dass er sein Füllchen wieder bekäme. Sagte sie: »Ja, wenn Ihr mir versprecht, dass Ihr mich nicht verraten wollt, so will ich's Euch sagen. Morgen Früh, wenn der König auf der Wachtparade ist, so stellt Euch hin mitten in die Straße, wo er vorbeikommen muss, nehmt ein großes Fischgarn und tut, als fischtet Ihr, und fischt alsofort und schüttet das Garn aus, als wenn Ihr's voll hättet«, und sie sagte ihm auch, was er antworten sollte, wenn er vom König gefragt würde. Also stand der Bauer am andern Tag da und fischte auf einem trockenen Platz. Wie der König vorbeikam und das sah, schickte er seinen Laufer hin, der sollte fragen, was der närrische Mann vorhätte. Da gab er zur Antwort: »Ich fische.« Fragte der Laufer, wie er fischen könnte, es wäre ja kein Wasser da. Sagte der Bauer: »So gut als zwei Ochsen können ein Füllen kriegen, so gut kann ich auch auf dem trockenen Platz fischen.« Der Laufer ging hin und brachte dem König die Antwort, da ließ er den Bauer vor sich kommen und sagte ihm, das hätte er nicht von sich, von wem er das hätte, und sollt's gleich bekennen. Der Bauer aber wollt's nicht tun und sagte immer: »Gott bewahr!« Er hätt es von sich. Sie legten ihn aber auf ein Gebund Stroh und schlugen ihn so lange, bis er's bekannte, dass er's von der Frau Königin hätte. Als der König nach Haus kam, sagte er zu seiner Frau: »Warum bist du so falsch mit mir, ich will dich nicht mehr zur Gemahlin. Geh wieder hin, woher du kommen bist, in dein Bauernhäuschen.« Doch erlaubte er ihr eins, sie sollte sich das Liebste und Beste mitnehmen, was sie wüsste, und das sollte ihr Abschied sein. Sie sagte: »Ja, lieber Mann, wenn du's so befiehlst, will ich es auch tun«, und fiel über ihn her und küsste ihn und sprach, sie wollte Abschied von ihm nehmen. Dann ließ sie einen starken Schlaftrunk kommen, Abschied mit ihm zu trinken. Der König tat einen großen Zug, sie aber trank nur ein wenig. Da geriet er in einen tiefen Schlaf, und als sie das sah, rief sie einen Bedienten und nahm ein schönes weißes Linnentuch und schlug ihn da hinein, und die Bedienten mussten ihn in einen Wagen vor die Türe tragen, und sie fuhr ihn heim in ihr Häuschen. Da legte sie ihn in ihr Bettchen, und er schlief Tag und Nacht in einem fort, und als er aufwachte, sah er sich um und sagte: »Ach Gott, wo bin ich denn?« Er rief seinen Bedienten, aber es war keiner da. Endlich kam seine Frau und sagte: »Lieber Herr König, Ihr habt mir befohlen, ich sollte das Liebste und Beste aus dem Schloss mitnehmen, nun hab ich nichts Besseres und Lieberes als dich, da hab ich dich mitgenommen.« Dem König stiegen die Tränen in die Augen, und er sagte: »Liebe Frau, du sollst mein sein und ich dein«, und nahm sie wieder mit ins königliche Schloss und ließ sich aufs Neue mit ihr vermählen; und sie werden wohl noch auf den heutigen Tag leben.

Die Kernaussagen im Überblick

- Vertrau deinem Verstand. Er hilft dir, im richtigen Moment das Richtige zu tun.
- Hab Mut, auch ungewöhnliche Wege zu gehen. Manchmal muss man um die Ecke denken, um ein Problem lösen zu können.
- Vergiss nicht, dass du außer einem Kopf auch ein Herz hast. Klug und warmherzig – das ist eine ausgezeichnete Kombination.
- Ein Stück Naivität ist nötig, um innerlich lebendig zu bleiben. Der kindliche Blick auf die Welt schützt vor Routine und seelischer Ermüdung.
- Liebe ist ein wichtiges Antriebsmittel. Liebe macht stark, mutig und kreativ.

Aschenputtel

Einem reichen Manne wurde seine Frau krank, und als sie fühlte, dass ihr Ende herankam, rief sie ihr einziges Töchterlein zu sich ans Bett und sprach: »Liebes Kind, bleib fromm und gut, so wird dir der liebe Gott immer beistehen, und ich will vom Himmel auf dich herabblicken.« Darauf tat sie die Augen zu und verschied. Das Mädchen ging jeden Tag hinaus zu dem Grabe der Mutter und weinte und blieb fromm und gut. Als der Winter kam, deckte der Schnee ein weißes Tuchlein auf das Grab, und als die Sonne im Frühjahr es wieder herabgezogen hatte, nahm sich der Mann eine andere Frau.

Die Frau hatte zwei Töchter mit ins Haus gebracht, die schön und weiß von Angesicht waren, aber garstig und schwarz von Herzen. Da ging eine schlimme Zeit für das arme Stiefkind an. »Soll die dumme Gans bei uns in der Stube sitzen?«, sprachen sie. »Wer Brot essen will, muss es verdienen, hinaus mit der Küchenmagd!« Sie nahmen ihm seine schönen Kleider weg, zogen ihm einen grauen alten Kittel an und gaben ihm hölzerne Schuhe. »Seht einmal die stolze Prinzessin, wie sie geputzt ist!«, riefen sie, lachten und führten es in die Küche. Da musste es vom Morgen bis zum Abend schwere Arbeit tun, früh vor Tag aufstehn, Wasser tragen, Feuer anmachen, kochen und waschen. Obendrein taten ihm die Schwestern alles ersinnliche Herzeleid an, verspotteten es und schütteten ihm die Erbsen und Linsen in die Asche, so dass es sitzen und sie wieder auslesen musste. Abends, wenn es sich müde gearbeitet hatte, kam es in kein Bett, sondern musste sich neben den Herd in die Asche legen. Und weil es darum immer staubig und schmutzig aussah, nannten sie es Aschenputtel.

Es trug sich zu, dass der Vater einmal in die Messe ziehen wollte, da fragte er die beiden Stieftöchter, was er ihnen mitbringen sollte? »Schöne Kleider«, sagte die eine; »Perlen und Edelsteine«, die zweite. – »Aber du, Aschenputtel«, sprach er, »was willst du haben?« – »Vater, das erste Reis, das Euch auf Eurem Heimweg an den Hut stößt, das brecht für mich ab.« Er kaufte nun für die beiden Stiefschwestern schöne Kleider, Perlen und Edelsteine, und auf dem Rückweg, als er durch einen grünen Busch ritt, streifte ihn ein Haselreis und stieß ihm den Hut ab.

Da brach er das Reis ab und nahm es mit. Als er nach Hause kam, gab er den Stieftöchtern, was sie sich gewünscht hatten, und dem Aschenputtel gab er das Reis von dem Haselbusch. Aschenputtel dankte ihm, ging zu seiner Mutter Grab und pflanzte das Reis darauf und weinte so sehr, dass die Tränen darauf niederfielen und es begossen. Es wuchs aber und ward ein schöner Baum. Aschenputtel ging alle Tage dreimal darunter, weinte und betete, und allemal kam ein weißes Vöglein auf den Baum, und wenn es einen Wunsch aussprach, so warf ihm das Vöglein herab, was es sich gewünscht hatte.

Es begab sich aber, dass der König ein Fest anstellte, das drei Tage dauern sollte und wozu alle schönen Jungfrauen im Lande eingeladen wurden, damit sich sein Sohn eine Braut aussuchen möchte. Die zwei Stiefschwestern, als sie hörten, dass sie auch dabei erscheinen sollten, waren guter Dinge, riefen Aschenputtel und sprachen: »Kämme uns die Haare, bürste uns die Schuhe und mache uns die Schnallen fest; wir gehen zur Hochzeit auf des Königs Schloss.«

Aschenputtel gehorchte, weinte aber, weil es auch gern zum Tanz mitgegangen wäre, und bat die Stiefmutter, sie möchte es ihm erlauben. »Du, Aschenputtel«, sprach sie, »bist voll Staub und Schmutz und willst zur Hochzeit?« Als es aber mit Bitten anhielt, sprach sie endlich: »Da habe ich dir eine Schüssel Linsen in die Asche geschüttet, wenn du die Linsen in zwei Stunden wieder ausgelesen hast, so sollst du mitgehen.« Das Mädchen ging durch die Hintertür nach dem Garten und rief: »Ihr zahmen Täubchen, ihr Turteltäubchen, all ihr Vöglein unter dem Himmel, kommt und helft mir lesen,

die guten ins Töpfchen,
die schlechten ins Kröpfchen.«

Da kamen zum Küchenfenster zwei weiße Täubchen herein und danach die Turteltäubchen, und endlich schwirrten und schwärmten alle Vöglein unter dem Himmel herein und ließen sich um die Asche nieder. Und die Täubchen nickten mit den Köpfchen und fingen an pick, pick, pick, pick, und da fingen die übrigen auch an pick, pick, pick, pick und lasen alle guten Körnlein in die Schüssel. Kaum war eine Stunde herum, so waren sie schon fertig und flogen alle wieder hinaus. Da brachte das Mädchen die Schüssel der Stiefmutter, freute sich und glaubte, es dürfte nun mit auf die Hochzeit gehen.

Aber sie sprach: »Nein, Aschenputtel, du hast keine Kleider und kannst nicht tanzen, du wirst nur ausgelacht.« – Als es nun weinte, sprach sie: »Wenn du mir zwei Schüsseln voll Linsen in einer Stunde aus der Asche rein lesen kannst, so sollst du mitgehen«, und dachte: ›Das kann es ja nimmermehr.‹ Als sie die zwei Schüsseln Linsen in die Asche geschüttet hatte, ging das Mädchen durch die Hintertür nach dem Garten und rief: »Ihr zahmen Täubchen, ihr Turteltäubchen, all ihr Vöglein unter dem Himmel, kommt und helft mir lesen,

die guten ins Töpfchen,
die schlechten ins Kröpfchen.«

Da kamen zum Küchenfenster zwei weiße Täubchen herein und danach die Turteltäubchen, und endlich schwirrten und schwärmten alle Vöglein unter dem Himmel herein und ließen sich um die Asche nieder. Und die Täubchen nickten mit ihren Köpfchen und fingen an pick, pick, pick, pick, und da fingen die übrigen auch an pick, pick, pick, pick und lasen alle guten Körner in die Schüsseln. Und eh eine halbe Stunde herum war, waren sie schon fertig und flogen alle wieder hinaus. Da trug das Mädchen die Schüsseln zu der Stiefmutter, freute sich und glaubte, nun dürfte es mit auf die Hochzeit gehen. Aber sie sprach: »Es hilft dir alles nichts, du kommst nicht mit; denn du hast keine Kleider und kannst nicht tanzen; wir müssten uns deiner schämen.« Darauf eilte sie mit ihren zwei stolzen Töchtern fort.

Als nun niemand mehr daheim war, ging Aschenputtel zu seiner Mutter Grab unter den Haselbaum und rief:

»Bäumchen rüttel dich und schüttel dich,
wirf Gold und Silber über mich.«

Da warf ihm der Vogel ein golden und silbern Kleid herunter und mit Seide und Silber ausgestickte Pantoffeln. In aller Eile zog es das Kleid an und ging zur Hochzeit. Seine Schwestern aber und die Stiefmutter kannten es nicht und meinten, es müsste eine fremde Königstochter sein, so schön sah es in dem goldenen Kleide aus. An Aschenputtel dachten sie gar nicht. Der Königssohn kam ihm entgegen, nahm es bei der Hand und tanzte mit ihm. Er wollte auch mit sonst niemand tanzen, also dass er ihm die Hand nicht losließ, und wenn ein anderer kam, es aufzufordern, sprach er: »Das ist meine Tänzerin.«
Es tanzte, bis es Abend war; da wollte es nach Haus gehen. Der Königssohn aber sprach: »Ich gehe mit und begleite dich«, denn er wollte sehen, wem das schöne Mädchen angehörte. Sie entwischte ihm aber und sprang in das Taubenhaus. Nun wartete der Königssohn, bis der Vater kam, und sagte ihm, das fremde Mädchen wär in das Taubenhaus gesprungen. Der Alte dacht: ›Sollte es Aschenputtel sein?‹, und sie mussten ihm Axt und Hacken bringen, damit er das Taubenhaus entzweischlagen konnte, aber es war niemand darin. Und als sie ins Haus kamen, lag Aschenputtel in seinen schmutzigen Kleidern in der Asche, und ein trübes Öllämpchen brannte im Schornstein; denn Aschenputtel war geschwind aus dem Taubenhaus hinten herabgesprungen und war zu dem Haselbäumchen gelaufen. Da hatte es die schönen Kleider abgezogen und aufs Grab gelegt, und der Vogel hatte sie wieder weggenommen, und dann hatte es sich in seinem grauen Kittelchen in die Küche zur Asche gesetzt.
Am andern Tag, als das Fest von neuem anhub und Eltern und Stiefschwestern wieder fort waren, ging Aschenputtel zu dem Haselbaum und sprach:

»Bäumchen rüttel dich und schüttel dich,
wirf Gold und Silber über mich.«

Da warf der Vogel ein noch viel stolzeres Kleid herab als am vorigen Tag. Und als es mit diesem Kleide auf der Hochzeit erschien, erstaunte jedermann über seine Schönheit. Der Königssohn aber hatte gewartet, bis es kam, nahm es gleich bei der Hand und tanzte nur allein mit ihm. Wenn die andern kamen und es aufforderten, sprach er: »Das ist meine Tänzerin.« Als es nun Abend war, wollte es fort, und der Königssohn ging ihm nach und wollte sehen, in welches Haus es ging. Aber es sprang ihm fort und in den Garten hinter dem Haus. Darin stand ein schöner, großer Baum, an dem die herrlichsten Birnen hingen; es kletterte so bebend wie ein Eichhörnchen zwischen die Äste, und der Königssohn wusste nicht, wo es hingekommen war. Er wartete aber, bis der Vater kam, und sprach zu ihm: »Das fremde Mädchen ist mir entwischt, und ich glaube, es ist auf den Birnbaum gesprungen.« Der Vater dachte: ›Sollte es Aschenputtel sein?‹, ließ sich die Axt holen und hieb den Baum um, aber es war niemand darauf. Und als sie in die Küche kamen, lag Aschenputtel da in der Asche wie sonst auch; denn es war auf der andern Seite vom Baum herabgesprungen, hatte dem Vogel auf dem Haselbäumchen die schönen Kleider wieder gebracht und sein graues Kittelchen angezogen.
Am dritten Tag, als die Eltern und Schwestern fort waren, ging Aschenputtel wieder zu seiner Mutter Grab und sprach zu dem Bäumchen:

»Bäumchen rüttel dich und schüttel dich,
wirf Gold und Silber über mich.«

Nun warf ihm der Vogel ein Kleid herab, das war so prächtig und glänzend, wie es noch keins gehabt hatte, und die Pantoffeln waren ganz golden. Als es in dem Kleid zu der Hochzeit kam, wussten sie alle nicht, was sie vor Verwunderung sagen sollten. Der Königssohn tanzte ganz allein mit ihm, und wenn es einer aufforderte, sprach er: »Das ist meine Tänzerin.«

Als es nun Abend war, wollte Aschenputtel fort, und der Königssohn wollte es begleiten, aber es entsprang ihm so geschwind, dass er nicht folgen konnte. Der Königssohn hatte aber eine List gebraucht und hatte die ganze Treppe mit Pech bestreichen lassen. Da war, als es hinabsprang, der linke Pantoffel des Mädchens hängen geblieben. Der Königssohn hob ihn auf, und er war klein und zierlich und ganz golden. Am nächsten Morgen ging er damit zu dem Mann und sagte zu ihm: »Keine andere soll meine Gemahlin werden als die, an deren Fuß dieser goldene Schuh passt.«
Da freuten sich die beiden Schwestern; denn sie hatten schöne Füße. Die älteste ging mit dem Schuh in die Kammer und wollte ihn anprobieren, und die Mutter stand dabei. Aber sie konnte mit der großen Zehe nicht hineinkommen, und der Schuh war ihr zu klein, da sprach die Mutter: »Hau die Zehe ab, wenn du Königin bist, so brauchst du nicht mehr zu Fuß zu gehen.« Das Mädchen hieb die Zehe ab, zwängte den Fuß in den Schuh, verbiss den Schmerz und ging heraus zum Königssohn. Da nahm er sie als seine Braut aufs Pferd und ritt mit ihr fort. Sie mussten aber an dem Grabe vorbei; da saßen die zwei Täubchen auf dem Haselbäumchen und riefen:

»Rucke di guck, rucke di guck,
Blut ist im Schuck (Schuh).
Der Schuck ist zu klein,
die rechte Braut sitzt noch daheim.«

Da blickte er auf ihren Fuß und sah, wie das Blut herausquoll. Er wendete sein Pferd um, brachte die falsche Braut wieder nach Haus und sagte, das wäre nicht die rechte; die andere Schwester sollte den Schuh anziehen. Da ging diese in die Kammer und kam mit den Zehen glücklich in den Schuh, aber die Ferse war zu groß. Da sprach die Mutter: »Hau ein Stück von der Ferse ab, wenn du Königin bist, brauchst du nicht mehr zu Fuß zu gehen.« Das Mädchen hieb ein Stück von der Ferse ab, zwängte den Fuß in den Schuh, verbiss den Schmerz und ging heraus zum Königssohn. Da nahm er sie als seine Braut aufs Pferd und ritt mit ihr fort. Als sie an dem Haselbäumchen vorbeikamen, saßen die zwei Täubchen darauf und riefen:

»Rucke di guck, rucke di guck,
Blut ist im Schuck.
Der Schuck ist zu klein,
die rechte Braut sitzt noch daheim.«

Er blickte nieder auf ihren Fuß und sah, wie das Blut aus dem Schuh quoll und an den weißen Strümpfen ganz rot heraufgestiegen war. Da wendete er sein Pferd und brachte die falsche Braut wieder nach Haus. »Das ist auch nicht die rechte«, sprach er, »habt ihr keine andere Tochter?« – »Nein«, sagte der Mann, »nur von meiner verstorbenen Frau ist noch ein kleines verbuttetes Aschenputtel da, das kann unmöglich die Braut sein.« Der Königssohn sprach, er sollte es heraufschicken, die Mutter aber antwortete: »Ach nein, das ist viel zu schmutzig.« Er wollte es aber durchaus haben, und Aschenputtel musste gerufen werden. Da wusch es sich erst Hände und Angesicht rein, ging dann hin und neigte sich vor dem Königssohn, der ihm den goldenen Schuh reichte. Dann setzte es sich auf einen Schemel, zog den Fuß aus dem schweren Holzschuh und steckte ihn in den Pantoffel, der war wie angegossen.
Und als es sich in die Höhe richtete und der König ihm ins Gesicht sah, so erkannte er das schöne Mädchen, das mit ihm getanzt hatte, und rief: »Das ist die rechte Braut!« Die Stiefmutter und die beiden Schwestern erschraken und wurden bleich vor Ärger. Er aber nahm Aschenputtel aufs Pferd und ritt mit ihm fort.
Als sie an dem Haselbäumchen vorbeikamen, riefen die zwei weißen Täubchen:

»Rucke di guck, rucke di guck,
kein Blut im Schuck.
Der Schuck ist nicht zu klein,
die rechte Braut, die führt er heim.«

Und als sie das gerufen hatten, kamen sie beide herabgeflogen und setzten sich dem Aschenputtel auf die Schultern, eins rechts, das andere links.

Als die Hochzeit mit dem Königssohn sollte gehalten werden, kamen die falschen Schwestern, wollten sich einschmeicheln und teil an seinem Glück nehmen. Als die Brautleute nun zur Kirche gingen, war die älteste zur rechten, die jüngste zur linken Seite. Da pickten die Tauben einer jeden das eine Auge aus. Hernach, als sie herausgingen, war die älteste zur Linken und die jüngste zur Rechten, da pickten die Tauben einer jeden das andere Auge aus. Und waren sie also für ihre Bosheit mit Blindheit auf ihr Lebtag gestraft.

Die Kernaussagen im Überblick

- Rück-Sicht heißt, sich in den anderen einzufühlen, Rücksichtslosigkeit dagegen ist Blindheit gegenüber fremden – und eigenen – Bedürfnissen.
- Wer sich bei einer Ungerechtigkeit nicht einmischt – so wie Aschenputtels Vater –, der macht sich mitschuldig. Denn Rücksicht bedeutet auch: nicht wegzusehen, wenn jemandem Unrecht getan wird.
- Wer rücksichtslos behandelt wird, darf sich nicht aufgeben, sondern muss nach Möglichkeiten suchen, um sein Glück zu finden.

Märchen von einem, der auszog, das Fürchten zu lernen

Ein Vater hatte zwei Söhne, davon war der älteste klug und gescheit und wusste sich in alles wohl zu schicken, der jüngste aber war dumm, konnte nichts begreifen und lernen. Und wenn ihn die Leute sahen, sprachen sie: »Mit dem wird der Vater noch seine Last haben!«

Wenn nun etwas zu tun war, so musste es der älteste allzeit ausrichten; hieß ihn aber der Vater noch spät oder gar in der Nacht etwas holen, und der Weg ging dabei über den Kirchhof oder sonst einen schaurigen Ort, so antwortete er wohl: »Ach nein, Vater, ich gehe nicht dahin, es gruselt mir!«, denn er fürchtete sich. Oder wenn abends beim Feuer Geschichten erzählt wurden, wobei einem die Haut schaudert, so sprachen die Zuhörer manchmal: »Ach, es gruselt mir!« Der jüngste saß in einer Ecke und hörte das mit an und konnte nicht begreifen, was es heißen sollte. »Immer sagen sie, es gruselt mir! Mir gruselt's nicht, das wird wohl eine Kunst sein, von der ich auch nichts verstehe.«

Nun geschah es, dass der Vater einmal zu ihm sprach: »Hör du, in der Ecke dort, du wirst groß und stark, du musst auch etwas lernen, womit du dein Brot verdienst. Siehst du, wie dein Bruder sich Mühe gibt, aber an dir ist Hopfen und Malz verloren.« – »Ei, Vater«, antwortete er, »ich will gerne was lernen; ja, wenn's anginge, so möchte ich lernen, dass mir's gruselte.« Der älteste lachte, als er das hörte, und dachte bei sich: ›Du lieber Gott, was ist mein Bruder ein Dummbart, aus dem wird sein Lebtag nichts, was ein Häkchen werden will, muss sich beizeiten krümmen.‹ Der Vater seufzte und antwortete ihm: »Das Gruseln, das sollst du schon lernen, aber dein Brot wirst du damit nicht verdienen.«

Bald danach kam der Küster zu Besuch ins Haus, da klagte ihm der Vater seine Not und erzählte, wie sein jüngster Sohn in allen Dingen so schlecht beschlagen wäre, er wüsste nichts und lernte nichts. »Denkt Euch, als ich ihn fragte, womit er sein Brot verdie-

nen wollte, hat er gar verlangt, das Gruseln zu lernen.« – »Wenn's weiter nichts ist«, antwortete der Küster, »das kann er bei mir lernen; tut ihn nur zu mir, ich will ihn schon abhobeln.«
Der Vater war es zufrieden, weil er dachte: ›Der Junge wird doch ein wenig zugestutzt.‹ Der Küster nahm ihn also ins Haus, und er musste die Glocke läuten. Nach ein paar Tagen weckte er ihn um Mitternacht, hieß ihn aufstehen, in den Kirchturm steigen und läuten. ›Du sollst schon lernen, was Gruseln ist‹, dachte er, ging heimlich voraus, und als der Junge oben war und sich umdrehte und das Glockenseil fassen wollte, so sah er auf der Treppe, dem Schall-Loch gegenüber eine weiße Gestalt stehen.
»Wer da?«, rief er, aber die Gestalt gab keine Antwort, regte und bewegte sich nicht. »Gib Antwort«, rief der Junge, »oder mache, dass du fortkommst, du hast hier in der Nacht nichts zu schaffen.« Der Küster aber blieb unbeweglich stehen, damit der Junge glauben sollte, es wäre ein Gespenst. Der Junge rief zum zweiten Mal: »Was willst du hier? Sprich, wenn du ein ehrlicher Kerl bist, oder ich werfe dich die Treppe hinab!« Der Küster dachte: ›Das wird so schlimm nicht gemeint sein‹, gab keinen Laut von sich und stand, als wenn er von Stein wäre. Da rief ihn der Junge zum dritten Male an, und als das auch vergeblich war, nahm er einen Anlauf und stieß das Gespenst die Treppe hinab, dass es in einer Ecke liegen blieb. Darauf läutete er die Glocke, ging heim, legte sich ins Bett und schlief fort.
Die Küsterfrau wartete lange Zeit auf ihren Mann, aber er wollte nicht wiederkommen. Da ward ihr endlich angst, sie weckte den Jungen und fragte: »Weißt du nicht, wo mein Mann geblieben ist? Er ist vor dir auf den Turm gestiegen.« – »Nein«, antwortete der Junge, »aber da hat einer dem Schall-Loch gegenüber auf der Treppe gestanden, und weil er keine Antwort geben und auch nicht weggehen wollte, so habe ich ihn für einen Spitzbuben gehalten und hinuntergestoßen. Geht nur hin, so werdet Ihr sehen, ob er's gewesen ist, es sollte mir leidtun.« Die Frau sprang fort und fand ihren Mann, der in einer Ecke lag und ein Bein gebrochen hatte.
Sie trug ihn herab und eilte dann mit lautem Geschrei zu dem

Vater des Jungen. »Euer Junge«, rief sie, »hat ein großes Unglück angerichtet, meinen Mann hat er die Treppe hinabgeworfen, dass er ein Bein gebrochen hat, schafft den Taugenichts aus unserm Hause.« Der Vater erschrak, kam herbeigelaufen und schalt den Jungen aus. »Was sind das für gottlose Streiche, die muss dir der Böse eingegeben haben.« – »Vater«, antwortete er, »hört nur an, ich bin ganz unschuldig; er stand da in der Nacht wie einer, der Böses im Sinne hat. Ich wusste nicht, wer's war, und habe ihn dreimal ermahnt zu reden oder wegzugehen.« – »Ach«, sprach der Vater, »mit dir erleb ich nur Unglück, geh mir aus den Augen, ich will dich nicht mehr ansehen.« – »Ja, Vater, recht gerne, wartet nur, bis Tag ist, da will ich ausgehen und das Gruseln lernen, so versteh ich doch eine Kunst, die mich ernähren kann.« – »Lerne, was du willst«, sprach der Vater, »mir ist alles einerlei. Da hast du fünfzig Taler, damit geh in die weite Welt und sage keinem Menschen, wo du her bist und wer dein Vater ist; denn ich muss mich deiner schämen.« – »Ja, Vater, wie Ihr's haben wollt, wenn Ihr nicht mehr verlangt, das kann ich leicht in Acht behalten.«
Als nun der Tag anbrach, steckte der Junge seine fünfzig Taler in die Tasche, ging hinaus auf die große Landstraße und sprach immer vor sich hin: »Wenn mir's nur gruselte! Wenn mir's nur gruselte!«
Da kam ein Mann heran, der hörte, was der Junge sprach, und als sie ein Stück weiter waren, dass man den Galgen sehen konnte, sagte der Mann zu ihm: »Siehst du, dort ist der Baum, wo siebene mit des Seilers Tochter Hochzeit gehalten haben und jetzt das Fliegen lernen. Setz dich darunter und warte, bis die Nacht kommt, so wirst du schon das Gruseln lernen.« – »Wenn weiter nichts dazugehört«, antwortete der Junge, »das ist leicht getan; lerne ich aber so geschwind das Gruseln, so sollst du meine fünfzig Taler haben, komm nur morgen Früh wieder zu mir.«
Da ging der Junge zu dem Galgen, setzte sich darunter und wartete, bis der Abend kam. Und weil ihn fror, machte er sich ein Feuer an, aber um Mitternacht ging der Wind so kalt, dass er trotz des Feuers nicht warm werden wollte. Und als der Wind die Gehenkten gegeneinanderstieß, dass sie sich hin und her bewegten,

so dachte er: ›Du frierst unten beim Feuer, was mögen die da oben erst frieren und zappeln!‹ Und weil er mitleidig war, legte er die Leiter an, stieg hinauf, knüpfte einen nach dem andern los und holte sie alle siebene herab. Darauf schürte er das Feuer, blies es an und setzte sie ringsherum, dass sie sich wärmen sollten. Aber sie saßen da und regten sich nicht, und das Feuer ergriff ihre Kleider. Da sprach er: »Nehmt euch in Acht, sonst häng ich euch wieder hinauf.«

Die Toten aber hörten nicht, schwiegen und ließen ihre Lumpen fortbrennen. Da ward er bös und sprach: »Wenn ihr nicht Acht geben wollt, so kann ich euch nicht helfen, ich will nicht mit euch verbrennen«, und hing sie nach der Reihe wieder hinauf. Nun setzte er sich zu seinem Feuer und schlief ein, und am andern Morgen, da kam der Mann zu ihm, wollte die fünfzig Taler haben und sprach: »Nun, weißt du, was Gruseln ist?« – »Nein«, antwortete er, »woher sollte ich's wissen? Die da droben haben das Maul nicht aufgetan und waren so dumm, dass sie die paar alten Lappen, die sie am Leibe haben, brennen ließen.« Da sah der Mann, dass er die fünfzig Taler heute nicht davontragen würde, ging fort und sprach: »So einer ist mir noch nicht vorgekommen.«

Der Junge ging auch seines Weges und fing wieder an, vor sich hin zu reden: »Ach, wenn mir's nur gruselte! Ach, wenn mir's nur gruselte!« Das hörte ein Fuhrmann, der hinter ihm herschritt, und fragte: »Wer bist du?« – »Ich weiß nicht«, antwortete der Junge. Der Fuhrmann fragte weiter: »Wo bist du her?« – »Ich weiß nicht.« – »Wer ist dein Vater?« – »Das darf ich nicht sagen.« – »Was brummst du beständig in den Bart hinein?« – »Ei«, antwortete der Junge, »ich wollte, dass mir's gruselte, aber niemand kann mich's lehren.« – »Lass dein dummes Geschwätz«, sprach der Fuhrmann, »komm, geh mit mir, ich will sehen, dass ich dich unterbringe.« Der Junge ging mit dem Fuhrmann, und abends gelangten sie zu einem Wirtshaus, wo sie übernachten wollten.

Da sprach er beim Eintritt in die Stube wieder ganz laut: »Wenn mir's nur gruselte! Wenn mir's nur gruselte!« Der Wirt, der das hörte, lachte und sprach: »Wenn dich danach lüstet, dazu sollte hier wohl Gelegenheit sein.« – »Ach, schweig stille«, sprach die

Wirtsfrau, »so mancher Vorwitzige hat schon sein Leben eingebüßt, schade um die schönen Augen, wenn die das Tageslicht nicht wiedersehen sollten.« Der Junge aber sagte: »Wenn's noch so schwer wäre, ich will's einmal lernen.« Er ließ dem Wirt auch keine Ruhe, bis dieser erzählte, nicht weit davon stünde ein verwünschtes Schloss, wo einer wohl lernen könnte, was Gruseln wäre, wenn er nur drei Nächte darin wachen wollte.
Der König hätte dem, der's wagen wollte, seine Tochter zur Frau versprochen, und die wäre die schönste Jungfrau, welche die Sonne beschien. In dem Schlosse steckten auch große Schätze, von bösen Geistern bewacht, die würden dann frei und könnten einen Armen reich genug machen. Da ging der Junge am andern Morgen vor den König und sprach: »Wenn's erlaubt wäre, so wollte ich wohl drei Nächte in dem verwünschten Schlosse wachen.« Der König sah ihn an, und weil er ihm gefiel, sprach er: »Du darfst dir noch dreierlei ausbitten, aber es müssen leblose Dinge sein, und die darfst du mit ins Schloss nehmen.« Da antwortete er: »So bitt' ich um ein Feuer, eine Drehbank und eine Schnitzbank mit dem Messer.«
Der König ließ ihm das alles bei Tage in das Schloss tragen. Als es Nacht werden wollte, ging der Junge hinauf, machte sich in einer Kammer ein helles Feuer an, stellte die Schnitzbank mit dem Messer daneben und setzte sich auf die Drehbank. »Ach, wenn mir's nur gruselte«, sprach er, »aber hier werde ich's auch nicht lernen.« Gegen Mitternacht wollte er sich sein Feuer einmal aufschüren, wie er so hineinblies, da schrie's plötzlich aus einer Ecke: »Au, miau! Was uns friert!« – »Ihr Narren«, rief er, »was schreit ihr? Wenn euch friert, kommt, setzt euch ans Feuer und wärmt euch.« Und wie er das gesagt hatte, kamen zwei große schwarze Katzen in einem gewaltigen Sprunge herbei, setzten sich ihm zu beiden Seiten und sahen ihn mit ihren feurigen Augen ganz wild an. Über ein Weilchen, als sie sich gewärmt hatten, sprachen sie: »Kamerad, wollen wir eins in der Karte spielen?« – »Warum nicht?«, antwortete er, »aber zeigt einmal eure Pfoten her!« Da streckten sie die Krallen aus. »Ei«, sagte er, »was habt ihr lange Nägel! Wartet, die muss ich euch erst abschneiden.« Damit packte er sie beim Kragen,

hob sie auf die Schnitzbank und schraubte ihnen die Pfoten fest. »Euch habe ich auf die Finger gesehen«, sprach er, »da vergeht mir die Lust zum Kartenspiel«, schlug sie tot und warf sie hinaus ins Wasser.

Als er aber die zwei zur Ruhe gebracht hatte, da kamen aus allen Ecken und Enden schwarze Katzen und schwarze Hunde an glühenden Ketten, immer mehr und mehr, dass er sich nicht mehr bergen konnte. Die schrien gräulich, traten ihm auf sein Feuer, zerrten es auseinander und wollten es ausmachen. Das sah er ein Weilchen ruhig mit an, als es ihm aber zu arg ward, fasste er sein Schnitzmesser und rief: »Fort mit dir, du Gesindel!«, und haute auf sie los. Ein Teil sprang weg, die andern schlug er tot und warf sie hinaus in den Teich. Als er wiedergekommen war, blies er aus den Funken sein Feuer frisch an und wärmte sich. Und als er so saß, wollten ihm die Augen nicht länger offen bleiben, und er bekam Lust zu schlafen.

Da blickte er um sich und sah in der Ecke ein großes Bett. »Das ist mir eben recht«, sprach er und legte sich hinein. Als er aber die Augen zutun wollte, so fing das Bett von selbst an zu fahren und fuhr im ganzen Schloss herum. »Recht so«, sprach er, »nur besser zu.« Da rollte das Bett fort, als wären sechs Pferde vorgespannt, über Schwellen und Treppen auf und ab. Auf einmal, hopp, hopp, fiel es um, das Unterste zuoberst, dass es wie ein Berg auf ihm lag. Aber er schleuderte Decken und Kissen in die Höhe, stieg heraus und sagte: »Nun mag fahren, wer Lust hat«, legte sich an sein Feuer und schlief, bis es Tag war. Am Morgen kam der König, und als er ihn da auf der Erde liegen sah, meinte er, er wäre tot. Da sprach er: »Es ist doch schade um den schönen Menschen.« Das hörte der Junge, richtete sich auf und sprach: »So weit ist's noch nicht!« Da wunderte sich der König, freute sich aber und fragte, wie es ihm gegangen wäre. »Recht gut«, antwortete er, »eine Nacht wäre herum, die zwei andern werden auch herumgehen.« Als er zum Wirt kam, da machte der große Augen. »Ich dachte nicht«, sprach er, »dass ich dich wieder lebendig sehen würde; hast du nun gelernt, was Gruseln ist?« – »Nein«, sagte er, »es ist alles vergeblich, wenn mir's nur einer sagen könnte!«

Die zweite Nacht ging er abermals hinauf ins alte Schloss, setzte sich zum Feuer und fing sein altes Lied wieder an: »Wenn mir's nur gruselte!« Wie Mitternacht herankam, ließ sich ein Lärm und Gepolter hören, erst sachte, dann immer stärker, dann war's ein bisschen still, endlich kam mit lautem Geschrei ein halber Mensch den Schornstein herab und fiel vor ihn hin. »Heda!«, rief er, »noch ein halber gehört dazu, das ist zu wenig.« Da ging der Lärm von frischem an, es tobte und heulte, und da fiel die andere Hälfte auch herab. »Wart«, sprach er, »ich will Dir erst das Feuer ein wenig anblasen.« Wie er das getan hatte und sich wieder umsah, da waren die beiden Stücke zusammengefahren, und da saß ein gräulicher Mann auf seinem Platz. »So haben wir nicht gewettet«, sprach der Junge, »die Bank ist mein.« Der Mann wollte ihn wegdrängen, aber der Junge ließ sich's nicht gefallen, schob ihn mit Gewalt weg und setzte sich wieder auf seinen Platz. Da fielen noch mehr Männer herab, einer nach dem andern, die holten neun Totenbeine und zwei Totenköpfe, setzten auf und spielten Kegel. Der Junge bekam auch Lust und fragte: »Hört ihr, kann ich mittun?«

»Ja, wenn du Geld hast.« – »Geld genug«, antwortete er, »aber eure Kugeln sind nicht recht rund.« Da nahm er die Totenköpfe, setzte sie in die Drehbank und drehte sie rund. »So, jetzt werden sie besser schüppeln«, sprach er, »heida, nun geht's lustig!« Er spielte mit und verlor etwas von seinem Geld, als es aber zwölf Uhr schlug, war alles vor seinen Augen verschwunden. Er legte sich nieder und schlief ruhig ein. Am andern Morgen kam der König und wollte sich erkundigen. »Wie ist Dir's diesmal gegangen?«, fragte er. – »Ich habe gekegelt«, antwortete er, »und ein paar Heller verloren.« – »Hat dir denn nicht gegruselt?« – »Ei was«, sprach er, »lustig hab ich mich gemacht. Wenn ich nur wüsste, was Gruseln wäre!«

In der dritten Nacht setzte er sich wieder auf seine Bank und sprach ganz verdrießlich: »Wenn es mir nur gruselte!« Als es spät ward, kamen sechs große Männer und brachten eine Totenlade hereingetragen. Da sprach er: »Ha, ha, das ist gewiss mein Vetterchen, das erst vor ein paar Tagen gestorben ist«, winkte mit dem Finger und rief: »Komm, Vetterchen, komm!« Sie stellten den Sarg auf die Erde, er aber ging hinzu und nahm den Deckel ab, da lag ein toter Mann darin. Er fühlte ihm ans Gesicht, aber es war kalt wie Eis. »Wart«, sprach er, »ich will dich ein bisschen wärmen«, ging ans Feuer, wärmte seine Hand und legte sie ihm aufs Gesicht, aber der Tote blieb kalt. Nun nahm er ihn heraus, setzte ihn ans Feuer und rieb ihm die Arme, damit das Blut wieder in Bewegung kommen sollte. Als auch das nichts helfen wollte, fiel ihm ein: ›Wenn zwei zusammen im Bett liegen, so wärmen sie sich‹, brachte ihn ins Bett, deckte ihn zu und legte sich neben ihn. Über ein Weilchen ward auch der Tote warm und fing an, sich zu regen. Da sprach der Junge: »Siehst du, Vetterchen, hätt ich dich nicht gewärmt!« Der Tote aber hub an zu sprechen: »Jetzt will ich dich erwürgen.« – »Was«, sagte er, »ist das der Dank? Gleich sollst du wieder in deinen Sarg«, hob ihn auf, warf ihn hinein und machte den Deckel zu; da kamen die sechs Männer und trugen ihn wieder fort. »Es will mir nicht gruseln«, sagte er, »hier lerne ich's mein Lebtag nicht.«

Da trat ein Mann herein, der war größer als alle anderen und sah fürchterlich aus; er war aber alt und hatte einen langen weißen Bart. »O du Wicht«, rief er, »nun sollst du bald lernen, was Gruseln ist; denn du sollst sterben.« – »Nicht so schnell«, antwortete der Junge, »soll ich sterben, so muss ich auch dabei sein.« – »Dich will ich schon packen«, sprach der Unhold. – »Sachte, sachte, mach dich nicht so breit; so stark wie du bin ich auch.« – »Das wollen wir sehn«, sprach der Alte, »bist du stärker als ich, so will ich dich gehen lassen; komm, wir wollen's versuchen.« Da führte er ihn durch dunkle Gänge zu einem Schmiedefeuer, nahm eine Axt und schlug den einen Amboss mit einem Schlag in die Erde. »Das kann ich noch besser«, sprach der Junge und ging zu dem andern Amboss. Der Alte stellte sich nebenhin und wollte zusehen, und sein weißer Bart hing herab. Da fasste der Junge die Axt, spaltete den Amboss auf einen Hieb und klemmte den Bart des Alten mit hinein. »Nun hab ich dich«, sprach der Junge, »jetzt ist das Sterben an dir.« Dann fasste er eine Eisenstange und schlug auf den Alten los, bis er wimmerte und bat, er möchte aufhören, er wollte ihm große

Reichtümer geben. Der Junge zog die Axt raus und ließ ihn los. Der Alte führte ihn wieder ins Schloss zurück und zeigte ihm in einem Keller drei Kasten voll Gold. »Davon«, sprach er, »ist ein Teil den Armen, der andere dem König, der dritte dein.« Indem schlug es zwölfe, und der Geist verschwand.

Am andern Morgen kam der König und sagte: »Nun wirst du gelernt haben, was Gruseln ist!« – »Nein«, antwortete er, »was ist's nur? Mein toter Vetter war da, und ein bärtiger Mann ist gekommen, der hat mir da unten viel Geld gezeigt, aber was Gruseln ist, hat mir keiner gesagt.« Da sprach der König: »Du hast das Schloss erlöst und sollst meine Tochter heiraten.«

Da ward das Gold heraufgebracht und die Hochzeit gefeiert, aber der junge König, so lieb er seine Gemahlin hatte und so vergnügt er war, sagte doch immer: »Wenn mir nur gruselte, wenn mir nur gruselte!« Das verdross sie endlich. Ihr Kammermädchen sprach: »Ich will Hilfe schaffen, das Gruseln soll er schon lernen.« Sie ging hinaus zum Bach, der durch den Garten floss, und ließ sich einen ganzen Eimer voll Gründlinge holen. Nachts, als der junge König schlief, musste seine Gemahlin ihm die Decke wegziehen und den Eimer voll kaltem Wasser mit den Gründlingen über ihn herschütten, dass die kleinen Fische um ihn herum zappelten. Da wachte er auf und rief: »Ach, was gruselt mir, was gruselt mir, liebe Frau! Ja, nun weiß ich, was Gruseln ist.«

Die Kernaussagen im Überblick

- Wer keine Angst kennt, ist zu bedauern. Ihm fehlt ein wichtiger Seelen-Baustein – die Fantasie.
- Sich zu gruseln, Angst zu haben, gehört wie alle anderen Gefühle zum Leben dazu.
- Unsere Fantasie kann sich schöne Dinge ausmalen, aber auch Furcht und Entsetzen auslösen.
- Mut bedeutet, seine Angst zu beherrschen. Wer keine Angst kennt, kann auch nicht mutig sein.

Des Kaisers neue Kleider

Vor vielen Jahren lebte ein Kaiser, der so ungeheuer viel auf neue Kleider hielt, dass er all sein Geld dafür ausgab, um recht geputzt zu sein. Er kümmerte sich nicht um seine Soldaten, kümmerte sich nicht um Theater und liebte es nicht, in den Wald zu fahren, außer um seine neuen Kleider zu zeigen. Er hatte einen Rock für jede Stunde des Tages, und ebenso wie man von einem König sagte, er ist im Rat, so sagte man hier immer: »Der Kaiser ist in der Garderobe!«

In der großen Stadt, in der er wohnte, ging es sehr munter her. An jedem Tag kamen viele Fremde an, und eines Tages kamen auch zwei Betrüger, die gaben sich für Weber aus und sagten, dass sie das schönste Zeug, was man sich denken könne, zu weben verständen. Die Farben und das Muster seien nicht allein ungewöhnlich schön, sondern die Kleider, die von dem Zeuge genäht würden, sollten die wunderbare Eigenschaft besitzen, dass sie für jeden Menschen unsichtbar seien, der nicht für sein Amt tauge oder der unverzeihlich dumm sei.

›Das wären ja prächtige Kleider‹, dachte der Kaiser; ›wenn ich solche hätte, könnte ich ja dahinterkommen, welche Männer in meinem Reiche zu dem Amte, das sie haben, nicht taugen, ich könnte die Klugen von den Dummen unterscheiden! Ja, das Zeug muss sogleich für mich gewebt werden!‹ Er gab den beiden Betrügern viel Handgeld, damit sie ihre Arbeit beginnen sollten.

Sie stellten auch zwei Webstühle auf, taten, als ob sie arbeiteten, aber sie hatten nicht das Geringste auf dem Stuhle. Trotzdem verlangten sie die feinste Seide und das prächtigste Gold, das steckten sie aber in ihre eigene Tasche und arbeiteten an den leeren Stühlen bis spät in die Nacht hinein.

»Nun möchte ich doch wissen, wie weit sie mit dem Zeuge sind!‹, dachte der Kaiser, aber es war ihm beklommen zumute, wenn er daran dachte, dass keiner, der dumm sei oder schlecht zu seinem Amte tauge, es sehen könne. Er glaubte zwar, dass er für sich selbst nichts zu fürchten brauche, aber er wollte doch erst einen andern senden, um zu sehen, wie es damit stehe. Alle Menschen in der ganzen Stadt wussten, welche besondere Kraft das Zeug habe, und alle waren begierig zu sehen, wie schlecht oder dumm ihr Nachbar sei.

›Ich will meinen alten, ehrlichen Minister zu den Webern senden‹, dachte der Kaiser, ›er kann am besten beurteilen, wie der Stoff sich ausnimmt, denn er hat Verstand, und keiner versieht sein Amt besser als er!‹

Nun ging der alte, gute Minister in den Saal hinein, wo die zwei Betrüger saßen und an den leeren Webstühlen arbeiteten. ›Gott behüte uns!‹, dachte der alte Minister und riss die Augen auf. ›Ich kann ja nichts erblicken!‹ Aber das sagte er nicht.

Beide Betrüger baten ihn näher zu treten und fragten, ob es nicht ein hübsches Muster und schöne Farben seien. Dann zeigten sie auf den leeren Stuhl, und der arme, alte Minister fuhr fort, die Augen aufzureißen, aber er konnte nichts sehen, denn es war nichts da. ›Herrgott‹, dachte er, ›sollte ich dumm sein? Das habe ich nie geglaubt, und das darf kein Mensch wissen! Sollte ich nicht zu meinem Amte taugen? Nein, es geht nicht an, dass ich erzähle, ich könne das Zeug nicht sehen!‹

»Nun, Sie sagen nichts dazu?«, fragte der eine von den Webern.

»Oh, es ist niedlich, ganz allerliebst!«, antwortete der alte Minister und sah durch seine Brille. »Dieses Muster und diese Farben! – Ja, ich werde dem Kaiser sagen, dass es mir sehr gefällt!«

»Nun, das freut uns!«, sagten beide Weber, und darauf benannten sie die Farben mit Namen und erklärten das seltsame Muster. Der alte Minister merkte gut auf, damit er dasselbe sagen könne, wenn er zum Kaiser zurückkomme, und das tat er auch.

Nun verlangten die Betrüger mehr Geld, mehr Seide und mehr Gold zum Weben. Sie steckten alles in ihre eigenen Taschen, auf den Webstuhl kam kein Faden, aber sie fuhren fort, wie bisher an den leeren Stühlen zu arbeiten.

Der Kaiser sandte bald wieder einen anderen tüchtigen Staatsmann hin, um zu sehen, wie es mit dem Weben stehe und ob das Zeug bald fertig sei; es ging ihm aber gerade wie dem ersten, er

guckte und guckte; weil aber außer dem Webstuhl nichts da war, so konnte er nichts sehen.
»Ist das nicht ein ganz besonders prächtiges und hübsches Stück Zeug?«, fragten die beiden Betrüger und zeigten und erklärten das prächtige Muster, das gar nicht da war.
›Dumm bin ich nicht‹, dachte der Mann; ›es ist also mein gutes Amt, zu dem ich nicht tauge! Das wäre seltsam genug, aber das muss man sich nicht merken lassen!‹ Daher lobte er das Zeug, das er nicht sah, und versicherte ihnen seine Freude über die schönen Farben und das herrliche Muster. »Ja, es ist ganz allerliebst!«, sagte er zum Kaiser.
Alle Menschen in der Stadt sprachen von dem prächtigen Zeuge. Nun wollte der Kaiser es selbst sehen, während es noch auf dem Webstuhl sei. Mit einer ganzen Schar auserwählter Männer, unter denen auch die beiden ehrlichen Staatsmänner waren, die schon früher da gewesen, ging er zu den beiden listigen Betrügern hin, die nun aus allen Kräften webten, aber ohne Faser oder Faden.
»Ja, ist das nicht prächtig?«, sagten die beiden ehrlichen Staatsmänner. »Wollen Eure Majestät sehen, welches Muster, welche Farben?« Und dann zeigten sie auf den leeren Webstuhl, denn sie glaubten, dass die andern das Zeug wohl sehen könnten.
›Was!‹, dachte der Kaiser; ›ich sehe gar nichts! Das ist ja erschrecklich! Bin ich dumm? Tauge ich nicht dazu, Kaiser zu sein? Das wäre das Schrecklichste, was mir begegnen könnte.‹ »Oh, es ist sehr hübsch«, sagte er; »es hat meinen allerhöchsten Beifall!« Und er nickte zufrieden und betrachtete den leeren Webstuhl; er wollte nicht sagen, dass er nichts sehen könne. Das ganze Gefolge, was er mit sich hatte, sah und sah, aber es bekam nicht mehr heraus als alle die andern, aber sie sagten gleich wie der Kaiser: »Oh, das ist hübsch!«, und sie rieten ihm, diese neuen prächtigen Kleider das erste Mal bei dem großen Feste, das bevorstand, zu tragen. »Es ist herrlich, niedlich, ausgezeichnet!«, ging es von Mund zu Mund, und man schien allerseits innig erfreut darüber. Der Kaiser verlieh jedem der Betrüger ein Ritterkreuz, um es in das Knopfloch zu hängen, und den Titel Hofweber.
Die ganze Nacht vor dem Morgen, an dem das Fest stattfinden

sollte, waren die Betrüger auf und hatten sechzehn Lichte angezündet, damit man sie auch recht gut bei ihrer Arbeit beobachten konnte.

Die Leute konnten sehen, dass sie stark beschäftigt waren, des Kaisers neue Kleider fertig zu machen. Sie taten, als ob sie das Zeug aus dem Webstuhl nähmen, sie schnitten in die Luft mit großen Scheren, sie nähten mit Nähnadeln ohne Faden und sagten zuletzt: »Sieh, nun sind die Kleider fertig!«

Der Kaiser mit seinen vornehmsten Beamten kam selbst, und beide Betrüger hoben den einen Arm in die Höhe, gerade, als ob sie etwas hielten, und sagten: »Seht, hier sind die Beinkleider, hier ist das Kleid, hier ist der Mantel!«, und so weiter. »Es ist so leicht wie Spinnwebe; man sollte glauben, man habe nichts auf dem Körper, aber das ist gerade die Schönheit dabei!«

»Ja!«, sagten alle Beamten, aber sie konnten nichts sehen, denn es war nichts da.

»Belieben Eure Kaiserliche Majestät Ihre Kleider abzulegen«, sagten die Betrüger, »so wollen wir Ihnen die neuen hier vor dem großen Spiegel anziehen!«

Der Kaiser legte seine Kleider ab, und die Betrüger stellten sich, als ob sie ihm ein jedes Stück der neuen Kleider anzögen, die fertig genäht sein sollten, und der Kaiser wendete und drehte sich vor dem Spiegel.

»Ei, wie gut sie kleiden, wie herrlich sie sitzen!«, sagten alle. »Welches Muster, welche Farben! Das ist ein kostbarer Anzug!«

»Draußen stehen sie mit dem Thronhimmel, der über Eurer Majestät getragen werden soll!«, meldete der Oberzeremonienmeister.

»Seht, ich bin ja fertig!«, sagte der Kaiser. »Sitzt es nicht gut?« Und dann wendete er sich nochmals zu dem Spiegel; denn es sollte scheinen, als ob er seine Kleider recht betrachte.

Die Kammerherren, die das Recht hatten, die Schleppe zu tragen, griffen mit den Händen gegen den Fußboden, als ob sie die Schleppe aufhöben, sie gingen und taten, als hielten sie etwas in der Luft; sie wagten es nicht, es sich merken zu lassen, dass sie nichts sehen konnten.

So ging der Kaiser unter dem prächtigen Thronhimmel, und alle

Menschen auf der Straße und in den Fenstern sprachen: »Wie sind des Kaisers neue Kleider unvergleichlich! Welche Schleppe er am Kleide hat! Wie schön sie sitzt!« Keiner wollte es sich merken lassen, dass er nichts sah; denn dann hätte er ja nicht zu seinem Amte getaugt oder wäre sehr dumm gewesen. Keine Kleider des Kaisers hatten solches Glück gemacht wie diese.

»Aber er hat ja gar nichts an!«, sagte endlich ein kleines Kind.

»Hört die Stimme der Unschuld!«, sagte der Vater; und der eine zischelte dem andern zu, was das Kind gesagt hatte.

»Aber er hat ja gar nichts an!«, rief zuletzt das ganze Volk. Das ergriff den Kaiser, denn das Volk schien ihm Recht zu haben, aber er dachte bei sich: ›Nun muss ich aushalten.‹ Und die Kammerherren gingen und trugen die Schleppe, die gar nicht da war.

Die Kernaussagen im Überblick

- Versuch, deinen eigenen Augen zu trauen.
- Die persönliche Meinung sollte immer der Maßstab sein, auch wenn sie der herrschenden Meinung entgegensteht.
- Eitelkeit ist ein gefährlicher Antrieb. Sie kann in Lächerlichkeit münden und den objektiven Blick trüben.
- Kleine Lügen sind menschlich. Aber manchmal ist der Mut zur Wahrheit die einzige Möglichkeit, eine verfahrene Situation umzulenken.

Der Hase und der Igel

Diese Geschichte ist eigentlich gelogen, Kinder, aber wahr ist sie doch, denn mein Großvater, von dem ich sie habe, pflegte immer, wenn er sie erzählte, zu sagen: »Wahr muss sie sein, mein Sohn, sonst könnte man sie ja nicht erzählen.« Die Geschichte aber hat sich so zugetragen.

Es war an einem Sonntagmorgen im Herbst, gerade als der Buchweizen blühte; die Sonne war am Himmel aufgegangen, und der Wind strich warm über die Stoppeln, die Lerchen sangen hoch in der Luft, und die Bienen summten im Buchweizen. Die Leute gingen in ihrem Sonntagsstaat zur Kirche, und alle Geschöpfe waren vergnügt, auch der Igel. Er stand vor seiner Tür, hatte die Arme verschränkt, er guckte in den Morgenwind hinaus und trällerte ein kleines Liedchen vor sich hin, so gut und so schlecht wie am Sonntagmorgen ein Igel eben zu singen pflegt. Während er nun so vor sich hin sang, fiel ihm plötzlich ein, er könnte doch, während seine Frau die Kinder wusch und ankleidete, ein bisschen im Feld spazieren gehen und nachsehen, wie die Steckrüben standen. Die Steckrüben waren ganz nah bei seinem Haus, und er pflegte sie mit seiner Familie zu essen, darum sah er sie auch als die seinigen an.

Gedacht, getan. Er schloss die Haustür hinter sich und schlug den Weg zum Feld ein. Er war noch nicht sehr weit und wollte gerade um den Schlehenbusch herum, der vor dem Feld stand, als er den Hasen erblickte, der in ähnlichen Geschäften ausgegangen war, nämlich um seinen Kohl zu besehen.

Als der Igel den Hasen sah, wünschte er ihm freundlich einen guten Morgen. Der Hase aber, der auf seine Weise ein vornehmer Herr war und grausam hochfahrend noch dazu, antwortete gar nicht auf des Igels Gruß, sondern sagte mit höhnischer Miene: »Wie kommt es, dass du hier schon so am frühen Morgen im Feld herumläufst?«

»Ich gehe spazieren«, sagte der Igel.

»Spazieren?«, lachte der Hase. »Du könntest deine Beine schon zu besseren Dingen gebrauchen.«
Diese Antwort verdross den Igel sehr. Alles kann er vertragen, aber auf seine Beine lässt er nichts kommen, gerade weil sie von Natur aus krumm sind.
»Du bildest dir wohl ein, du könntest mit deinen Beinen mehr ausrichten?«, sagte er.
»Das will ich meinen«, sagte der Hase.
»Nun, das kommt auf einen Versuch an«, meinte der Igel. »Ich wette, wenn wir um die Wette laufen, ich lauf schneller als du.«
»Du – mit deinen krummen Beinen?«, sagte der Hase. »Das ist ja zum Lachen. Aber wenn du so große Lust hast – was gilt die Wette?«
»Einen Golddukaten und eine Flasche Branntwein«, sagte der Igel.
»Angenommen«, sagte der Hase, »schlag ein, und dann kann es gleich losgehen.«
»Nein, so große Eile hat es nicht«, meinte der Igel, »ich hab noch gar nichts gegessen; erst will ich nach Hause gehen und ein bisschen was frühstücken. In einer Stunde bin ich wieder hier.«
Damit ging er, und der Hase war es zufrieden. Unterwegs aber dachte der Igel bei sich: »Der Hase verlässt sich auf seine langen Beine, aber ich will ihn schon kriegen. Er ist zwar ein vornehmer Herr, aber doch ein dummer Kerl, und das soll er bezahlen.«
Als er nun nach Hause kam, sagte er zu seiner Frau: »Frau, zieh dich rasch an, du musst mit mir ins Feld hinaus.«
»Was gibt es denn?«, fragte die Frau.
»Ich habe mit dem Hasen um einen Golddukaten und eine Flasche Branntwein gewettet, dass ich mit ihm um die Wette laufen will. Und da sollst du dabei sein.«
»O mein Gott, Mann«, begann die Frau loszuschreien, »hast du denn ganz den Verstand verloren? Wie willst du mit dem Hasen um die Wette laufen?«
»Halt das Maul, Weib«, sagte der Igel, »das ist meine Sache. Misch dich nicht in Männergeschäfte! Marsch, zieh dich an und komm mit!« Was sollte also die Frau des Igels tun? Sie musste gehorchen, ob sie wollte oder nicht.

Als sie miteinander unterwegs waren, sprach der Igel zu seiner Frau: »Nun pass auf, was ich dir sage. Dort auf dem langen Acker will ich unseren Wettlauf machen. Der Hase läuft in einer Furche, und ich in der anderen, und dort oben fangen wir an. Du hast nun weiter nichts zu tun, als dass du dich hier unten in die Furche stellst, und wenn der Hase in seiner Furche daherkommt, so rufst du ihm entgegen: »Ich bin schon da!«
So kamen sie zu dem Acker, der Igel wies seiner Frau ihren Platz an und ging den Acker hinauf. Als er oben ankam, war der Hase schon da. »Kann es losgehen?«, fragte er.
»Jawohl«, erwiderte der Igel.
»Dann nur zu.« Damit stellte sich jeder in seine Furche. Der Hase zählte: »Eins, zwei, drei«, und los ging er wie ein Sturmwind den Acker hinunter.
Der Igel aber lief nur etwa drei Schritte, dann duckte er sich in die Furche hinein und blieb ruhig sitzen. Und als der Hase im vollen Lauf am Ziel unten am Acker ankam, rief ihm die Frau des Igels entgegen: »Ich bin schon da!«
Der Hase war nicht wenig erstaunt, glaubte er doch nichts anderes, als dass er den Igel selbst vor sich hatte. Bekanntlich sieht die Frau Igel genauso aus wie ihr Mann. »Das geht nicht mit rechten Dingen zu«, rief er. »Noch einmal gelaufen, in die andere Richtung!« Und fort ging es wieder wie der Sturmwind, dass ihm die Ohren am Kopf flogen. Die Frau des Igels aber blieb ruhig an ihrem Platz sitzen, und als der Hase oben ankam, rief ihm der Herr Igel entgegen: »Ich bin schon da!«
Der Hase war ganz außer sich vor Ärger und schrie: »Noch einmal gelaufen, noch einmal herum!«
»Meinetwegen«, gab der Igel zurück. »Sooft du Lust hast.«
So lief der Hase dreiundsiebzigmal, und der Igel hielt immer mit. Und jedes Mal, wenn der Hase oben oder unten am Ziel ankam, sagten der Igel oder seine Frau: »Ich bin schon da.«
Beim vierundsiebzigsten Male aber kam der Hase nicht mehr ans Ziel. Mitten auf dem Acker fiel er zu Boden, das Blut floss ihm aus der Nase, und er blieb tot liegen. Der Igel aber nahm seinen gewonnenen Golddukaten und die Flasche Branntwein, rief seine

Frau von ihrem Platz am Ende der Furche, und vergnügt gingen beide nach Hause. Und wenn sie nicht gestorben sind, leben sie heute noch.

So geschah es, dass auf der Buxtehuder Heide der Igel den Hasen zu Tode gelaufen hatte, und seit jener Zeit hat kein Hase mehr gewagt, mit dem Buxtehuder Igel um die Wette zu laufen.

Die Lehre aus dieser Geschichte aber ist erstens, dass sich keiner, und wenn er sich auch noch so vornehm dünkt, einfallen lassen soll, sich über einen kleinen Mann lustig zu machen, und wäre es auch nur ein Igel.

Und zweitens, dass es gut ist, wenn einer heiratet, dass er sich eine Frau von seinem Stand nimmt, die geradeso aussieht wie er. Wer also ein Igel ist, der muss darauf sehen, dass auch seine Frau ein Igel ist.

Die Kernaussagen im Überblick

- Wer seinen Mitmenschen von oben herab begegnet, muss sich nicht wundern, wenn er dafür bezahlen muss.
- Ideen brauchen Zeit, um reifen zu können.
- Den Weg zum Glück findet nicht immer derjenige, der die schnellsten Beine hat.
- Cleverness ist oft wichtiger als Schnelligkeit.
- Was man alleine nicht schaffen kann, das versucht man eben zu zweit.

Die sechs Schwäne

Es jagte einmal ein König in einem großen Wald und jagte einem Wild so eifrig nach, dass ihm niemand von seinen Leuten folgen konnte. Als der Abend herankam, hielt er still und blickte um sich, da sah er, dass er sich verirrt hatte. Er suchte einen Ausgang, konnte aber keinen finden. Da sah er eine alte Frau mit wackelndem Kopfe, die auf ihn zukam; das war aber eine Hexe. »Liebe Frau«, sprach er zu ihr, »könnt Ihr mir nicht den Weg durch den Wald zeigen?« – »O ja, Herr König«, antwortete sie, »das kann ich wohl, aber es ist eine Bedingung dabei, wenn Ihr die nicht erfüllt, so kommt Ihr nimmermehr aus dem Wald und müsstet darin hungers sterben.« – »Was ist das für eine Bedingung?«, fragte der König. »Ich habe eine Tochter«, sagte die Alte, »die so schön ist, wie Ihr eine auf der Welt finden könnt, und wohl verdient, Eure Gemahlin zu werden. Wollt Ihr die zur Frau Königin machen, so zeige ich Euch den Weg aus dem Walde.« Der König in der Angst seines Herzens willigte ein, und die Alte führte ihn zu ihrem Häuschen, wo ihre Tochter beim Feuer saß. Sie empfing den König, als wenn sie ihn erwartet hätte, und er sah wohl, dass sie sehr schön war, aber sie gefiel ihm doch nicht, und er konnte sie ohne heimliches Grausen nicht ansehen. Nachdem er das Mädchen zu sich aufs Pferd gehoben hatte, zeigte ihm die Alte den Weg, und der König gelangte wieder in sein königliches Schloss, wo die Hochzeit gefeiert wurde.

Der König war schon einmal verheiratet gewesen und hatte von seiner ersten Gemahlin sieben Kinder, sechs Knaben und ein Mädchen, die er über alles auf der Welt liebte. Weil er nun fürchtete, die Stiefmutter möchte sie nicht gut behandeln und ihnen gar ein Leid antun, so brachte er sie in ein einsames Schloss, das mitten in einem Walde stand. Es lag so verborgen, und der Weg war so schwer zu finden, dass er ihn selbst nicht gefunden hätte, wenn ihm nicht eine weise Frau ein Knäuel Garn von wunderbarer Eigenschaft geschenkt hätte; wenn er das vor sich hinwarf, so wickelte es sich von selbst los und zeigte ihm den Weg. Der König ging aber so oft hinaus zu seinen lieben Kindern, dass der Königin seine Abwesenheit auffiel; sie war neugierig und wollte wissen, was er draußen ganz allein in dem Walde zu schaffen habe. Sie gab seinen Dienern viel Geld, und die verrieten ihr das Geheimnis und sagten ihr auch von dem Knäuel, das allein den Weg zeigen könnte. Nun hatte sie keine Ruhe, bis sie herausgebracht hatte, wo der König das Knäuel aufbewahrte, und dann machte sie kleine weißseidene Hemdchen, und da sie von ihrer Mutter die Hexenkünste gelernt hatte, so nähte sie einen Zauber hinein. Und als der König einmal auf die Jagd geritten war, nahm sie die Hemdchen und ging in den Wald, und das Knäuel zeigte ihr den Weg. Die Kinder, die aus der Ferne jemand kommen sahen, meinten, ihr lieber Vater käme zu ihnen, und sprangen ihm voll Freude entgegen. Da warf sie über ein jedes eins von den Hemdchen, und wie das ihren Leib berührt hatte, verwandelten sie sich in Schwäne und flogen über den Wald hinweg. Die Königin ging ganz vergnügt nach Haus und glaubte ihre Stiefkinder los zu sein, aber das Mädchen war ihr mit den Brüdern nicht entgegengelaufen, und sie wusste nichts von ihm. Anderntags kam der König und wollte seine Kinder besuchen, er fand aber niemand als das Mädchen. »Wo sind deine Brüder?«, fragte der König. »Ach, lieber Vater«, antwortete es, »die sind fort und haben mich allein zurückgelassen«, und erzählte ihm, dass es aus seinem Fensterlein mit angesehen habe, wie seine Brüder als Schwäne über den Wald weggeflogen wären, und zeigte ihm die Federn, die sie in dem Hof hatten fallen lassen und die es aufgelesen hatte. Der König trauerte, aber er dachte nicht, dass die Königin die böse Tat vollbracht hätte, und weil er fürchtete, das Mädchen würde ihm auch geraubt, so wollte er es mit fortnehmen. Aber es hatte Angst vor der Stiefmutter und bat den König, dass es nur noch diese Nacht im Waldschloss bleiben dürfte.

Das arme Mädchen dachte: ›Meines Bleibens ist nicht länger hier, ich will gehen und meine Brüder suchen.‹ Und als die Nacht kam, entfloh es, und ging gerade in den Wald hinein. Es ging die ganze Nacht durch und auch den andern Tag in einem fort, bis es vor

Müdigkeit nicht weiterkonnte. Da sah es eine Wildhütte, stieg hinauf und fand eine Stube mit sechs kleinen Betten, aber es getraute nicht, sich in eins zu legen, sondern kroch unter eins, legte sich auf den harten Boden und wollte die Nacht da zubringen. Als aber die Sonne bald untergehen wollte, hörte es ein Rauschen und sah, dass sechs Schwäne zum Fenster hereingeflogen kamen. Sie setzten sich auf den Boden, und bliesen einander an und bliesen sich alle Federn ab, und ihre Schwanenhaut streifte sich ab wie ein Hemd. Da sah sie das Mädchen an und erkannte ihre Brüder, freute sich und kroch unter dem Bett hervor. Die Brüder waren nicht weniger erfreut, als sie ihr Schwesterchen erblickten, aber ihre Freude war von kurzer Dauer. »Hier kann deines Bleibens nicht sein«, sprachen sie zu ihm, »das ist eine Herberge für Räuber, wenn die heimkommen und finden dich, so ermorden sie dich.« – »Könnt ihr mich denn nicht beschützen?«, fragte das Schwesterchen. »Nein«, antworteten sie, »denn wir können nur eine Viertelstunde lang jeden Abend unsere Schwanenhaut ablegen und haben in dieser Zeit unsere menschliche Gestalt, aber dann werden wir wieder in Schwäne verwandelt.« Das Schwesterchen weinte und sagte: »Könnt ihr denn nicht erlöst werden?« – »Ach nein«, antworteten sie, »die Bedingungen sind zu schwer. Du darfst sechs Jahre lang nicht sprechen und nicht lachen, und musst in der Zeit sechs Hemdchen für uns aus Sternblumen zusammennähen. Kommt ein einziges Wort aus deinem Munde, so ist alle Arbeit verloren.« Und als die Brüder das gesprochen hatten, war die Viertelstunde herum, und sie flogen als Schwäne wieder zum Fenster hinaus.

Das Mädchen aber fasste den festen Entschluss, seine Brüder zu erlösen, und wenn es auch sein Leben kostete. Es verließ die Wildhütte, ging mitten in den Wald und setzte sich auf einen Baum und brachte da die Nacht zu. Am andern Morgen ging es aus, sammelte Sternblumen und fing an zu nähen. Reden konnte es mit niemandem, und zum Lachen hatte es keine Lust: Es saß da und sah nur auf seine Arbeit. Als es schon lange Zeit da zugebracht hatte, geschah es, dass der König des Landes in dem Wald jagte und seine Jäger zu dem Baum kamen, auf welchem das Mädchen saß. Sie riefen es an und sagten: »Wer bist du?« Es gab aber keine

Antwort. »Komm herab zu uns«, sagten sie, »wir wollen Dir nichts zuleide tun.« Es schüttelte bloß mit dem Kopf. Als sie es weiter mit Fragen bedrängten, so warf es ihnen seine goldene Halskette herab und dachte sie damit zufrieden zu stellen. Sie ließen aber nicht ab, da warf es ihnen seinen Gürtel herab, und als auch das nichts half, seine Strumpfbänder, und nach und nach alles, was es anhatte und entbehren konnte, so dass es nichts mehr als sein Hemdlein behielt. Die Jäger ließen sich aber damit nicht abweisen, stiegen auf den Baum, hoben das Mädchen herab und führten es vor den König. Der König fragte: »Wer bist du? Was machst du auf dem Baum?« Aber es antwortete nicht. Er fragte es in allen Sprachen, die er wusste, aber es blieb stumm wie ein Fisch. Weil es aber so schön war, so ward des Königs Herz gerührt, und er fasste eine große Liebe zu ihm. Er tat ihm seinen Mantel um, nahm es vor sich aufs Pferd und brachte es in sein Schloss. Da ließ er ihm reiche Kleider antun, und es strahlte in seiner Schönheit wie der helle Tag, aber es war kein Wort aus ihm herauszubringen. Er setzte es bei Tisch an seine Seite, und seine bescheidenen Mienen und seine Sittsamkeit gefielen ihm so sehr, dass er sprach: »Diese begehre ich zu heiraten und keine andere auf der Welt«, und nach einigen Tagen vermählte er sich mit ihr.

Der König aber hatte eine böse Mutter, die war unzufrieden mit dieser Heirat und sprach schlecht von der jungen Königin. »Wer weiß, wo die Dirne her ist«, sagte sie, »die nicht reden kann: Sie ist eines Königs nicht würdig.« Über ein Jahr, als die Königin das erste Kind zur Welt brachte, nahm es ihr die Alte weg und bestrich ihr im Schlafe den Mund mit Blut. Da ging sie zum König und klagte sie an, sie wäre eine Menschenfresserin. Der König wollte es nicht glauben und litt nicht, dass man ihr ein Leid antat. Sie saß aber beständig und nähte an den Hemdchen und achtete auf nichts anderes.

Das nächste Mal, als sie wieder einen schönen Knaben gebar, übte die falsche Schwiegermutter denselben Betrug aus, aber der König konnte sich nicht entschließen, ihren Reden Glauben beizumessen. Er sprach: »Sie ist zu fromm und gut, als dass sie so etwas tun könnte, wäre sie nicht stumm und könnte sie sich verteidigen, so würde ihre Unschuld an den Tag kommen.« Als aber das dritte Mal die Alte das neugeborne Kind raubte und die Königin anklagte, die kein Wort zu ihrer Verteidigung vorbrachte, so konnte der König nicht anders, er musste sie dem Gericht übergeben, und das verurteilte sie, den Tod durchs Feuer zu erleiden.

Als der Tag herankam, wo das Urteil sollte vollzogen werden, da war zugleich der letzte Tag von den sechs Jahren herum, in welchem sie nicht sprechen und nicht lachen durfte, und sie hatte ihre lieben Brüder aus der Macht des Zaubers befreit.
Die sechs Hemden waren fertig geworden, nur dass an dem letzten der linke Ärmel noch fehlte. Als sie nun zum Scheiterhaufen geführt wurde, legte sie die Hemden auf ihren Arm, und als sie oben stand und das Feuer eben sollte angezündet werden, so schaute sie sich um, da kamen sechs Schwäne durch die Luft dahergezogen. Da sah sie, dass ihre Erlösung nahte, und ihr Herz regte sich in Freude. Die Schwäne rauschten zu ihr her und senkten sich herab, so dass sie ihnen die Hemden überwerfen konnte: Und wie sie davon berührt wurden, fielen die Schwanenhäute ab, und ihre Brüder standen leibhaftig vor ihr und waren frisch und schön; nur dem jüngsten fehlte der linke Arm, und er hatte dafür einen Schwanenflügel am Rücken.
Sie herzten und küssten sich, und die Königin ging zu dem Könige, der ganz bestürzt war, und fing an zu reden und sagte: »Liebster Gemahl, nun darf ich sprechen und dir offenbaren, dass ich unschuldig bin und fälschlich angeklagt«, und erzählte ihm von dem Betrug der Alten, die ihre drei Kinder weggenommen und verborgen hätte. Da wurden sie zu großer Freude des Königs herbeigeholt, und die böse Schwiegermutter wurde zur Strafe auf den Scheiterhaufen gebunden und zu Asche verbrannt. Der König aber und die Königin mit ihren sechs Brüdern lebten lange Jahre in Glück und Frieden.

Die Kernaussagen im Überblick

- Beharrlichkeit führt zum Ziel. Gib nicht auf, auch wenn der Weg beschwerlich ist.
- Manche Vorhaben brauchen vor allem eins: Zeit und Geduld.
- Um letztlich das Glück zu finden, muss der Mensch oft eine Durststrecke überstehen.
- Der Zusammenhalt der Familie ist lebenswichtig: Wenn dir etwas Schlimmes passiert, sind die andern für dich da.
- Auf eine Zeit der Ohnmacht folgt die Erlösung. Wer sich jetzt nicht äußern kann, wird irgendwann Gehör finden.

Welche Werte stecken in welchem Märchen?

Abenteuerlust	Das tapfere Schneiderlein (S. 39, 177)
Anerkennung	Vom Fischer und seiner Frau (S. 14, 144)
Angemessenes Handeln	Die kluge Bauerntochter (S. 73, 214)
Angst	Die Bremer Stadtmusikanten (S. 20, 152); Märchen von einem, der auszog, das Fürchten zu lernen (S. 82, 226)
Ausgrenzung	Das hässliche junge Entlein (S. 35, 166)
Beharrlichkeit	Die sechs Schwäne (S. 97, 244)
Bescheidenheit – Gier	Vom Fischer und seiner Frau (S. 14, 144)
Betrug	Des Kaisers neue Kleider (S. 87, 235)
Blinder Gehorsam – Zivilcourage	Die Bienenkönigin (S. 25, 156); Vom Fischer und seiner Frau (S. 14, 144)
Boshaftigkeit	Die sechs Schwäne (S. 97, 244)
Cleverness	Hänsel und Gretel (S. 31, 158); Der Hase und der Igel (S. 92, 240); Das tapfere Schneiderlein (S. 39, 177)
Dankbarkeit – Undank	Die Bienenkönigin (S. 25, 156); Vom Fischer und seiner Frau (S. 14, 144); Frau Holle (S. 52, 195); Der gestiefelte Kater (S. 47, 190); Hans im Glück (S. 43, 185); Schneeweißchen und Rosenrot (S. 63, 203)
Demut	König Drosselbart (S. 68, 209)
Demütigung – Selbstbewusstsein	Aschenputtel (S. 77, 218)

Dummheit	Märchen von einem, der auszog, das Fürchten zu lernen (S. 82, 226)
Entscheidungsfreiheit	Frau Holle (S. 52, 195)
Ehrgeiz	Aschenputtel (S. 77, 218); Der gestiefelte Kater (S. 47, 190); Der Hase und der Igel (S. 92, 240);
Ehrlichkeit	Die kluge Bauerntochter (S. 73, 214)
Einfühlungsvermögen	Die kluge Bauerntochter (S. 73, 214)
Eitelkeit	Des Kaisers neue Kleider (S. 87, 235)
Engagement	Frau Holle (S. 52, 195)
Emotionen	Der Froschkönig oder der eiserne Heinrich (S. 57, 199)
Fantasie	Märchen von einem, der auszog, das Fürchten zu lernen (S. 82, 226)
Fleiß – Faulheit	Frau Holle (S. 52, 195)
Flexibilität	Hans im Glück (S. 83, 185)
Freiwilligkeit – Zwang	Frau Holle (S. 52, 195)
Freundlichkeit – Bösartigkeit	Schneeweißchen und Rosenrot (S. 63, 203)
Fürsorge	Die sechs Schwäne (S. 97, 244)
Geduld	Die sechs Schwäne (S. 97, 244)
Geltungsbedürfnis	Des Kaisers neue Kleider (S. 87, 235)
Genügsamkeit – Maßlosigkeit	Vom Fischer und seiner Frau (S. 14, 144)

Gehetztsein – Gelassenheit	Der Hase und der Igel (S. 92, 240)
Gehorsam	Der Froschkönig (S. 57, 199)
Gerechtigkeit	Aschenputtel (S. 77, 218); Frau Holle (S. 52, 195); König Drosselbart (S. 68, 209); Die sechs Schwäne (S. 97, 244)
Geschwisterliebe	Die sechs Schwäne (S. 97, 244)
Grausamkeit	Hänsel und Gretel (S. 31, 158); Märchen von einem, der auszog, das Fürchten zu lernen (S. 82, 226)
Hilflosigkeit	Hänsel und Gretel (S. 31, 158)
Hilfsbereitschaft	Schneeweißchen und Rosenrot (S. 63, 203); Die sechs Schwäne (S. 97, 244)
Hochmut	Aschenputtel (S. 77, 218); Der Hase und der Igel (S. 92, 240)
Identität	Das hässliche junge Entlein (S. 35, 166)
Ignoranz	Die Bienenkönigin (S. 25, 156); Das hässliche junge Entlein (S. 35, 166)
Intimität	Der Froschkönig oder der eiserne Heinrich (S. 57, 199)
Klugheit	Der gestiefelte Kater (S. 47, 190); Die kluge Bauerntochter (S. 73, 214)
Konsequenz	Der Froschkönig oder der eiserne Heinrich (S. 57, 199); König Drosselbart (S. 68, 209)
Kreativität	Hänsel und Gretel (S. 31, 158); Die kluge Bauerntochter (S. 73, 214); Das tapfere Schneiderlein (S. 39, 177)

Leichtfertigkeit	König Drosselbart (S. 68, 209)
Lernfähigkeit	König Drosselbart (S. 68, 209)
Liebe	Die kluge Bauerntochter (S. 73, 214)
Mitläufertum	Des Kaisers neue Kleider (S. 87, 235)
Mut	Die Bremer Stadtmusikanten (S. 20, 152); Märchen von einem, der auszog, das Fürchten zu lernen (S. 82, 226); Das tapfere Schneiderlein (S. 39, 177)
Naivität	Hans im Glück (S. 43, 185)
Naturverbundenheit	Die Bienenkönigin (S. 25, 156)
Neid	Aschenputtel (S. 77, 218); Frau Holle (S. 52, 195)
Neugier	Hans im Glück (S. 43, 185)
Opferbereitschaft	Frau Holle (S. 52, 195)
Optimismus	Die Bremer Stadtmusikanten (S. 20, 152); Hans im Glück (S. 43, 185); Schneeweißchen und Rosenrot (S. 63, 203)
Prinzipientreue	Der Froschkönig oder der eiserne Heinrich (S. 57, 199)
Respekt	Die Bienenkönigin (S. 25, 156)
Rücksichtslosigkeit – Mitgefühl	Aschenputtel (S. 77, 218); Die Bienenkönigin (S. 25, 156); Frau Holle (S. 52, 195); Hänsel und Gretel (S. 31, 158)

Selbstvertrauen	Hänsel und Gretel (S. 31, 158); Hans im Glück (S. 43, 185); Die kluge Bauerntochter (S. 73, 214); Der gestiefelte Kater (S. 47, 190); Des Kaisers neue Kleider (S. 87, 235); Das tapfere Schneiderlein (S. 39, 177)
Solidarität	Die sechs Schwäne (S. 97, 244)
Soziale Kompetenz	Schneeweißchen und Rosenrot (S. 63, 203)
Spontaneität	Der Froschkönig oder der eiserne Heinrich (S. 57, 199)
Teamwork	Die Bremer Stadtmusikanten (S. 20, 152); Der Hase und der Igel (S. 92, 240)
Toleranz – Intoleranz	Die Bienenkönigin (S. 25, 156); Das hässliche junge Entlein (S. 35, 166)
Umgangsformen	Der gestiefelte Kater (S. 47, 190)
Unsicherheit	Des Kaisers neue Kleider (S. 87, 235)
Vertrauen	Die sechs Schwäne (S. 97, 244)
Vertrauen – Vorsicht	Hänsel und Gretel (S. 31, 158); Hans im Glück (S. 43, 185)
Vergebung	Das hässliche junge Entlein (S. 35, 166)
Verlogenheit – Ehrlichkeit	Des Kaisers neue Kleider (S. 87, 235)
Vorausschauendes Handeln	Der gestiefelte Kater (S. 47, 190)
Zusammenhalt	Das hässliche junge Entlein (S. 35, 166)

Zuverlässigkeit	Der Froschkönig oder der eiserne Heinrich (S. 57, 199); Die sechs Schwäne (S. 97, 244)
Zuversicht	Die Bremer Stadtmusikanten (S. 20, 152); Das tapfere Schneiderlein (S. 39, 177)

Impressum

Bibliografische Information: Deutsche Nationalbliothek
Die Deutsche Nationalbibliothek verzeichnet diese Publikation in der Deutschen Nationalbibliografie; detaillierte bibliografische Daten sind im Internet über http://dnb.ddb.de abrufbar.

Redaktionsleitung: Cornelia Philipp
Projektleitung: Caroline Colsman
Redaktion: Christina Kotte, Freiburg
Herstellung, Layout und Satz: Sibylle Dietzel
Umschlagkonzeption: ZERO Werbeagentur, München
Illustrationen: Frauke Bahr, Hamburg
Bildnachweis:
Umschlagfoto: Christian Kaufmann
Fotos: Peter von Felbert Seite 121; Herlinde Koelbl/Agentur Focus Seite 122; Schlosstheater-Celle/Stefan Odry Seite 117; privat: Seite 112, 115, 125, 126, 129, 130;

Reproduktion: Vornehm, München
Druck und Bindung: C. H. Beck, Nördlingen
Printed in Germany

ISBN 978-3-426-64442-3

5 4 3 2 1

Afrika – Erdteil im Vergleich

Von Frankfurt am Main bis zur Mittelmeerküste Nordafrikas fliegt ein Flugzeug knapp zwei Stunden, aber die Überquerung der Wüste Sahara dauert dann mehr als doppelt so lange. Das zeigt uns einerseits die Nähe des Erdteils Afrika zu Europa, andererseits die Größe der afrikanischen Landschaften. Diese Seite bietet einen Vergleich Afrikas mit den anderen Kontinenten der Erde. Lies die Angaben zur Flächengröße und Bevölkerungszahl der Kontinente in der Karte ab und setze diese Angaben in ein Säulendiagramm um. Für den Erdteil Afrika sind die Säulen als Beispiel bereits angelegt.

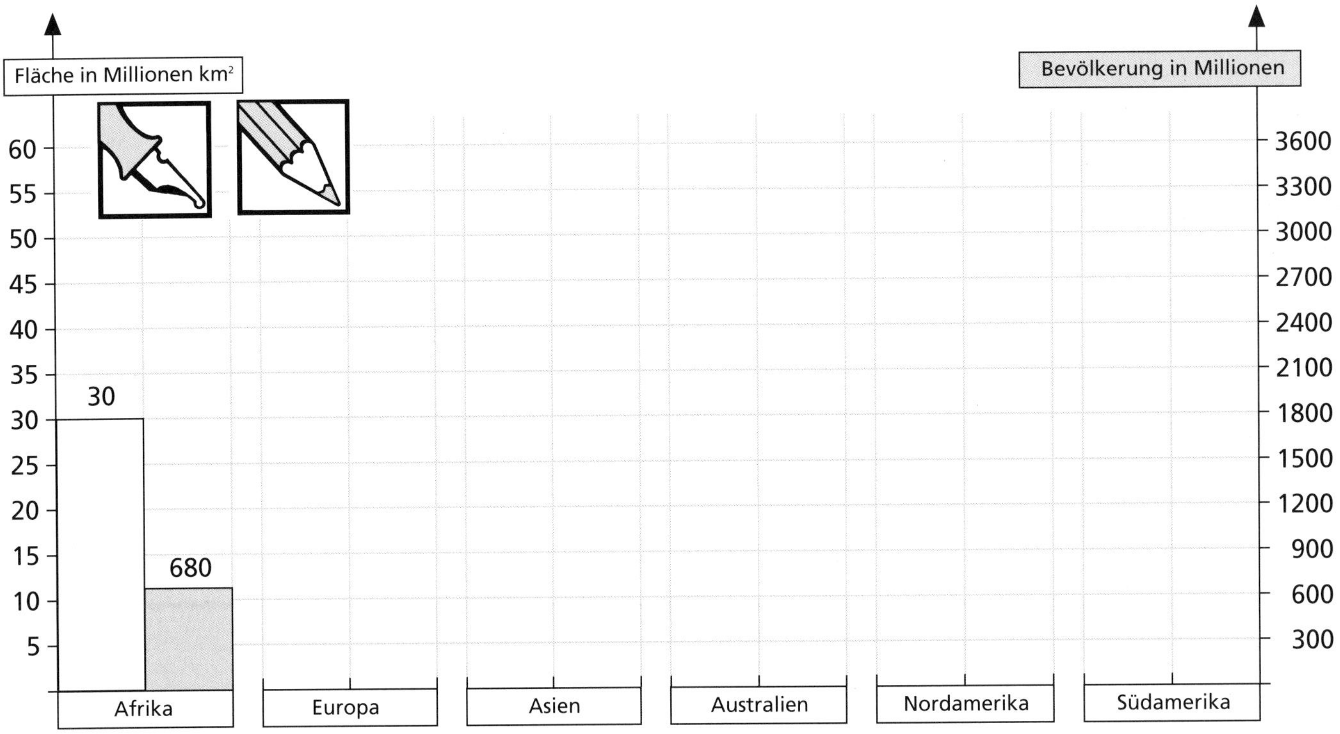

Bedeutung der Zahlenangaben

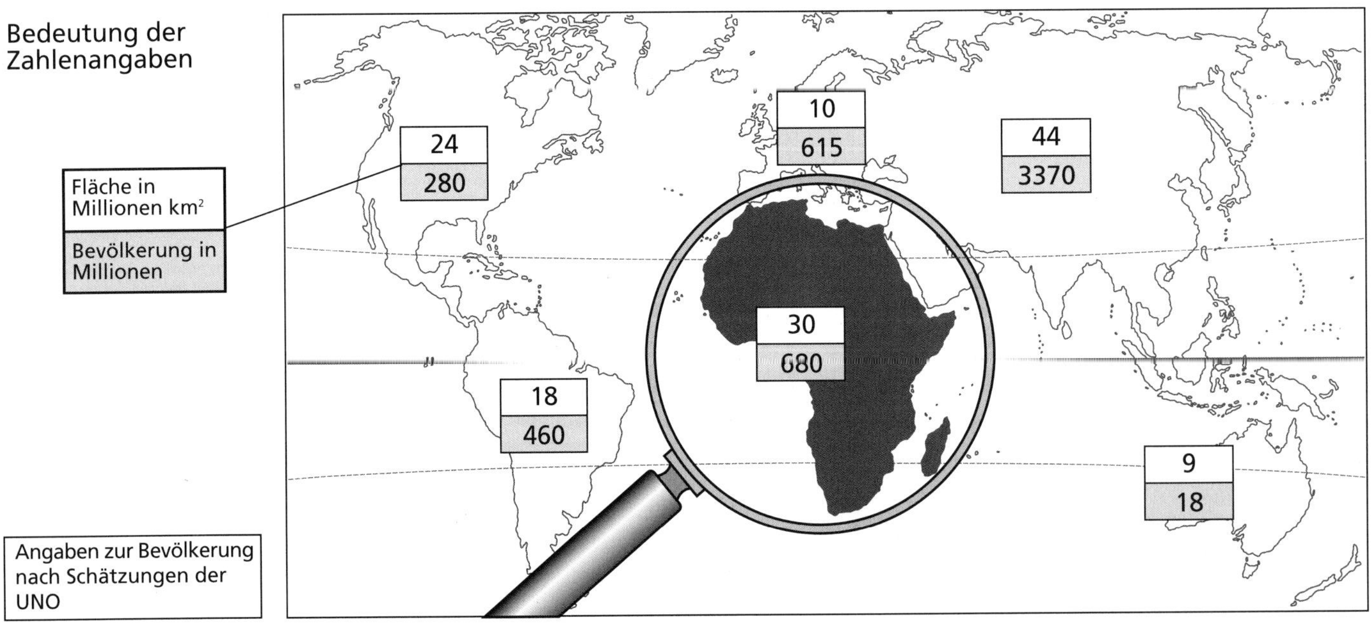

4 Afrika – Namen, Daten, Fakten

①	Gebirge
▲ 5895 m	Berg
a - n	Gewässer/Meer
1	Inselgruppe/Insel
N _ _ _ _	Landschaft
A. ●	Stadt mit (Anfangsbuchstabe)
——	Staatsgrenze

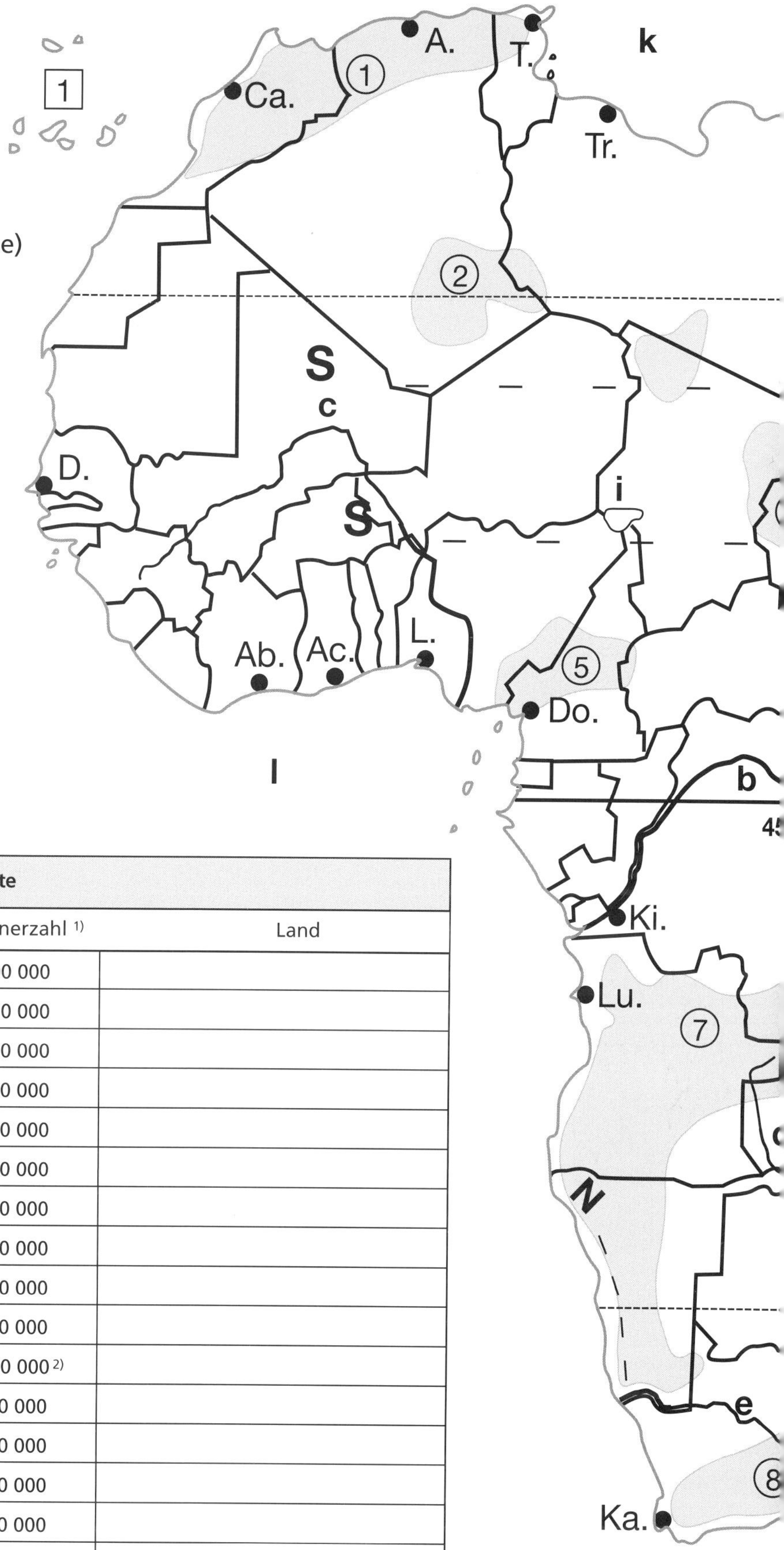

ATLAS

Atlasseite(n):________

Bearbeite diese Übungskarte Afrikas. Sie verschafft dir einen Überblick zu den wichtigsten Städten, Flüssen, Gewässern, Inseln, Bergen und Gebirgen.

Städte			
	Name der Stadt	Einwohnerzahl [1]	Land
K.		12 000 000	
L.		5 700 000	
A.		3 000 000	
Al.		3 300 000	
Ki.		3 750 000	
Ab.		2 500 000	
Ca.		3 200 000	
J.		1 600 000	
Ka.		1 900 000	
Gi.		2 150 000	
Kh.		1 350 000 [2]	
A.A.		1 700 000	
Do.		810 000	
Lu.		4 000 000	
N.		1 430 000	
Ac.		1 600 000	
T.		1 600 000	
Tr.		600 000	
D.		1 500 000	

[1] Einwohnerzahl der Städte mit Vororten, Stand: 1994 [2] Khartum-Omdurman

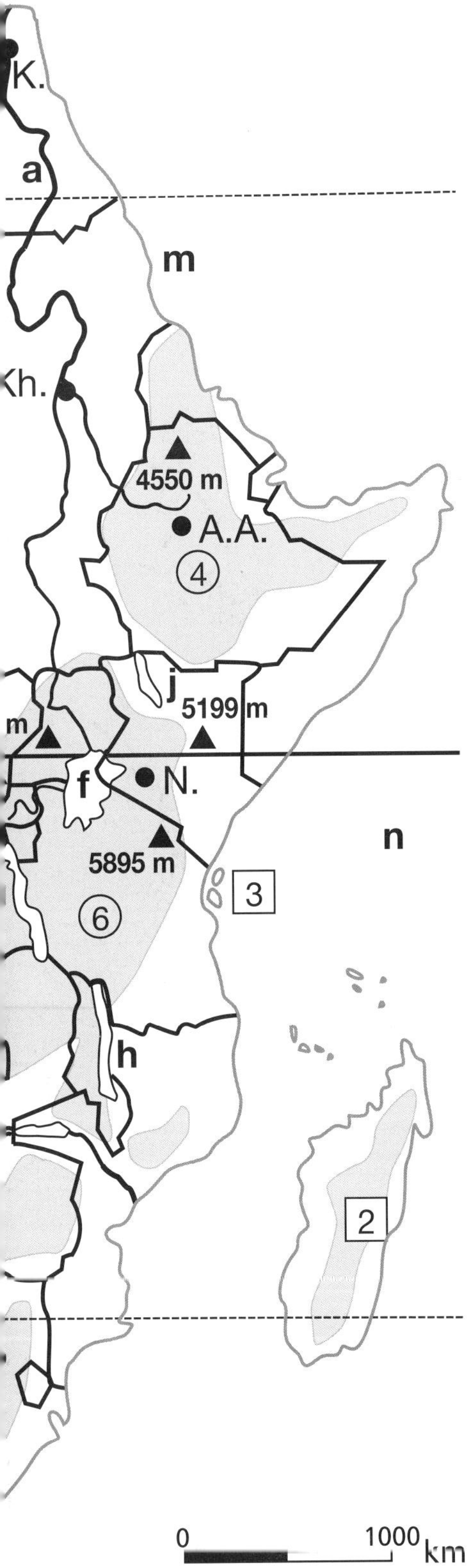

längste Flüsse (Auswahl)			
	Name des Flusses	Länge (in km)	Einmündungsgewässer
a		6670	
b		4374	
c		4184	
d		2736	
e		2090	

größte Seen (Auswahl)			
	Name des Sees	Fläche (in km^2)	Land/Lage
f		69484	
g		32890	
h		29604	
i		16300	
j		6405	

höchste Berge (Auswahl)		
Höhe in m (ü.M.)	Name des Berges	Land/Lage
5895		
5199		
5109		
4550		
4507		

Gebirge
①
②
③
④
⑤
⑥
⑦
⑧

Meere
k
l
m
n
Inseln/Inselgruppe
1
2
3

6 Kartenskizze Afrika – eine Orientierungshilfe

Eine Kartenskizze zeigt dir in einfacher Darstellung Gebirge, Städte und Gewässer, die einen Raum, z.B. ein Land oder einen Erdteil, prägen. Auch zum Erdteil Afrika kannst du eine solche Zeichnung anfertigen.

- Zeichne zuerst den groben Umriss Afrikas. Die geraden Hilfslinien erleichtern dir die Arbeit.
- Zeichne dann die vorgegebenen Städte, Flüsse, Seen und Gebirge in deine Kartenskizze ein. Die Gebirge sind bereits durchnummeriert, Flüsse und Seen sind mit kleinen Buchstaben gekennzeichnet. Die Städte kannst du in deiner Skizze mit dem Anfangsbuchstaben markieren.
- Schreibe dann die Namen in die vorgesehenen Schreibfelder.
- Du kannst deine Kartenskizze noch übersichtlicher gestalten, indem du mit den Farben im Atlas Eintragungen hervorhebst: z.B. Gebirge braun, Tiefland grün und übriges Land gelb; Städte kannst du auch als rote Punkte markieren usw.

Nun viel Spaß beim Anlegen deiner Kartenskizze Afrika.

Ä _ _ _ _ _ _

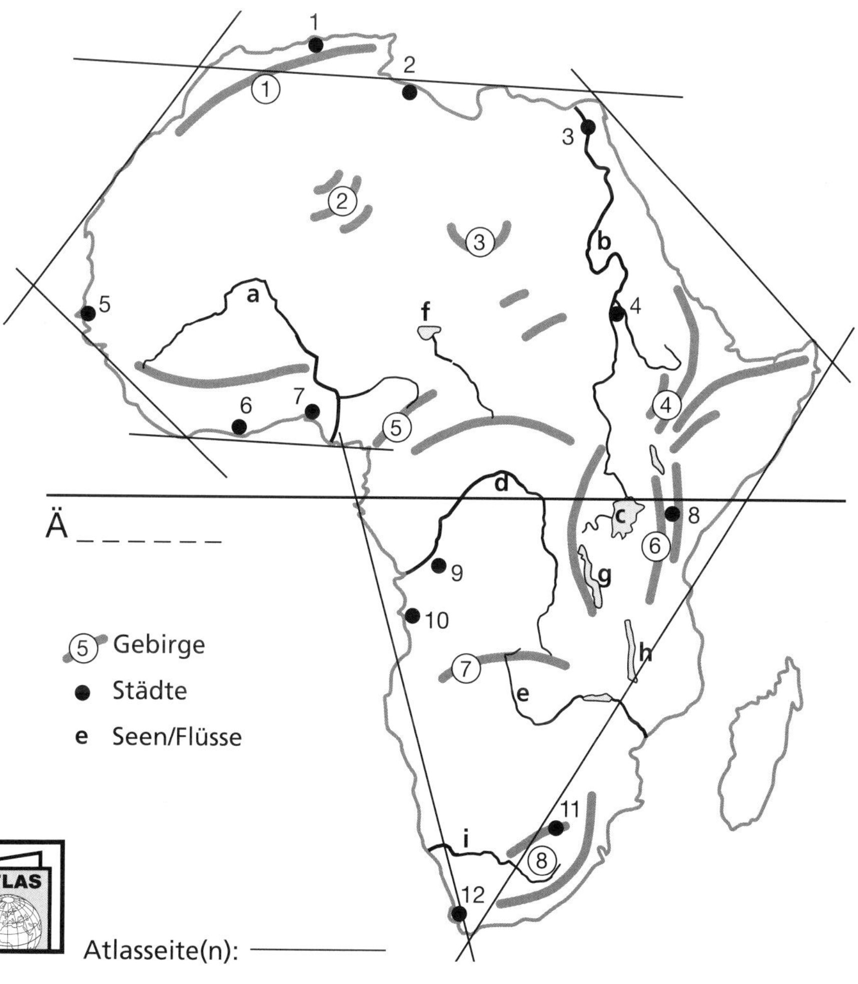

Atlasseite(n): ________

Gewässer

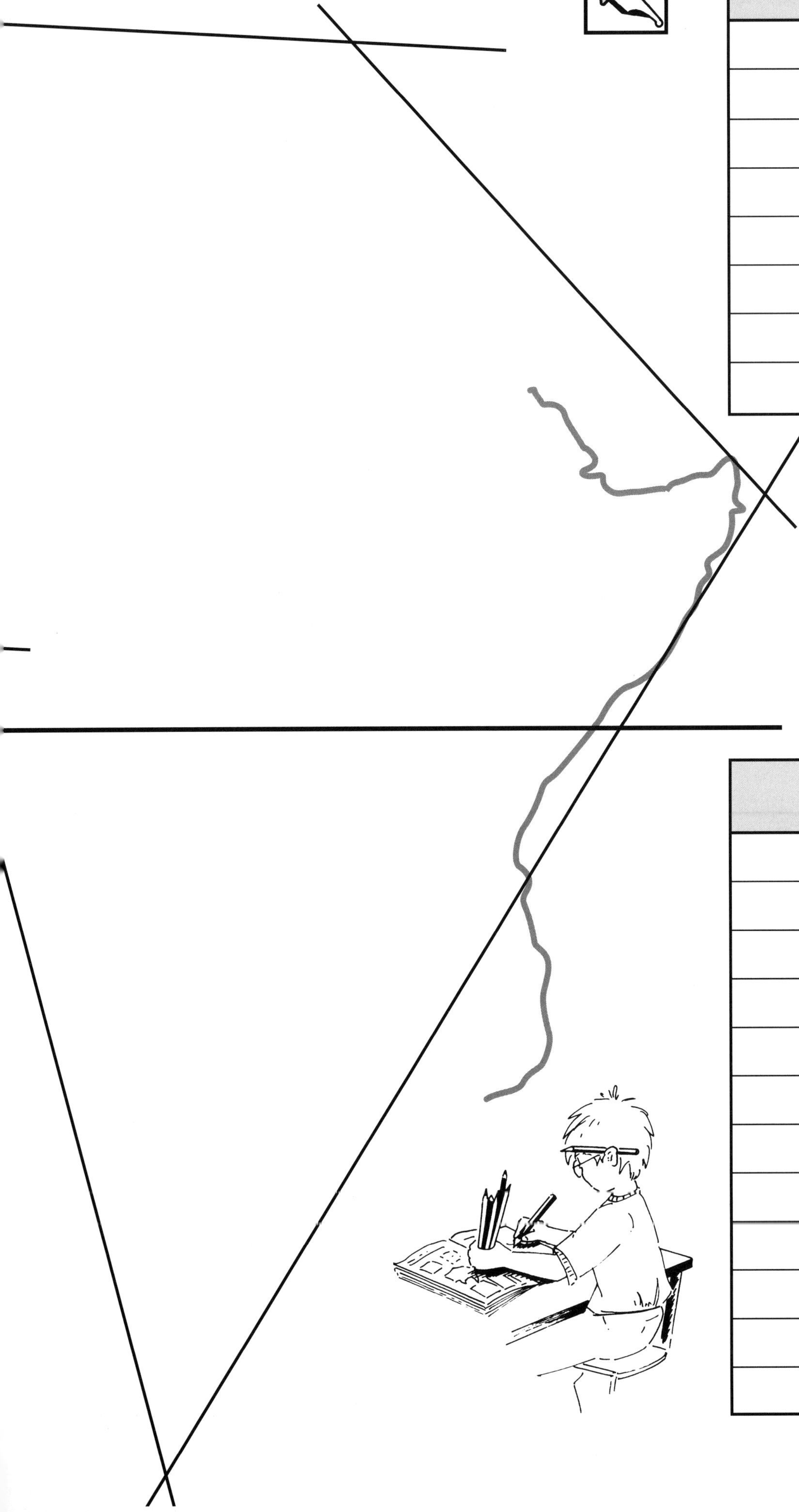

Gebirge

Städte

8 Afrika von A – Z

	Name des Landes (Hauptstadt)
1	( )
2	( )
3	( )
4	( )
5	( )
6	( )
7	( )
8	( )
9	( )
10	( )
11	( )
12	( )
13	( )
14	( )
15	( )
16	( )
17	( )
18	( )
19	( )
20	( )
21	( )
22	( )
23	( )
24	( )

a Jaundé:

CAMEROON TRIBUNE

b Lusaka:

Zambia Daily Mail

c Nairobi:

KENYA Times

d Lagos:

DAILY TIMES

i Dodoma:

DAILY NEWS TANZANIA

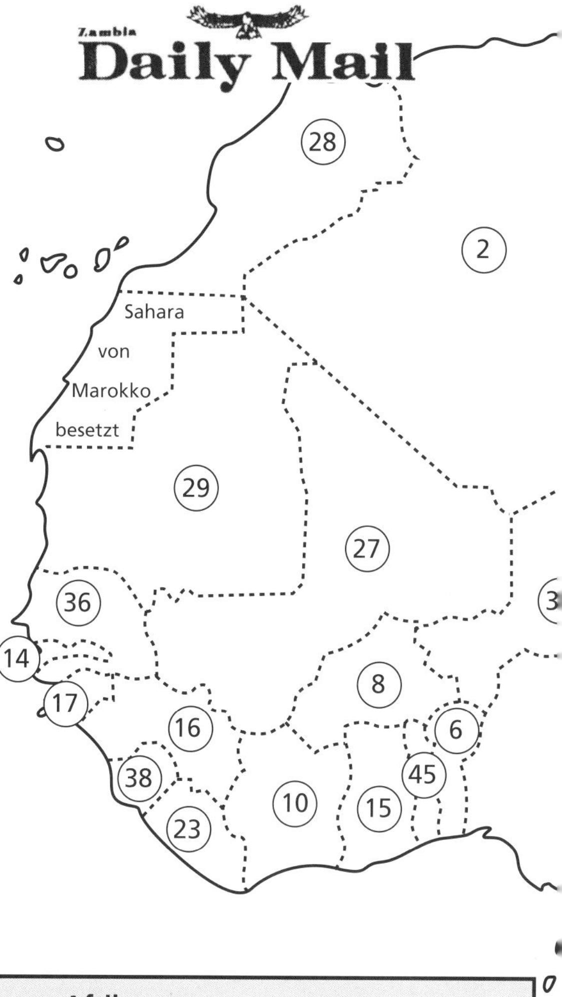

African News – Nachrichten aus Afrika . . .
. . . melden Tageszeitungen aus neun afrikanischen Ländern. Prüfe nach, in welchen Staaten diese Zeitungen erscheinen. Die Erscheinungsorte (Städte) und einige Zeitungsnamen weisen auf die gesuchten Länder hin.

a	f
b	g
c	h
d	i
e	

Zwischen A wie Ägypten und Z wie Zentralafrika (Zentralafrikanische Republik) liegen weitere 48 Staaten Afrikas, die du nun mithilfe deines Atlas (Karte: Afrika – Staaten) herausfinden sollst. Die Zahlenfolge ergibt eine alphabetisch geordnete Staatenliste. Eigentlich gehören zum afrikanischen Kontinent sogar 53 Staaten, aber die kleinen Inselländer Kap Verde, Mauritius sowie Sao Tomé und Principe sind für diese Karte zu klein um sie zu markieren. Du kannst die drei Inselländer im Atlas ausfindig machen. Bestimme nun aber die 50 gekennzeichneten afrikanischen Staaten und schreibe den Namen der Hauptstadt dazu.

e Accra: GHANAIAN TIMES

f Niamey: LE SAHEL

g Harare: The Herald

h Kinshasa: UMOJA

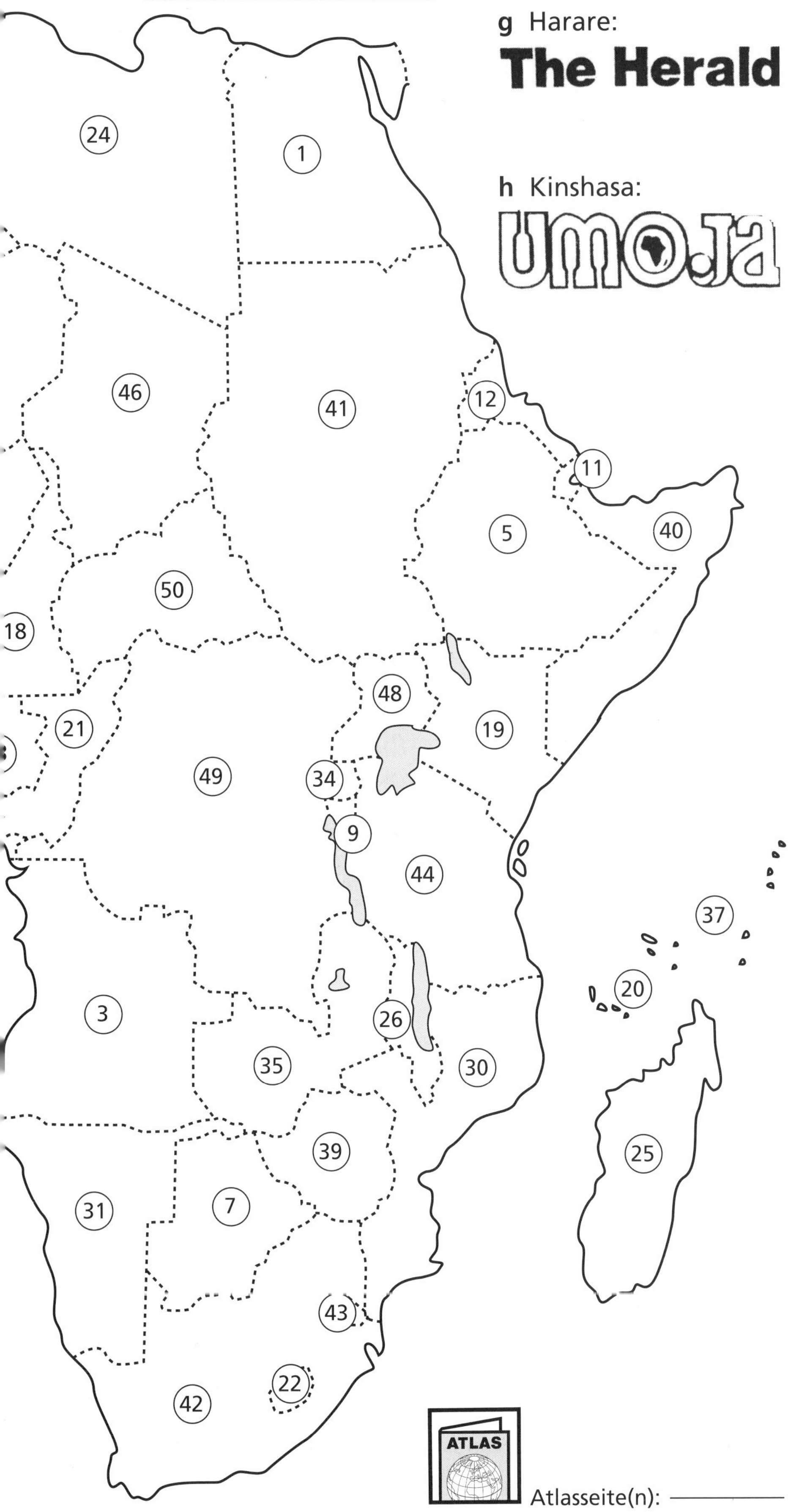

ATLAS Atlasseite(n): ________

25	________ ( )
26	________ ( )
27	________ ( )
28	________ ( )
29	________ ( )
30	________ ( )
31	________ ( )
32	________ ( )
33	________ ( )
34	________ ( )
35	________ ( )
36	________ ( )
37	________ ( )
38	________ ( )
39	________ ( )
40	________ ( )
41	________ ( )
42	________ ( )
43	________ ( )
44	________ ( )
45	________ ( )
46	________ ( )
47	( )
48	________ ( )
49	________ ( )
50	________ ( )

10 Oasen – grüne Augen in der Wüste

Die alten Karawanenführer kannten sie alle, die Oasen. Es sind grüne „Inseln" in der Sahara, der größten Wüste der Erde. Das Ziel der Karawanen war zum Beispiel Tamanrasset, das Tor zum Ahaggar-Gebirge. Noch vor wenigen Jahrzehnten waren alle diese Oasen fast völlig abgetrennt von jeglicher Zivilisation. Heute sind die „Sahara-Städte" an die Versorgungsleitungen der modernen Industriegesellschaft angeschlossen. Es gibt asphaltierte Straßen, Tankstellen und Flugplätze. Obwohl das 20. Jahrhundert auch die Wüstenstädte erreicht hat, sind die Oasen einzigartige Lebensräume, die sich in Jahrtausenden ihrer Umwelt angepasst haben.

○ Oasenstädte
L.
T.
B.
G.
Ou.
H.-M.
E.G.
I.S.
Ta.
D.
Ag.
Bi.
Gh.
E.D.
Si.
● sonstige Städte
Da.
Ba.
Ou.
Ka.
A.A.

K.
Al.
Tr.
Tu.
A.
C.
Gebirge
1
2
3
4
5
6
7
Gewässer
a
b
c
d
e
f
g

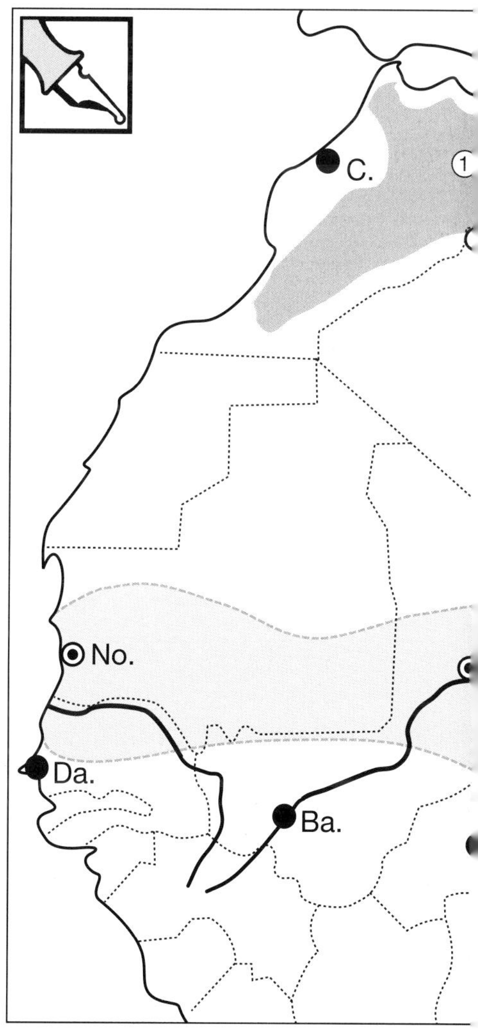

Seit 20 Tagen zieht eine Karawane mit 53 Kamelen und 12 Händlern von Bilma, der alten Oasenstadt in der südlichen Sahara, zurück nach N'guigmi. Diese Kleinstadt liegt in der Sahelzone. Sahel heißt „Ufer“ am Südrand der Sahara. In N'guigmi fallen im Sommer bereits wieder geringe Niederschläge. Bilma dagegen liegt in der trockenen, lebensfeindlichen Ténéré-Wüste.
Bestimme in der nachfolgenden Tabelle die gesuchten Städte der Sahelzone und die Staaten, in denen sie liegen.

⦿	Städte im Sahel	Staat
No.		
Ti.		
N.		
Z.		
N'g.		
N'D.		
E.F.		
E.O.		
K.		

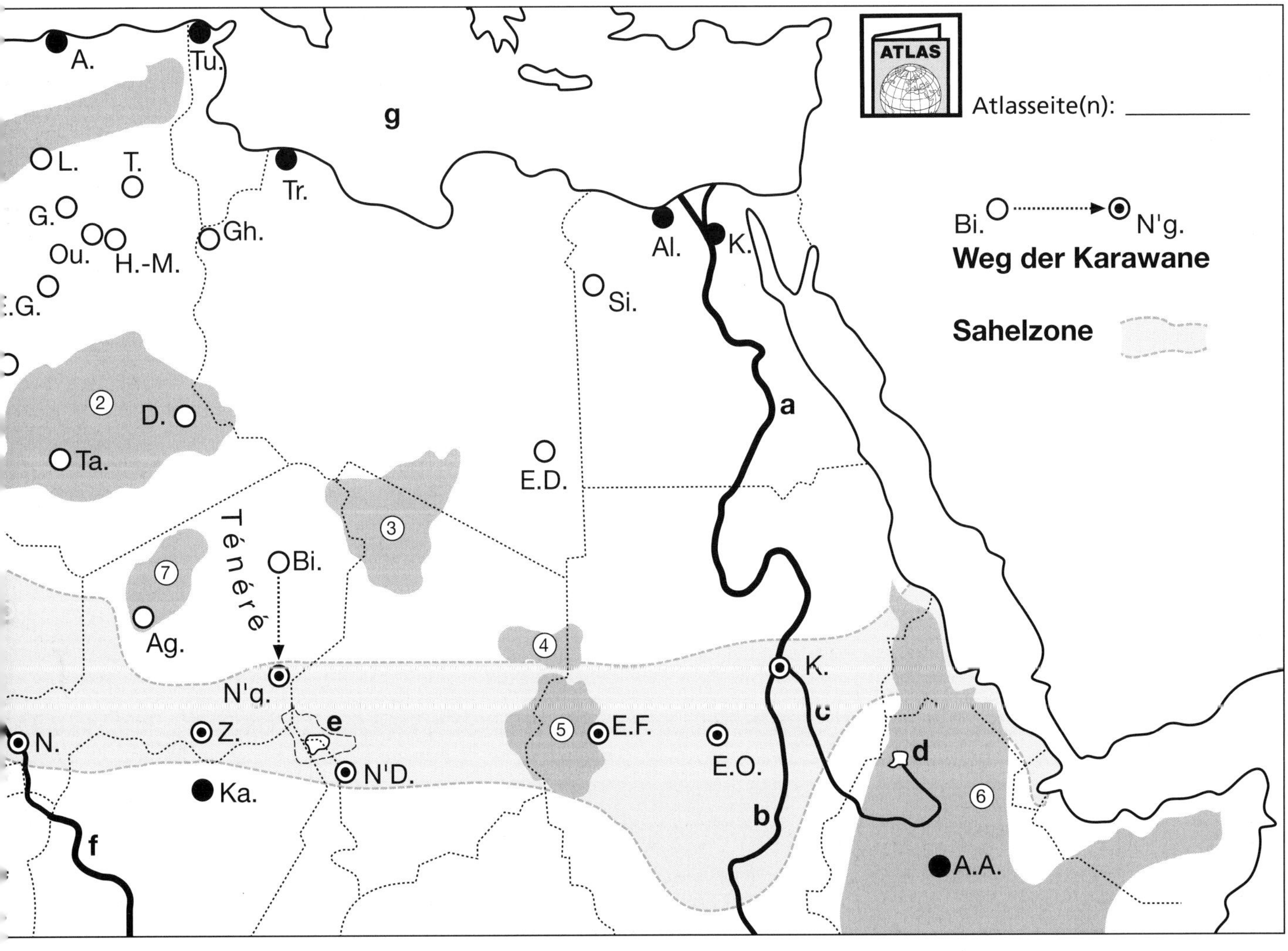

12 Tropische Früchte aus Westafrika . . .

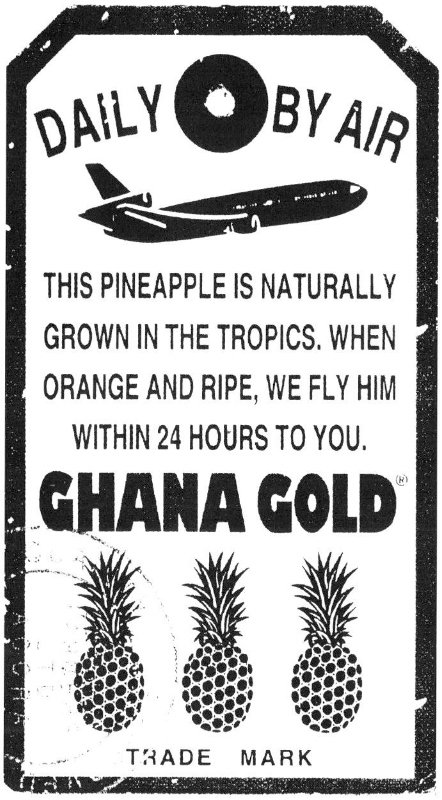

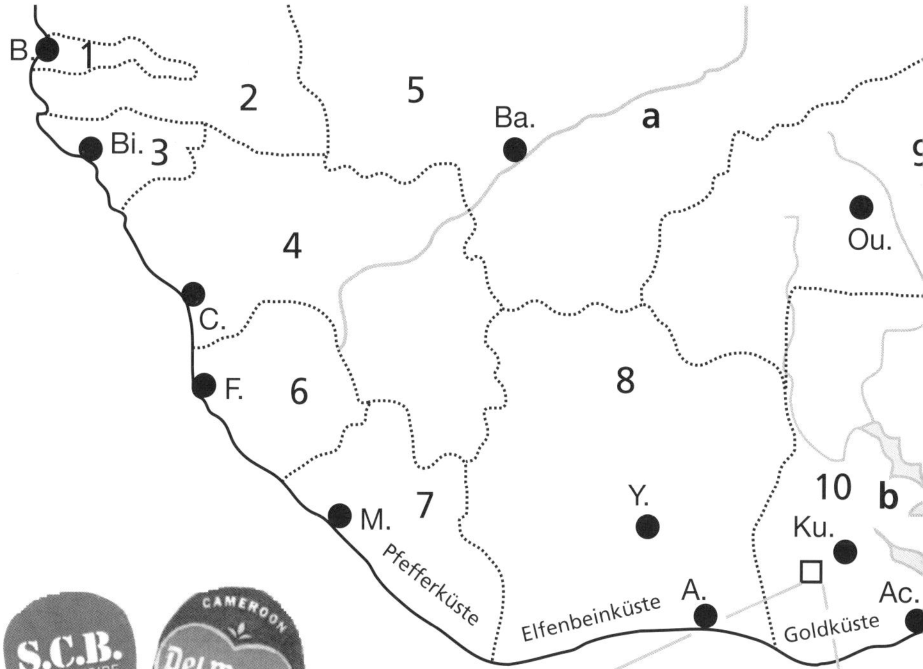

Werbeaufkleber tropischer Früchte

Im tropischen Regenwald rodeten Europäer seit dem 18. Jahrhundert riesige Waldflächen und legten große Pflanzungen an. Auf diesen Plantagen, etwa 3000 bis 12000 Hektar groß, bauen internationale Firmen zum Beispiel Bananen und Ananas an. Zu einer Plantage gehören Siedlungen, Aufbereitungs- und Verarbeitungsanlagen und es müssen Straßen und Eisenbahnanschlüsse gebaut werden. Doch der Aufwand lohnt sich, denn die Tropenfrüchte werden in viele Länder der Welt verkauft.

Ananasplantage im tropischen Regenwald

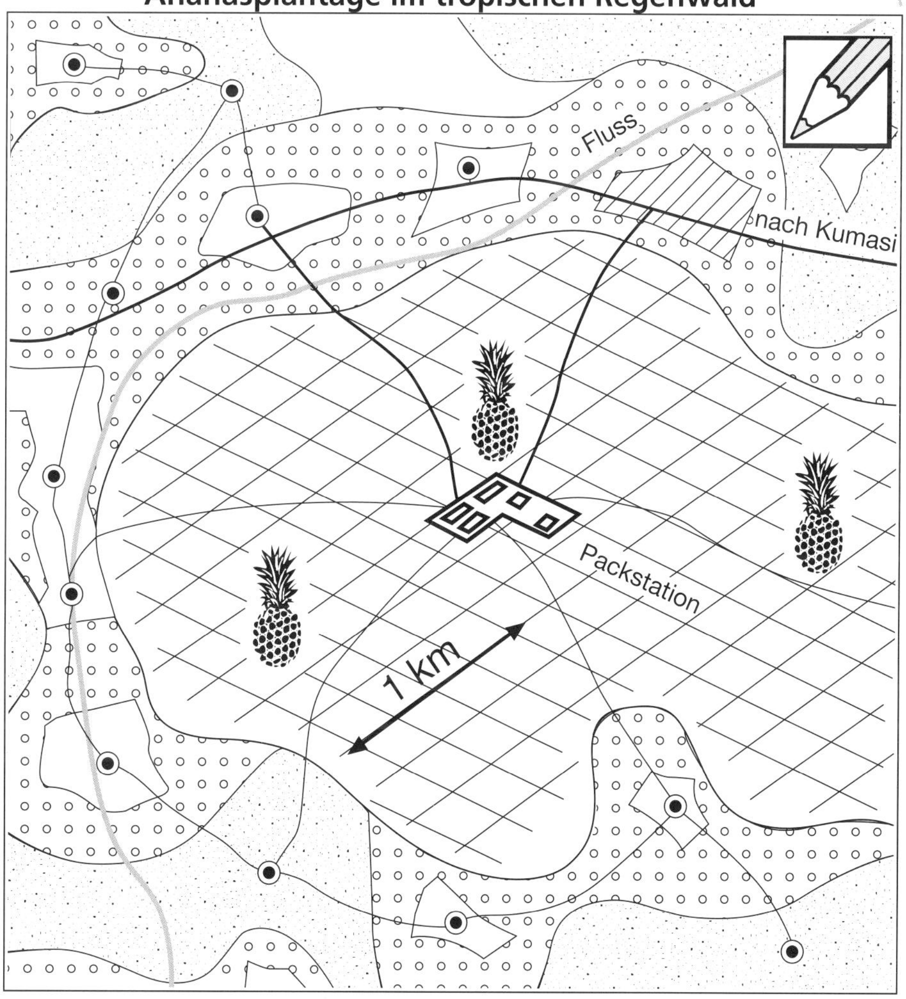

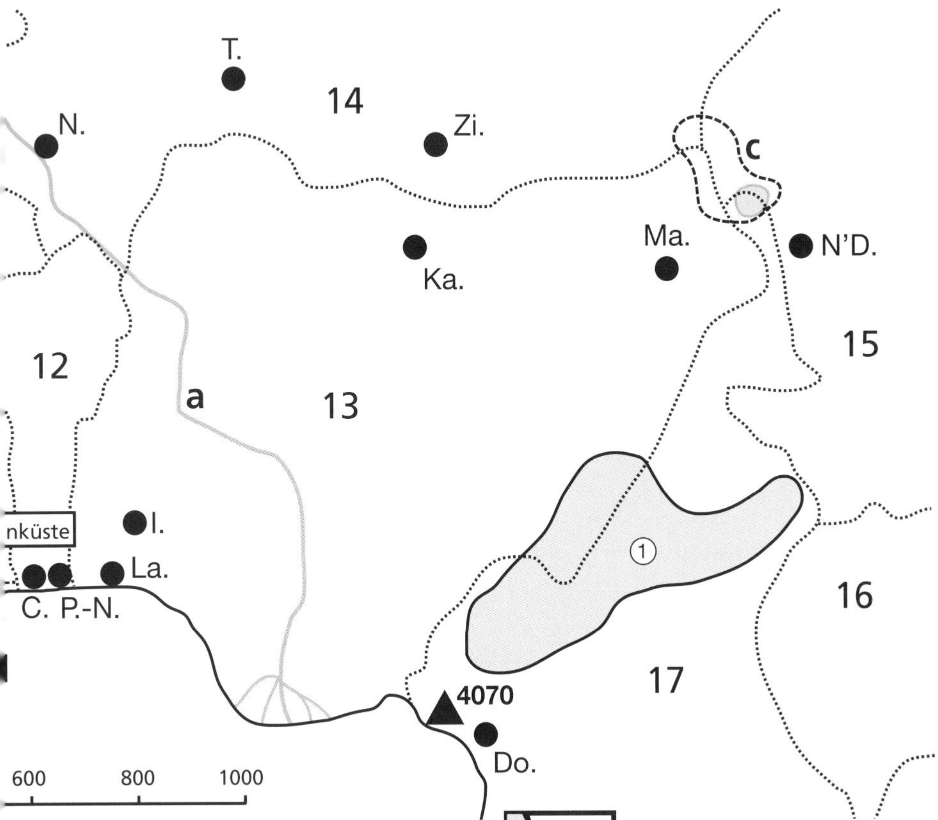

Male die Kartenskizze der Ananasplantage nach dem Farbmuster der Legende aus.

- Ort (etwa 5000 Ew.) (rot)
- Hüttensiedlung
- Kakaokulturen (Export) (braun)
- Hackbaufeld (gelb) (Anbau von Yams, Maniok, Bohnen, Melonen, Pfeffer und Gemüse für den Binnenmarkt und zur Selbstversorgung)
- asphaltierte Straße
- Weg, Pfad
- Reste von tropischem Regenwald (grün) (zum Teil Anbau der Mehlbanane und der Ölpalme)
- Ananasplantage (Export) (orange)

Staaten	
1	
2	
3	
4	
5	
6	
7	
8	
9	
10	
11	
12	
13	
14	
15	
16	
17	

Städte (mit Anfangsbuchstaben)	
B.	
Bi.	
C.	
F.	
M.	
A.	
Ac.	
Ku.	
L.	
Co.	
P.-N.	
La.	
I.	
Ka.	
Ma.	
Do.	
N'D.	
Zi.	
T.	
N.	
Ou.	
Ba.	
Y.	
Gewässer	
a	
b	
c	
d	
Gebirge/Berg	
①	
▲ 4070	

ATLAS

Atlasseite(n): ______

14 Transafrika – Abenteuer am Äquator

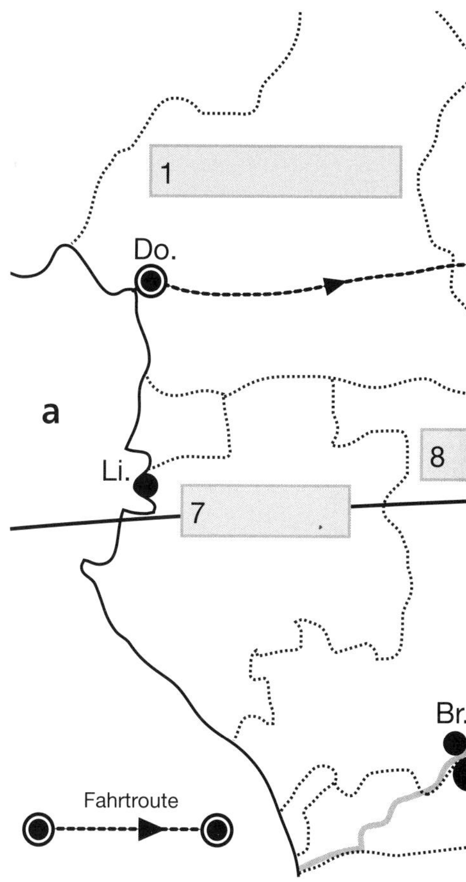

„Fahre" mithilfe der Karte die „Transafrika"-Expedition nach. Ergänze den Lückentext mit den Namen der Reisestationen entlang der Äquatorroute und beschrifte die Karte vollständig.

Atlasseite(n): __________

In der Hafenstadt Douala in **1** ____________ stehen unsere Geländewagen bereit. Vor uns liegt eine Afrikareise, von der jeder Abenteurer träumt: die Durchquerung des schwarzen Kontinents vom **a** ________________ Ozean bis zum **b** ______________ Ozean. So eine 5000-Kilometer-Fahrt durch Regenwald und Savanne ist auch für erfahrene Globetrotter eine besondere Herausforderung. Unsere Route verläuft über: Kamerun, **2** ________________, **3** ____________, **4** ____________, **5** ____________ und **6** ____________. Zunächst führt uns eine asphaltierte Straße von Douala über **Be.** ____________ bis nach **Ba.** ________, der Hauptstadt der Zentralafrikanischen Republik. In der Stadt am **c** _________ ist der Dieselmotor der Fähre defekt. Einbäume mit Außenbordmotoren haben die Fähre mit unseren Jeeps über den Fluss gesetzt. Jetzt sind wir in der D.R. Kongo.

Über **L.** _________ und **Bu.** _________ erreichen wir den **d** _______. Auf dem Fluss setzen wir nun unsere abenteuerliche Reise fort. Stromaufwärts über **Ki.** _____________ treffen wir nach einer Woche in **Kas.** ________ ein. Von hier geht es nun über Land nach Nordosten durch die Provinz Kivu zum **f** ______ see. Kurz vor der Grenze nach **4** _________ stoßen wir bei **Buk.** __________ auf ein Flüchtlingslager. Hier an den _______ see sind viele tausend Menschen vor dem Bürgerkrieg aus Ruanda geflüchtet. Über **Ka.** ___________, der Hauptstadt Ugandas, gelangen wir nach **6** ____________. In der Hauptstadt **N.** _________ legen wir einen Zwischenstopp ein, bevor unsere Reise in **M.** ____________ am Indischen Ozean endet.

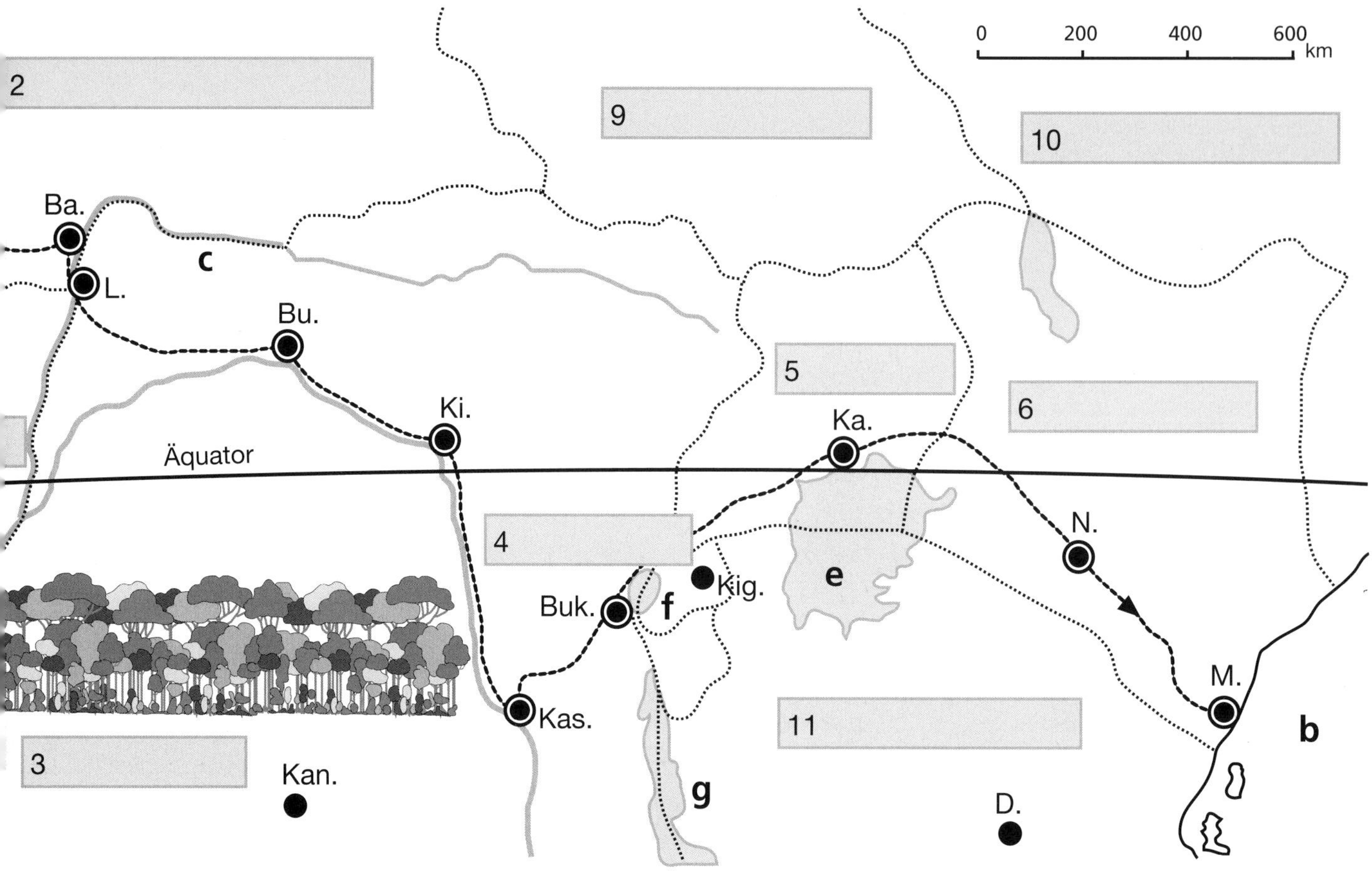

1 – 11	Staaten
◉	Stationen der Transafrikareise
- - - -	Fahrtroute
a – g	Gewässer (Flüsse, Seen, Meere)
● L.	Städte (mit Anfangsbuchstaben)
······	Staatsgrenzen

Male die verschiedenen Vegetations- und Landschaftszonen Afrikas nach den Farbvorgaben aus.

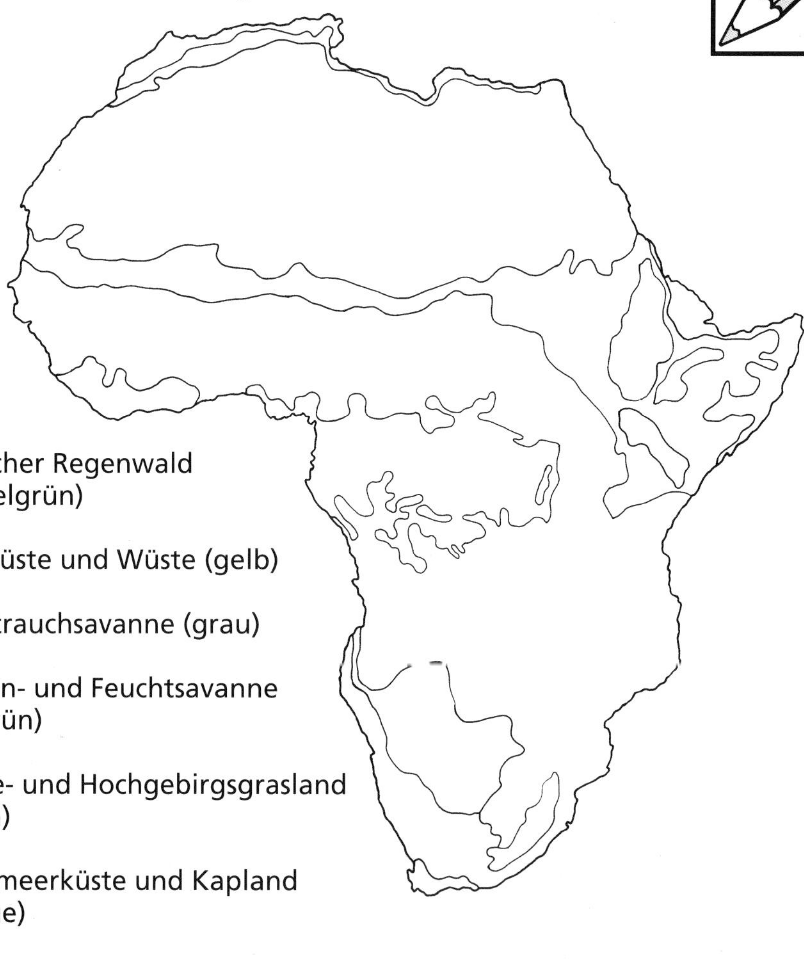

tropischer Regenwald (dunkelgrün)

Halbwüste und Wüste (gelb)

Dornstrauchsavanne (grau)

Trocken- und Feuchtsavanne (hellgrün)

Steppe- und Hochgebirgsgrasland (braun)

Mittelmeerküste und Kapland (orange)

● **sonstige Städte**
Li.
Br.
K.
Kan.
Kig.
D.

16 Nomaden in Ostafrika – die Herren der Herde

Etwa 200 Völker und Stämme leben in den ostafrikanischen Staaten Uganda, Kenia und Tansania. Obwohl die westliche Zivilisation und der anwachsende Ostafrika-Tourismus allmählich das Zusammenleben der Völker und Stämme auflockert, leben diese dunkelhäutigen Hirten, Jäger und Ackerbauern immer noch nach dem Rhythmus der Natur. Ihr Leben wird bestimmt durch Sonne und Mond, Tag und Nacht, Regen- und Trockenzeit. Die Nomadenvölker (Wanderhirten) der Samburu, Massai und Rendille gehören zu den letzten relativ frei lebenden Menschen dieser Erde.

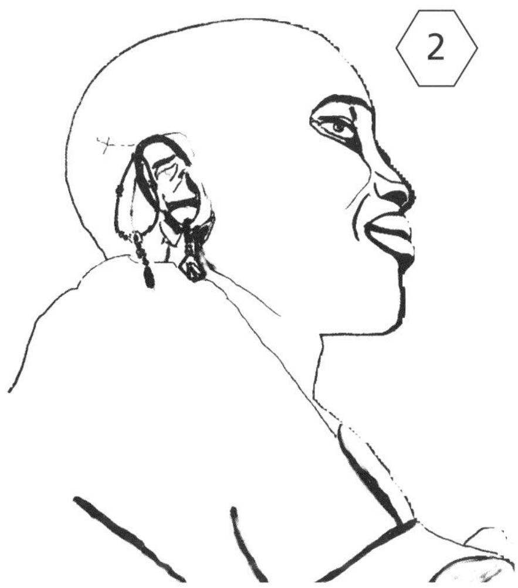

Die **Samburu** gehören zur Rasse der dunkelhäutigen Nilvölker und leben im Gebiet zwischen Mt. Kenia und dem Turkanasee im Norden Kenias. Sie halten riesige Rinderherden, weiter im Norden auch Kamele, Schafe und Ziegen. Als Nomaden haben die Samburu ihr Leben den Bedürfnissen ihrer Tiere angepasst. Wenn die Weidegründe erschöpft sind, siedeln die Menschen um.

Schon der Name klingt bedeutungsvoll: **Massai**. Sie sind das bekannteste ostafrikanische Volk. Mit ihnen verbinden sich Eigenschaften wie „schön“, „tapfer“ und „stolz“. Die Massai sind davon überzeugt, dass Gott alles Vieh für sie bestimmt habe.
Mit ihren Herden ziehen sie zwischen Südkenia und der Massaisteppe in Nordtansania hin und her.

Die Menschen des **Rendille**-Volkes sind unmittelbare Nachbarn der Samburu, haben jedoch eine hellere Hautfarbe. In der Halbwüste Nord-Kenias zwischen der Stadt Marsabit und dem Turkanasee ernähren etwa drei km^2 Land nur einen Menschen. Daher sind die genügsamen Kamele die idealen Zuchttiere für die Rendille. Wenn die Kamele keine Milch mehr geben, ernähren sich die Hirten vom Blut der Tiere.

sonstige Städte
Ki.
B.
K.
N.
Mo.

Atlasseite(n): ____________

A.
M.
T.
D.
Do.
Ma.

1 – 12	Staaten
M _ _ _ _ _ _ _ _	Gewässer
4321 ▲ E _ _ _ _	Berg
←(3)→	Wanderweg der Nomadenvölker
	Nationalpark
P _ _ _ _	Insel- oder Landschaftsname
………	Staatsgrenze

Bearbeite diese Übungskarte zu Ostafrika: Beschrifte die vorgesehenen Schreibfelder und Linien zu den Staaten, Gewässern, Inseln, höchsten Erhebungen, Nationalparks und Städten Ostafrikas. Male die Staaten mit unterschiedlichen Farben aus.

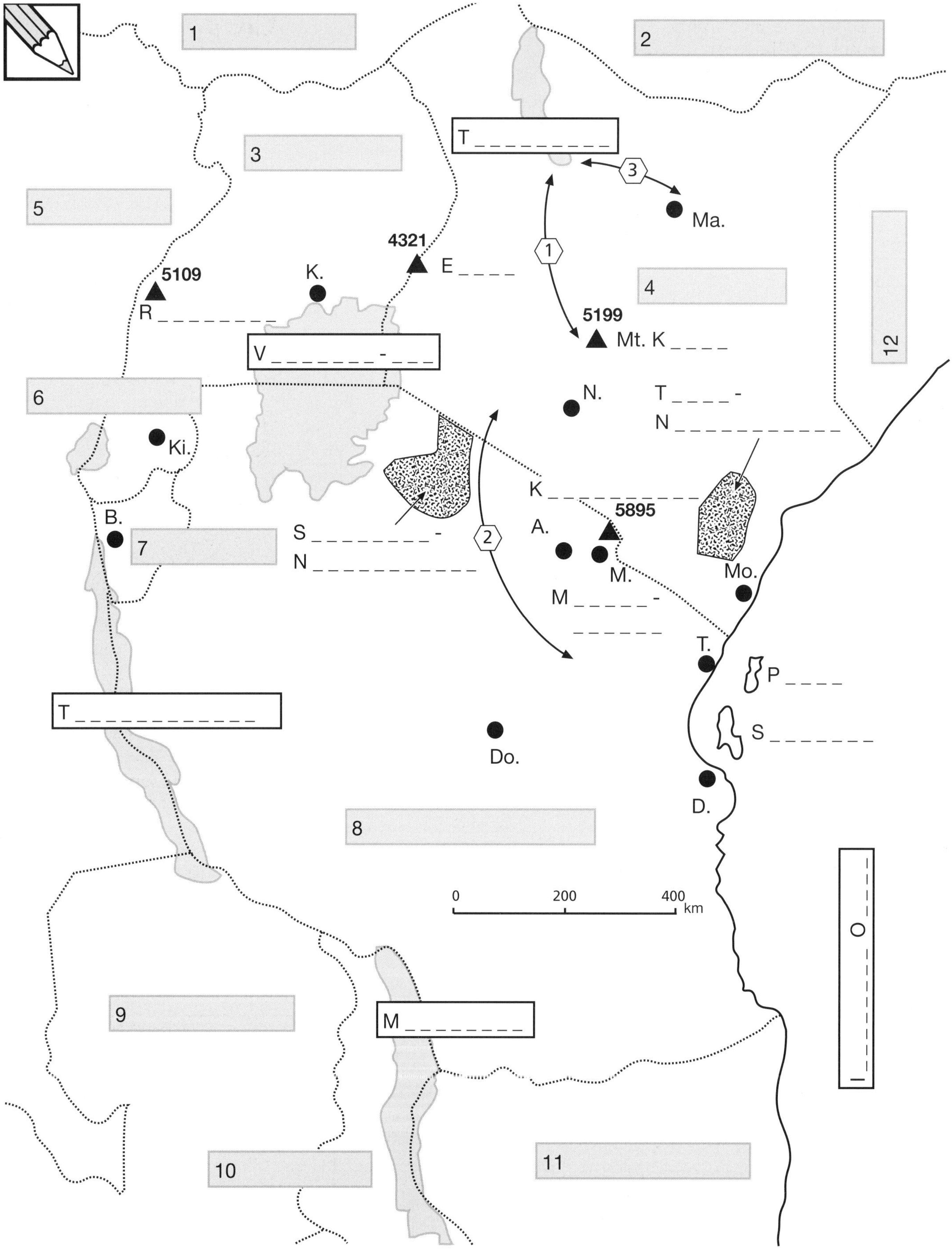

18 Blue Train . . .

Länger als ein halbes Jahr im voraus muss man für den „Blue Train“, den legendären Luxuszug Südafrikas, die Fahrkarten vorbestellen. 24 Stunden sind die Reisenden in diesem rollenden Hotel zwischen Kapstadt und Pretoria unterwegs, ca. 1600 km quer durch Südafrika. Bestimme die Haltestationen des „Blue Train“ sowie weitere fünf Städte und bearbeite die Karte.

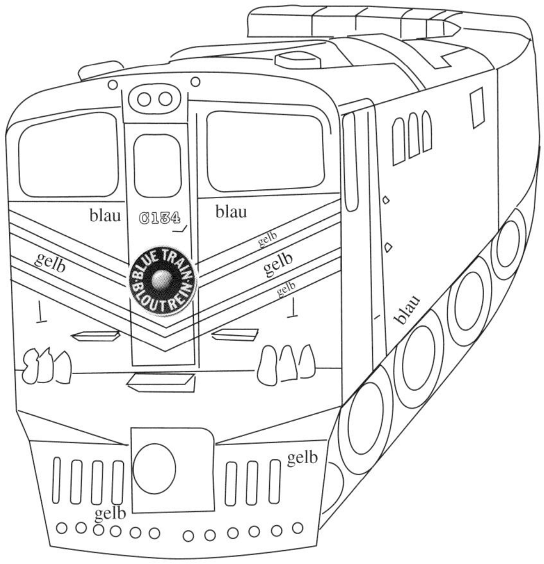

Die Route des Blue Train
1
2
3
4
5
6
7
8

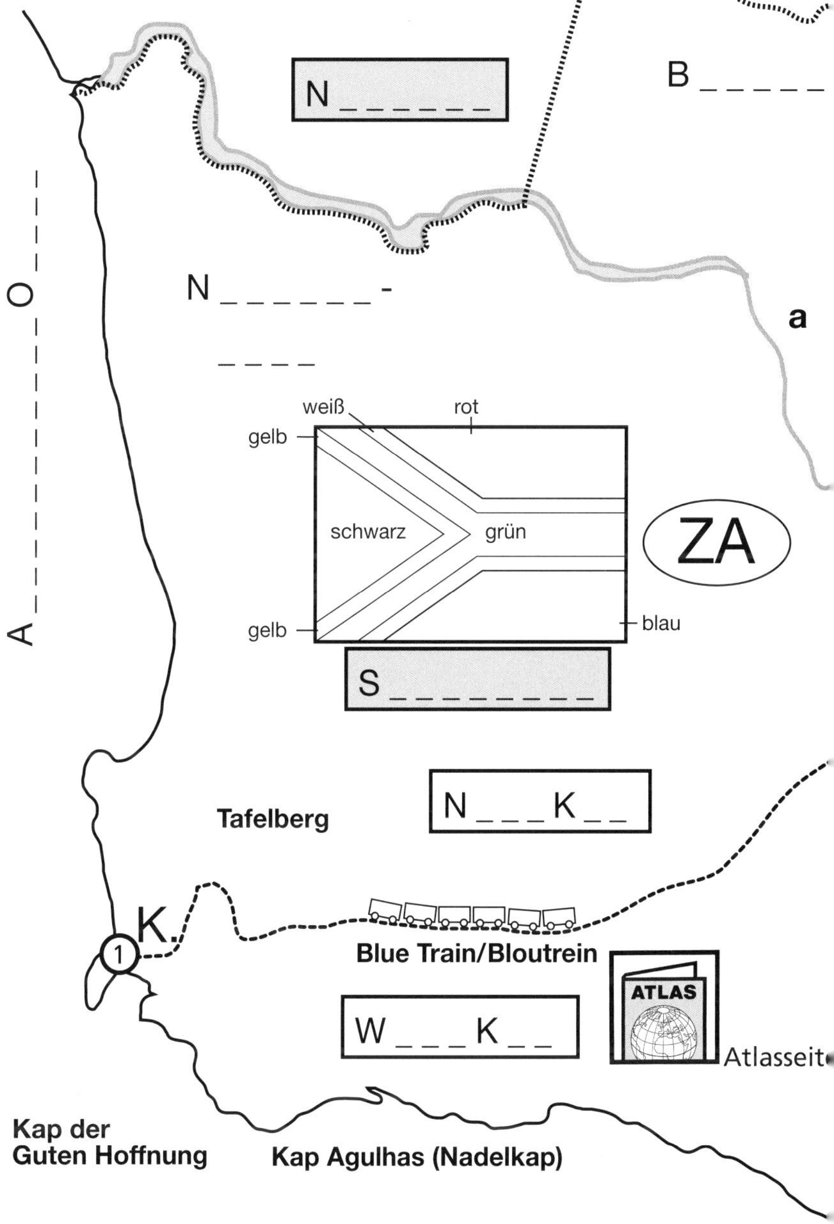

Städte
G.
P.E.
E.L.
D.
M.

Trage alle Namen zu Staaten, Provinzen, Flüssen, Städten, Landschaften und Gewässern in die vorgesehenen Schreibflächen ein. Außerdem sollst du das Bild des „Blue Train" nach den vorgegebenen Farben sowie die neue Flagge Südafrikas und die Kartenfläche bunt gestalten. Viel Spaß dabei.

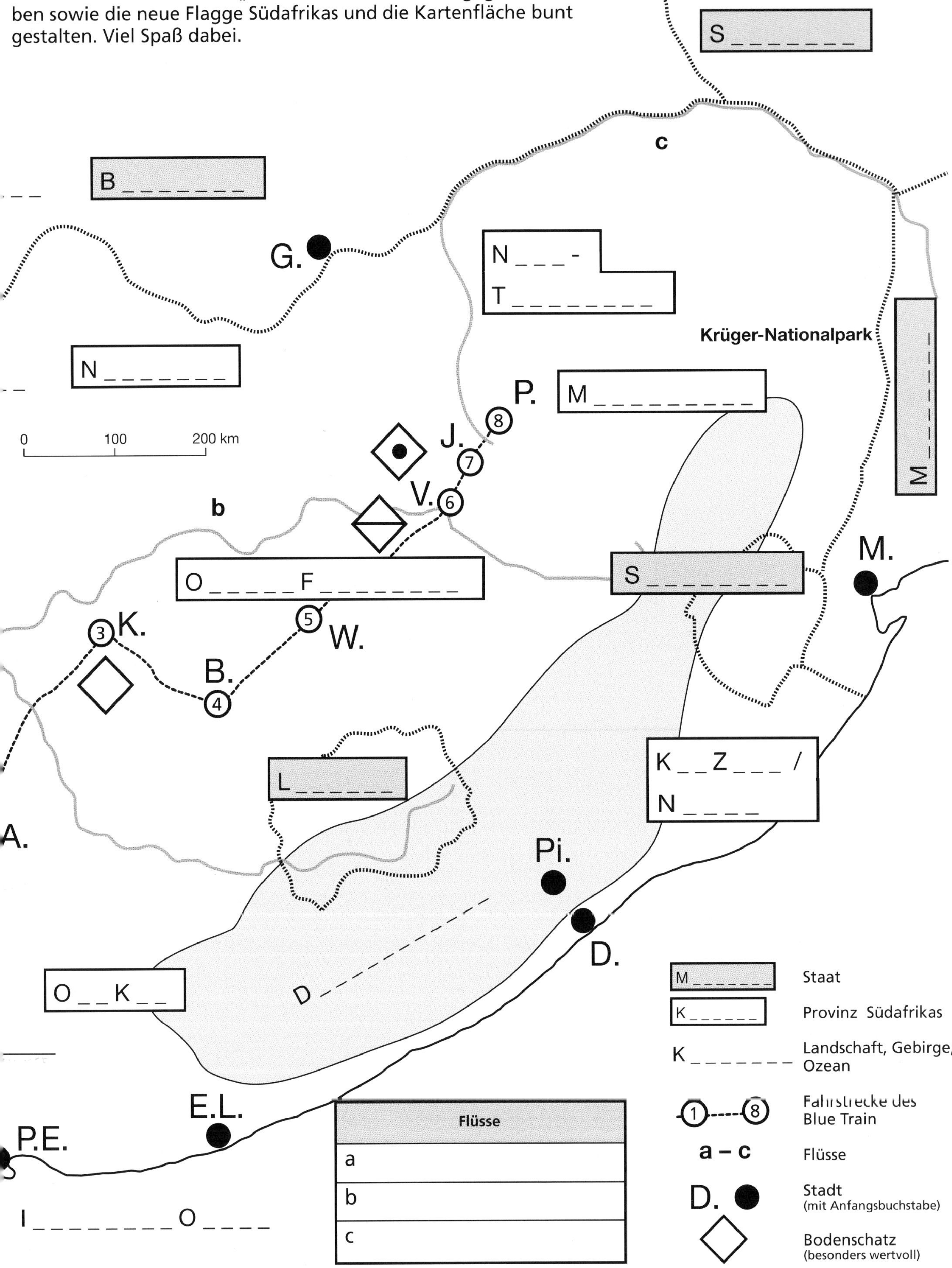

Flüsse
a
b
c

TOP – Afrika

Toppi, der Erdkundespezialist, möchte nach und nach die Kontinente der Erde kennen lernen. Diesmal interessiert er sich für Afrika, den Kontinent, der auch der „schwarze" Erdteil genannt wird. In kaum zwei Stunden Flugzeit erreicht man unseren Nachbarerdteil, sobald die Maschine das Mittelmeer überflogen hat. 53 Staaten, aber auch außergewöhnliche Landschaften wie die große Wüste Sahara, die weiten Grasländer der Savannen und den tropischen Regenwald gilt es zu entdecken. Afrika ist ein besonders vielseitiger Kontinent und dein TOP-Heft möchte dazu beitragen, auch dein Interesse an diesem Erdteil zu wecken.

Achtung Aufgabe! Hier wird eingetragen, gesucht, gerätselt, ergänzt, ausgefüllt, also von dir eine Aufgabe gelöst.

Achtung Schere und Kleber! Hier sollst du etwas ausschneiden und in dein TOP-Heft einkleben.

ATLAS

Achtung Atlas! Dein wichtigstes Hilfsmittel! Wo dieses Zeichen erscheint, sollst du die Atlasseite aufschreiben, mit der du die gestellte Aufgabe am besten lösen kannst.

Achtung Buntstifte! Hier musst du etwas farbig ausmalen.

Die Reihe TOP wird herausgegeben von Peter Kirch.

Druck C⁴ / Jahr 2006
Alle Drucke der Serie C sind im Unterricht parallel verwendbar.

Lektorat: Brigitte Mazzega
Herstellung: Hans-Georg Weber
Typografie und Lay-out: M.U.T. Bernd Kristen
Druck und Bindung: westermann druck GmbH, Braunschweig

www.westermann.de

ISBN 978-3-14-**114427**-7
alt: 3-14-**114427**-3

9 783141 144277

westermann®